本书系海南省重点新型培育智库海南热带海洋学院海上丝绸之路研究院成果。

本书系海南省哲学社会科学规划课题《海南自由贸易港游艇旅游产业发展新格局、创新路径与支撑体系建设研究》成果（编号 HNSK[JD]21-19）。

本书系海南自由贸易港邮轮游艇研究基地成果。

本书系海岛旅游资源数据挖掘与监测预警技术文化和旅游部重点实验室成果。

U0736544

游艇经济学

廖民生等　著 ■

中国海洋大学出版社

·青岛·

图书在版编目（CIP）数据

游艇经济学 / 廖民生等著. —青岛：中国海洋大学出版社，2024.2

ISBN 978-7-5670-3782-3

Ⅰ. ①游… Ⅱ. ①廖… Ⅲ. ①游艇－经济学 Ⅳ. ① F55

中国国家版本馆 CIP 数据核字（2024）第 035799 号

出版发行	中国海洋大学出版社
社　　址	青岛市香港东路 23 号　　　邮政编码 266071
出 版 人	刘文菁
网　　址	http://pub.ouc.edu.cn
电子信箱	Wangjiqing@ouc-press.com
订购电话	0532-82032573（传真）
责任编辑	王积庆　　　　　　　　　电　　话 0532-85902349
装帧设计	青岛汇英栋梁文化传媒有限公司
印　　制	青岛国彩印刷股份有限公司
版　　次	2024 年 2 月第 1 版
印　　次	2024 年 2 月第 1 次印刷
成品尺寸	170 mm × 240 mm
印　　张	15.5
字　　数	270 千
印　　数	1—1000
定　　价	49.00 元

发现印装质量问题,请致电 0532-58700166,由印刷厂负责调换。

序　言

海洋是资源富集的"聚宝盆",已经探明的海洋矿产油气资源是陆地的
1 000倍,对人类未来发展的影响不可估量;海洋也是全球资源要素流动和
对外开放合作的重要通道;海洋是现代科技的"新战场",是新兴产业的"策
源地",海洋经济在培育新动能,催生新业态,引领新发展等方面发挥重要作
用。

中国是海洋大国、航运大国,拥有300多万平方千米的辽阔海域,岸线绵
长,拥有10 000多个岛屿,港湾优良,滩涂广布。用好海洋资源要素,全面建
设海洋强国、交通强国,打造海上新疆域,是中国迈向现代化的核心潜力所
在,是地理空间、物理空间和综合资源优势所在。向海即生,向海而兴;背海
则衰,海弱国破。海洋是我国高质量发展的战略要地,陆海统筹、共建海洋
命运共同体才能图强和复兴,这是民族发展历史的总结与经验沉淀,值得每
一位华夏子孙铭记和深刻反思。

为了更好地发展海洋旅游与海洋经济,满足人民对于海洋休闲度假、海
洋旅游美好新生活需求,打造面向中国式现代化的幸福产业,2021年"春节
黄金周"期间,海南省自由贸易港邮轮游艇研究基地负责人、海南热带海洋
学院海上丝绸之路研究院(海南省重点新型培育智库)首席专家带领研究团
队,在深入行业走访调查和广泛征求国内外同行意见的基础上,决定撰写一
本在中外学术领域处于垦荒状态的学术专著《游艇经济学》,希望从经济学
的视角,来分析游艇业的产业链、供应链与价值链,研究其品牌内涵、技术创
新路径、金融支撑效应、人才需求与供给、消费者行为特征、消费市场格局、
未来发展趋势等。这本书也是《邮轮经济学》(分别由中国海洋大学出版社
出版中文版,美国壹嘉出版社出版英文版)的姊妹篇。

本书经过近两年的写作与打磨,重点分析和阐述了游艇经济的起源与
发展历程,游艇设计与建造,游艇俱乐部发展路径、游艇码头与目的地城市,
游艇的销售与交易,游艇的品牌与种类、游艇消费市场与结构,游艇产业发
展促进政策,游艇安全与管理法律法规政策体系,游艇产业高层次人才培养

模式与趋势,游艇技术创新前沿与未来发展展望。

本书在数据挖掘、文献梳理、论证和预测预判中外游艇经济发展的历史脉络过程中,基于数智经济背景下游艇经济产业链发展的多维内涵,从游艇经济的创新链、价值链、供应链和空间链等多个维度出发,着力从顶层设计和规划、整体策划谋划,构建游艇经济发展的管理体制机制,综合评价体系、安全治理体系,人才培育与科技创新、金融支撑模式与能力建设;高质量发展过程中遇到的卡点瓶颈、短板弱项等提出新思路、新观点、新论断;并且侧重从以下几个方面做了详细的介绍与阐述,提出了具有操作性的对策建议。

一、实现产业高质量发展,满足人民需求。游艇产业链长、带动作用大,对于推动船舶产业高端转型、提升现代服务业水平、促进海洋经济发展、满足人民日益增长的美好生活需要具有重要意义。游艇是继汽车之后又一个高端娱乐消费产品,作为娱乐消费载体和工具目前在欧美等发达国家极为盛行,随着中国经济快速发展,人们对高端娱乐消费的需求也不断增加,在不久的将来中国游艇产业也将会赶上发达国家成为旅游产业的重要组成部分,以游艇俱乐部为代表的创新商业模式也会成为带动个人大宗消费品市场蓬勃发展的新引擎。

二、依托产业发展,实现城市经济结构跃迁升级。引进重大涉海项目,推动海洋优势产业向全产业链和价值链高端发展。大型游艇制造非常符合近年来中国积极推动的供给侧改革及消费侧升级的国内外"双循环"策略,提升中国游艇制造业的国际竞争力,推动中国游艇制造走上可持续发展的道路。中国大型游艇制造业的国际竞争力水平处于中等水平,目前珠海市、厦门市、武汉市、深圳市、江苏和海南省等地的游艇制造业正紧盯法国、意大利、德国、美国等游艇工业的发展前沿,期待未来黄金十年的整体突破、超越与发展,进而有效提升中国游沿海城市的国际竞争力。

三、坚持绿色创新发展,促进产业跨越式发展。瞄准世界一流,提升游艇设计与制造品质。游艇作为高端娱乐交通工具,可以称为工业产品领域的奢侈品,它在设计过程的各个方面都针对客户群有着个性化的需求体现;游艇的设计还要满足其功能的合理性、结构的合理性、使用的安全性以及方便性等要求;从设计美学的角度出发,游艇造型又具有强烈的时代性、民族性和地区性。坚持创新绿色发展,加强自主创新体系建设,加快优质高效装备发展,促进游艇新能源清洁能源技术示范应用。在建设中国式现代化的人与自然和谐共生的大环境下游艇产业的绿色转型是大势所趋。

四、围绕产业升级形成涵盖安全治理、人才培养和国际合作的生态布局。在深入地分析了游艇安全监管问题产生的根源，提出了游艇安全监管的职能转变、海事服务文化构建、游艇安全公共政策决策、电子海事建设、社会主体参政能力提升五方面的机制建设是破解游艇监管难题的可行途径。加强各类游艇的设计建造、航海技术与轮机工程，运营管理、旅游服务、法律咨询等全产业链人才队伍的培养与建设；逐步构建符合国际国内市场需求的创新性、实用型游艇人才培养新模式。鼓励滨海城市高水平打造国际性、全国性游艇展会，加强与国际知名游艇专业展会合作，搭建游艇技术交流和合作平台。营造良好投资环境，创造广阔投资空间，吸引全球游艇研发设计、专业配套设备、服务企业来华投资合作。

本书的撰写工作与分工协作情况：本书主要由海南热带海洋学院廖民生教授负责项目整体构架、制定技术路线，编辑与统稿；中国海洋大学董志文教授、海南外国语职业学院黄学彬教授负责综合协调与服务保障；交通运输部水运科学研究院殷翔宇副研究员团队负责游艇相关调研素材；海南热带海洋学院薛芮博士担任本书的初校与核稿等工作。本书各章节的撰写人分别如下：第一章黄颖、廖民生；第二章董志文、孙雯倩；第三章卢晓雯、姜文佳；第四章黄学彬、林珊、张文珺、刘小妹、陈思思；第五章宋红娟、廖民生；第六章敬绍波、刘欣悦、黄学彬；第七章周华侨、宋振、王晟楠、刘宏兵；第八章宋丹瑛；第九章申思丛、卢世文、廖民生；第十章殷翔宇、方砚；第十一章孟亚军、董志文。

本书在形成过程中学习和借鉴了大量中外文献的营养成分，汲取了中外学界、研究者的思想精华与真知灼见。我们无法详细罗列，在此一并表示诚挚的感谢和崇高敬意！本书适合中外高校涉海学科专业的师生，游艇领域政府、企事业单位的相关人员，游艇产业上下游的从业人员，以及中外游艇旅游的爱好者。希望广大读者不吝赐教，期待再版时能够更加丰富多彩，更加缜密与完善。

有人说，海洋是生命的摇篮、风雨的故乡、资源的宝藏……海洋是人类发展的新疆域。古往今来，大海就是追逐自由、浪漫和梦想的地方，也蕴藏着无限的宝藏和机遇。我们一起去看海吧！听海哭泣的声音，听海的欢歌与笑语，观赏岛礁上的奇花异草、千姿百态的海洋生物、地质构造与奇观，到滨海城市或者海岛来上一个海洋度假总是当下旅游爱好者追逐的热点，尤其是年轻一代最好的选择。和阳光海风来一个亲密的接触，懒洋洋的度假总会让精神和心情得到最好的放松,特别是通过乘坐风驰电掣的游艇与深远的大海亲密接触,感受蔚蓝大海的辽阔、神奇与壮美,体验海天一色。大海无垠船帆为峰,心为岸,我们畅想真正融入星辰大海如痴如醉般的梦幻情景之中。

廖民生

2023 年 8 月 30 日

目　录

第一章

绪　论

国家发展改革委牵头会同相关部门共同修订形成《产业结构调整指导目录（2023 年本）》鼓励发展对经济社会发展有重要促进作用的技术、装备及产品，坚持以习近平新时代中国特色社会主义思想为指导，深入贯彻落实党的二十大精神，坚持把发展经济的着力点放在实体经济上，加快构建具有智能化、绿色化、融合化特征和符合完整性、先进性、安全性要求的现代化产业体系。

产业是经济发展的关键所在，是一个国家的立国之本。21 世纪是海洋的世纪，游艇经济作为海洋经济、海洋文化发展中的重要一环，被人们誉为"漂浮在黄金水道上的商机"。游艇产业已经成为全球范围内的经济增长点之一，其中蕴含着巨大的经济价值和潜力。游艇产业不仅涉及制造业，更涉及旅游业，体育、休闲等多个领域，是一个跨领域、跨行业的产业领域。游艇产业具有产业链条长、涉及产业广泛、辐射力强的特点，具有很高的市场价值。在国际范围内，众多国家都已将游艇产业作为国家战略产业进行培育发展。我国拥有丰富的海洋旅游资源，尤其是在近年来，随着人民生活水平的提高和休闲文化的逐步成熟，游艇产业在国内市场的需求日益增长，显示出巨大的发展潜力。由此可见，游艇经济在海洋经济发展中具有重要地位。海洋经济又是我国发展强国的战略之一，推动游艇产业结构调整，带动游艇经济快速发展是建设现代化产业体系、增强产业核心竞争力、促进海洋旅游产业经济迈向全球价值链中高端的重要举措。

然而，游艇产业发展的过程中也存在一些困难和挑战。首先，我国游艇制造业的技术力量相对较弱，尤其是在高端游艇制造领域，与国际先进水平存在较大差距。其次，我国游艇产业的规模化发展面临着一些难题，包括市场需求矛盾，政策制度不健全、资金链条短等问题。为此，我们需要从微观和宏观两个层面理解和探索游艇经济学。微观层面，需要研究游艇制造、销售、租赁、保养等环节的经济原理和商业模式；宏观层面，需要揭示游艇产业对区域经济、就业、环境等方面的影响。通过这种深入的研究,有助于我们更深入理解游艇产业的发展规律,从而为游艇产业的健康发展提供理论指导。

游艇经济学不仅是关于产业经济的科学研究,更广泛地涉及社会经济发展中的众多问题,如就业、生态环保、旅游产业发展等。在这一背景下,游艇经济学的研究具有广泛的实践和理论意义。本书尝试从理论和实证两个方面深入剖析游艇经济学。首先,本书将对游艇产业的经济原理进行深入剖析,阐明其发展规律和经济动态机制;其次,本书将对各个国家和地区的游艇产业进行实证分析,揭示其发展现状,成功经验和存在的问题,以期为我国游艇产业的发展提供有益的启示。

第一节 游艇的起源

一、国外游艇的起源

(一)初见游艇

游艇产业的起源可以追溯到昭示人类文明初露端倪的史前时期。早期的原始船只主要是为了生存和生活所需,用于捕鱼和水上交通。早在公元 4 世纪,游艇在荷兰被称为"艇",原本是用于追捕海盗的工具,如今已转变为高级休闲和娱乐的代名词。游艇这个术语,起源于荷兰语 jagen,意思为"打猎或追赶"。公元 4 世纪初的荷兰游艇,无论是在设计、大小还是功能上,都与现在的游艇有着本质的区别。

游艇是 17 世纪探险家们的首选交通工具。内部宽敞,足以容纳数人及数月的供给,包括有助于预防可怕的坏血病的新鲜食品。游艇快速、灵活、适航,是探索未知水域的完美之选。1606 年,60 吨的小游艇杜伊夫根(Duyfken)将第一批欧洲人带到了澳大利亚;36 年后,一艘类似的游艇让人们发现了新西兰。

除了作为一种理想的海上探索船外,早期的游艇还在许多大的战斗中扮演了重要的角色。荷兰人喜欢将游艇武装起来投入战斗使用,现今闻名于世的杜伊夫根在 1601 年葡荷战役中起了重要的作用,从而结束了伊比利亚半岛对香料贸易的控制。随着军舰规模的增大和技术的提高,游艇退而成为战时的邮船,凭借其非凡的速度在炮火中传递着关键信息。

作为首个游艇的发明制造者,海上大国荷兰不仅将游艇带入了世人的视线,荷兰国内和周边错综复杂的水路迫使这个低地国家积极寻找有效的水上交通工具来快速运输人员和货物。而正是通过各种游艇,荷兰人走向了广阔的世界，在各大洋间建立了贸易关系，财富也随之增长，反过来，这又进一步刺激了荷兰人将这种神奇的水上交通工具发扬光大，作为一种休闲运动加以享受。

荷兰的"艇"和原始游艇的定义，以及游艇功能的逐渐娱乐化，说明游艇从起源到如今的发展历程，一直在不断地进行从功能性到娱乐性的转变。然而，这并非单纯的贬低或提升，而是在不同的社会背景下，游艇所扮演的角色在不断转变。随着文明的发展和技术的进步，海上航行慢慢从一项生活必需的活动转化为高品质的休闲娱乐活动。

因此，游艇的定义从单纯的运输工具，发展到如今的高级休闲和娱乐工具。时间回溯至17世纪的1671年，英国国王查尔斯二世登基加冕，荷兰东印度公司赠送了一艘长达74英尺，做工精良的皇家狩猎渔船，取名为"yacht"，该词由此诞生并沿用至今。这艘船最初的目的是追捕海盗的，而后来查尔斯二世却将其作为娱乐船使用。灵感被点燃后，查尔斯二世建造了更多游艇，并开始举办游艇赛。他成立了一个被称为"Royal James"的游艇俱乐部。这种赛事建立的目的并非只是为了娱乐，而是为了训练海军军官并测试新船型的性能。

（二）游艇的演变

此转变的明确迹象出现在1800年的欧洲。在当时的欧洲，随着工业革命的推进，资本主义的兴起，社会上出现了大量的中产阶级和富裕阶层。他们有更多的空闲时间和经济条件，追求更高质量的休闲活动。因此，私人船只开始流行起来，这些船只从一开始即被称为"游艇"。游艇已经不再是一个必需品，而是背后所代表的象征和身份的一种表达，即18世纪，欧洲一些沿海国家的贵族及富豪竞相以改造游艇来彰显自己的身份。

17世纪的船艇采用风动力，早期的游艇其实也是帆船，最早将帆船用于娱乐的荷兰被视为帆船运动与游艇的起源地。第一次工业革命之后，蒸汽动力船面世并逐步取代帆船，蒸汽机与螺旋桨被应用在游艇之上，游艇与帆船由此分化。而游艇生产工业的兴起同样具有指导性。19世纪，伴随着工业革命的发展，英国人将蒸汽机以及螺旋桨运用到游艇上。1913年，美国的人均GDP超过了英国，成为当时世界上最发达的国家，这时美国的游艇经济也开始萌芽，美国的游艇达40万艘。20世纪中叶，在经历了第二次世界大战之后，现代游艇经济开始渐渐发展起来，集游艇制造、销售、维护、保险等体系的游艇业已经形成。例如，随着20世纪80年代塑料和复合材料的大规模使用，诸如法国的Bénéteau和德国的Bavaria这样的公司扩大了生产规模。在西方一些发达国家，游艇俱乐部也应运而生。直至今日，西方国家的游艇业仍在不断地发展。法国KOEJAC

游艇制造公司总经理阿兰·雅戈布称："如今游艇业早已成为欧洲的一大产业支柱，以至于每个国家和城市都愿意对游艇进行投资。"

二、国内游艇的起源

虽然现代游艇对中国来说是舶来品，但相似的游船文化在中国早已有之。《游艇发展简史》指出，中式游艇文化往前可溯源到画舫与龙舟。日本、韩国受中国文化影响深远，也有相仿的游艇文化。

画舫，因船身建有多重楼阁，也称为"船屋"，在日本又被称为"馆船""屋形船"，分为单体船与两船并列的双体船，船身浓缩着中式建筑精髓：琉璃瓦、飞檐、亭台楼阁，犹如一栋精致的水上行宫。画舫出现时间较早，东晋画家顾恺之创作的《洛神赋图》中已出现画舫的身影。其常见于宫廷花园与富贾私家园林，既可作为水上游玩工具，又可停于园中自成一景，与园林山水相映成趣。除了供贵族与富贾用于游览之外，后又衍生出了商业性质的画舫，船上设有餐馆、旅馆，泛舟游湖之余还可把酒言欢、对酒当歌，许多文人墨客流连其中。现今还可在北京颐和园、北海公园等著名园林中寻得昔日画舫的踪迹。

因此画舫和龙舟都可以视为传统的中国式游艇，当时在皇宫、富人的庭院中都是不可或缺的水上游玩工具。我国现代游艇产业的发展则起步于20世纪50年代。20世纪80年代改革开放之后，随着经济的发展我国的游艇产业也得以缓慢地发展起来，比国际游艇经济的发展晚了30年左右。

第二节　游艇的发展

一、世界游艇市场发展历程

（一）发展历程

现代游艇产业始于二战后，美国、英国和意大利均为游艇制造业的先驱国，从20世纪50年代至今，世界游艇市场先后经历了6个重要发展阶段，如表1-1所列。

表1-1　世界游艇市场6个发展阶段

20世纪50年代初	萌芽期	世界游艇年销售量约为3 100艘，销售金额约5 270万美元，其中71%为木质结构的小型机动艇和帆艇，少量为铝质结构的机动艇
20世纪60年代初	发展期	世界年销售金额达到16亿美元，其中玻璃钢游艇占60%，西方游艇工业已发展成为更加完善的制造、销售、修理、服务、金融、保险等综合配套的工业体系

续表

20世纪70年代初	四极格局	世界游艇工业得以迅速发展,国际上形成以美国、西欧、北欧、亚太地区游艇市场四极格局,亚太地区以日本、新加坡等国家或地区为首
20世纪80年代初	空前旺盛	1981年美国游艇总销售金额达到81亿美元,到1988年,总销售金额已高达179亿美元,与此同时世界主要油田生产消费国都处于最繁荣时期,20世纪80年代末,受两次能源危机影响,世界游艇市场开始走软,游艇和零配件厂商纷纷谋求转移生产基地
20世纪90年代初	相对成熟期	当部分国家游艇市场仍在低迷之际,日本、英国、荷兰、德国、澳大利亚、瑞典等国家的市场仍显平稳。特别是日本,1990年,日本仅从美国进口的游艇总额就高达1.63亿美元,比1989年的8 854.9万美元,提高了84%
进入21世纪	市场高度集中	进入21世纪后,世界游艇市场高度集中,形成北美洲和欧洲两大市场,2004年两者市场份额合计占世界的94.3%

(二)各阶段主要特点

(1)20世纪50年代初期,游艇以木质结构的小型机动艇和帆船为主,少量为铝质结构的机动艇,而且当时机动艇动力大部分是舷外挂机。以美国为例,1965年,舷外挂机销售量就达到64.2万台,创下了美国舷外挂机年销售量最高纪录,并且至今未被打破,可见当时小型机动艇销量之大。

(2)20世纪60年代初期,以玻璃钢为材料制造的游艇开始进入市场,并得以迅速发展。西方游艇工业已发展成为更加完善的制造、销售、修理、服务、金融、保险等综合配套的工业体系。与此同时,游艇展览会成交活跃,游艇俱乐部、游艇码头应运而生。

(3)20世纪70年代,世界游艇市场形成以美国、西欧、北欧、亚太地区为主的四大格局。进入70年代后,亚太地区游艇制造业进入快速发展期,日本很快就成为第二大游艇产品出口国,中国台湾地区以出口2万多艘游艇而成为第三大游艇出口地。

(4)20世纪80年代,随着西方各国经济的恢复和发展,游艇购买力大幅度提高,游艇市场对各类游艇的需求量越来越大,世界主要游艇生产消费国都处于空前繁荣时期。1981年美国游艇总销售金额达到81亿美元,到1988年总销售金额已高达179亿美元。20世纪80年代末,世界游艇市场由于种种原因开始转向疲软,西班牙、意大利、挪威、丹麦、美国等国游艇市场的增长速度都在放慢,有的国家甚至出现下降态势,一些以游艇和零配件为主的生产销售商纷纷寻找劳动力便宜的市场转移生产基地，以提高产品的竞争能力。当时，意大利政府还采用了减少游艇附加价值税的办法来鼓励游艇市场回弹。

（5）进入20世纪90年代，当一些国家游艇市场仍在低迷之际，日本、英国、荷兰、德国、澳大利亚、瑞典等国家的游艇市场却仍显平稳。特别是日本，1990年日本仅从美国进口的游艇总额就达1.63亿美元，比1989年的8 854.9万美元提高了84.0%。在1997年，美国出现游艇销售量下降和销售额上升的"反向"特征，当年游艇销售59.57万艘，比1996年下降了3.7%，而销售额达到193.45亿美元，比1996年的17 753亿美元上升了9%。

（6）进入21世纪后，世界游艇市场持续保持快速发展趋势，原"四极"市场格局逐渐被打破，亚太地区国家游艇市场份额不断减少，形成以北美洲和欧洲为主的两大游艇市场。如2006年，美国游艇销售额（包括游艇、配件销售和维护服务等相关消费）已高达395亿美元，是世界上最大的游艇消费国，也是世界上最大的游艇市场，其销售额约占世界游艇市场份额的一半以上。

根据国际惯例，当地区人均GDP达到3 000美元时，游艇经济开始萌芽，而人均GDP达到4 000美元时，游艇经济就会快速增长。据国家统计局统计，2012年我国的人均GDP超过6 100美元，东部等沿海地区的人均GDP超过或接近8 000美元，而上海、北京等地甚至达到了13 000美元以上。由此可见，我国还是有很大的游艇经济发展空间的。虽然到目前为止，我国的游艇产业还不够完善，各项制度、法规等也没有很好地制定出来，但是随着我国经济的发展，我国的游艇产业也可以迎来春天。

二、国际游艇发展现状

2022年全球游艇市场规模为89.1亿美元，预计从2023年到2030年将以5.8%的复合年增长率（CAGR）增长，达到13.9亿美元。由于个人可支配收入的增加以及人们对休闲或娱乐活动的倾向，对游艇的需求在过去几年中逐渐增加。旅行者对豪华旅游、个性化服务和专属旅行的日益偏好是推动游艇销售的主要因素。

由图1-1可见，以最具代表性的游艇产业发达国家——美国为例，其游艇产业经济也在逐年增长，2021年实现26亿美元的创收，到2022年实现1亿美元的增长。专家预测，未来2023年至2030年，美国游艇经济依旧会维持逐年增长态势。

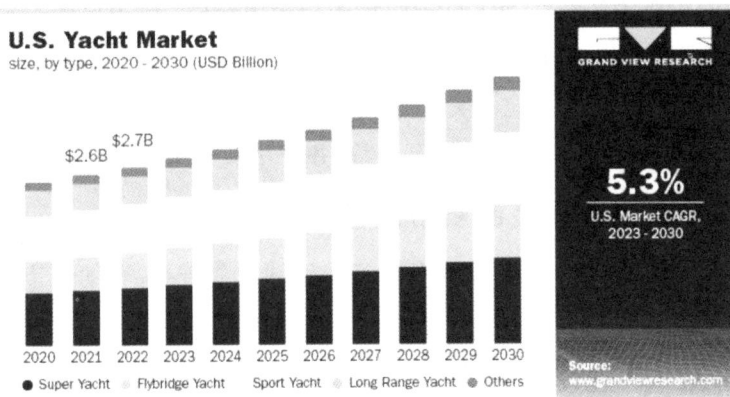

图 1-1　美国游艇市场

资料来源:https://www.grandviewresearch.com

（一）新冠疫情的影响

2019 年年末新冠疫情使游艇租赁需求下降,严重阻碍了市场增长。疾病大流行的出现和随后各国政府对实施的严格的旅行限制,参观旅游的游客数量减少,2020 年旅游部门的增长有所下降。新冠疫情严重影响了旅游业,特别是游艇租赁行业,由于病毒在全球范围内的迅速传播,该行业陷入了停滞。由于无法预测游艇租赁业务的恢复,新冠疫情给行业带来了巨大的不确定性,并使所有相关产业价值链成员陷入恐慌,其中,供应链中断成为游艇建造的主要障碍。由于长时间的居家管控,人们更倾向于从事休闲活动。因此随着限制措施的放松,市场开始恢复,且伴随愿意与家人出行的游客人数的显著增加,制造公司的新游艇订单数量也有所增加。

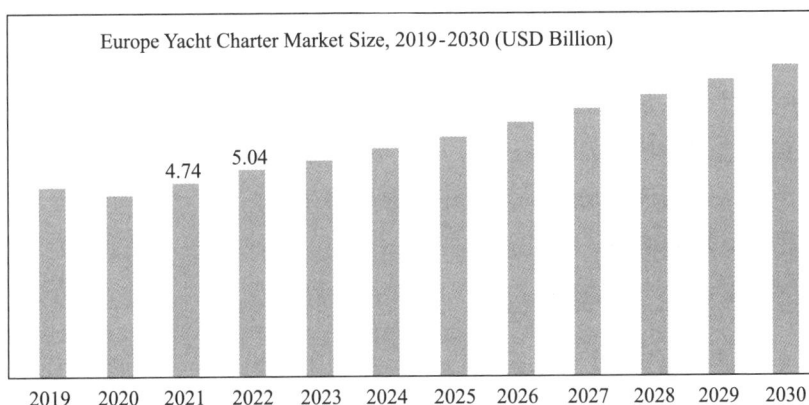

图 1-2　欧洲游艇市场

资料来源:https://www.fortunebusinessinsights.com/

美国的游艇销售在经历了过去两年的稳定增长后,于2022年开始正常化。2022年,消费者的消费模式从游艇活动转变为其他无障碍活动、旅游、音乐会和体育赛事。在欧洲、亚太、拉丁美洲、中东和非洲,由于不确定因素,2020年游艇租赁的增长放缓。然而,市场已恢复正常,并将在未来几年显示出强劲的增长。

(二)影响游艇发展的驱动因素和制约因素

1. 驱动因素——休闲游艇及海洋旅游活动日益普及,有助于市场拓展

消费者可支配收入的增加,以及对航海等海洋旅游和休闲活动的日益倾向,都有助于市场的扩大。在过去的几年里,休闲航行越来越受欢迎,为游艇租赁服务铺平了道路。此外,先进的预订系统允许客户在预订机票的同时租用游艇,这最终推动了市场的增长。

政府推动海洋旅游的有力举措和计划有望刺激市场增长。例如,印度政府将发展基础设施和服务,支持当地旅游业和港口城市旅游,鼓励游艇旅游,到2030—2031年将海上游客增加到150万。印度尼西亚政府也更新了其海上旅游政策,取消了CAIT许可证(印度尼西亚领土海关授权)。该政策预计,前往印尼的游艇数量将大幅增加,带来超过5亿美元的收入。

2. 限制因素——游艇租赁成本高阻碍市场增长

游艇租船的费用取决于几个因素,如游艇的类型、船员要求、租船目的地、当地税收和基本费用。因此,租船的基本费率差别很大。此外,小型帆船和双体船的租赁费从每周1万美元到最豪华的超级游艇每周15万美元不等。此外,隐性成本,如税收和增值税(VAT)、保险、船员酬金和餐费预付,不是强制性的,但占基本票价的15%~30%,并在租船前收取。

例如,巴哈马宣布对所有悬挂外国国旗的租船征收10%的增值税。这将在2022年7月1日之后签署的所有包机合同中强制执行。除了4%的包机费外,这一新增费用总计将增加14%的费用。这类似于船长在包机期间可以使用的费用账户。这样的成本对许多发展中国家的客户来说是一个障碍,进一步抑制了游艇租赁市场的增长。

(三)游艇租赁市场划分

由于旅游业完善,欧洲在游艇市场上占据主导地位。从地理上看,游艇市场分为亚太、欧洲、北美和世界其他地区,如表1-2所列。

表 1-2　游艇租赁市场划分

欧洲	欧洲占据了最大的游艇租赁市场份额。2022 年的收入贡献超过 35%。高份额可归因于该地区游艇销售的增加。由于海上旅游的高增长和旅游目的地数量的增加,该地区可能会主导市场。克罗地亚、希腊、法国、西班牙和意大利等国家是主要的旅游目的地。钓鱼活动和水上运动的日益普及以及上流社会人士的增加预计将推动该地区市场的发展。欧洲航班预订、与包机服务提供商的在线需求合作,以及发放更多的飞机许可证,预计将推动市场增长。该地区的富裕人口也可能推动市场增长。除了水肺潜水、自由潜水和浮潜之外,沿海地区和钓鱼、帆船训练冒险、激流漂流、皮划艇、一日划船冒险等娱乐活动的投资也会增加。越来越多的制造商举办的贸易展览和休闲航行活动支持了该地区的市场增长
北美	北美在市场上占据第二重要的位置,因为该地区多样化的海岸线有很好的旅游目的地。美国在这一区域市场中排名第一,因为该国有主要的包机中心
亚太地区	亚太游艇租赁市场预计将在未来几年创下最高的复合年增长率。这一增长归因于城市化的快速发展、生活水平的提高和可支配收入的增加,从而导致了个人品位的演变。在泰国、马来西亚、新加坡、中国、日本和澳大利亚,钓鱼和水上运动等娱乐活动越来越受欢迎,海上旅游也越来越多,这为游艇租赁公司提供了极好的机会。此外,政府大力发展海上旅游业的举措,特别是在中国和印度等国家,预计将推动市场增长

然而,面临经济危机、政治不稳定和严格的外国直接投资政策的国家预计将对增长产生负面影响。另一方面,在新加坡、泰国、中国、澳大利亚等国家,随着人们越来越多地参与海洋娱乐活动,对娱乐活动的需求激增,预计也将促进区域市场的增长。

（四）游艇偏好市场细分

1. 最受欢迎的游艇类型

游艇的两种主要类型是机动游艇和帆船游艇,每种游艇在风格、尺寸、船体形状和材料上都有所不同。超级游艇制造商提供一定程度的定制。

机动游艇在全球游艇市场占据主导地位,2022 年的市场份额超过 82%。这一细分市场的高份额可归因于这些游艇提供的优势,包括高速度和动力,以及大距离覆盖等。此外,这些游艇由于其先进的系统和设备安装在机动游艇上而备受人们的青睐。现代化的设备是游艇在全球市场上高销量的关键推动者。此外,预计该部分也将成为预测期内增长最快的部分。

帆船游艇使用风帆作为推进系统,因此依靠风速来运动。虽然帆船可以覆盖很长的距离,但机动游艇的设计、甲板空间和船上设施使它们对买家更具吸引力。

2. 游艇受欢迎的尺寸类型

2022 年,20 至 50 米的市场以超过 57% 的收入份额主导了全球市场。预计在预测期内,它将继续主导该细分市场。

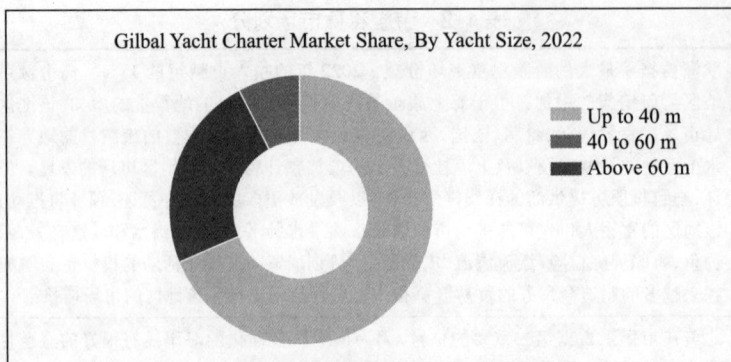

Gilbal Yacht Charter Market Share, By Yacht Size, 2022

■ Up to 40 m
■ 40 to 60 m
■ Above 60 m

图 1-3 按尺寸需求划分的全球游艇市场

资料来源:https://www.fortunebusinessinsights.com/

由于小型游艇租赁的可负担性,小于 40 米的细分市场将占据最大的市场份额。根据游艇的尺寸,市场分为 40 米以下、40 至 60 米、60 米以上。这些游艇既可用于个人竞技活动,也可用于休闲划船活动。

快速城市化、生活水平的提高、个人可支配收入的增加以及富裕人口的增加,提高了个人在奢侈品和休闲活动上的消费能力。因此,近年来游艇服务市场的需求也出现了显著的增长。观察到的游艇建造趋势表明,游艇的平均长度每年增加 3 厘米。这是由于大多数发达国家对超级游艇和大型游艇的需求不断增长,以及这些地区旅游业的总体激增。因此,预计 40 ~ 60 米段增长显著,而 60 米以上段在预测期内增长速度最快。

目前,有 28 个国家的 165 家游艇制造商正在建造至少一艘 24 米以上的游艇。每年,约有 400 艘 24 米以上的游艇交付给业主,这些游艇由专门从事游艇类别或产品细分的造船厂建造,这使它们与其他商业造船厂区别开来。游艇制造是一个全球性的产业。一些国家和地区专门生产某种风格的游艇,这通常是由它们的海军历史或海事传统决定的。其他造船厂将自己定位于有增长或高需求的产品类别。

(五)世界主要的游艇租赁公司

世界主要游艇租赁公司名单:

• 环球船艇有限公司(美国)

• 梦幻游艇集团(美国)

• 诺斯罗普强生公司(法国)

• 赛罗公司(摩纳哥)

• Camper & Nicholsons(日本)

•海洋独立（瑞士）

•伯吉斯游艇（英国）

•The Moorings Limited（美国）

•Boatbookings（英国）

•丽兹租船有限公司（美国）

（六）世界各地的游艇造船厂（按区域划分）

1. 欧洲北部

北欧国家尤其以建造完全定制和半定制的摩托艇和帆船而闻名。荷兰在游艇行业中排名第一，交付的游艇超过 50 米，数量多，价值高。而荷兰建造商 Amels/Damen Yachting、Heesen 和 Moonen 则基于模型平台建造高端半定制游艇。Feadship、Oceanco 和 Royal Hakvoort 专注于全定制机动游艇的建造，而 Royal Huisman 则提供量身定制的帆船游艇。在北欧建造的定制和半定制游艇往往在经纪市场上保持更高的转售价值。由于其高品质的完成和极端的定制水平，可以说这些游艇类似于漂浮的艺术品。

2. 意大利

意大利造船商如 AB Yachts、Tecnomar、Azimut、Mangusta、Leopard Yachts、Riva 和 Pershing，在计划和开放船只方面表现出色。但在过去的十年里，一大批新的游艇制造商进入了市场，提供更大的游艇和更可定制的选择，与 Baglietto、Codecasa 和 ISA yachts 等传统游艇制造商竞争。Perini Navi 仍然是提供性能和风格的最独特的帆船游艇制造商之一，但当谈到创新的设计解决方案时，Columbus Yachts、Tankoa、Cantiere delle Marche 和 Admiral 已经脱颖而出。

3. 土耳其

土耳其有着悠久的海洋遗产，目前，土耳其最知名的游艇制造商有 Turquoise Yachts、Bilgin Yachts、Alia Yachts、Mengi Yay、Numarine、AvA Yachts 和 Bering Yachts。

4. 北美

由于美国游艇所有者喜欢在巴哈马群岛和加勒比海巡航，北美市场受到浅吃水船和运动品牌的推动也就不足为奇了。生产主要集中在半定制机动游艇与著名的船厂，如西港游艇、帕尔默约翰逊、维京游艇、哈特拉斯游艇和贾勒特湾等。在更大尺寸的市场中，美国制造的超级游艇可定制化程度更高，Christensen Yachts 和 Delta Marine 提供 37 米以上的机动游艇。加拿大的 Crescent Custom

Yachts 也采取了类似的做法。

5. 亚洲

亚洲是 GRP（glass reinforced plastie）系列机动游艇的生产中心，其中包括 Horizon yachts、Ocean Alexander、Cheoy Lee、Heysea、Johnson yachts 和 Nordhavn 等知名品牌的大部分设施都位于中国。

6. 世界其他地区

还有一些游艇制造商在大洋洲、南非和巴西等地。SilverYachts 和 Echo Yachts 位于澳大利亚，新西兰的 Yachting Developments 也与之相当。巴西造船厂 INACE 和 MCP 位于南美洲。

三、中国游艇发展现状

我国的游艇经济起步较晚，游艇经济是在 20 世纪 80 年代之后才发展起来的。尽管我国的游艇市场经济起步较晚，但随着频繁的国际经济交流，国际市场的一体化发展，以及近几年我国产业结构的转变等，游艇产业逐渐在我国发展壮大起来，而我国也被视为游艇经济发展的潜在市场。

（一）游艇产业发展起步晚

相对于国际游艇市场的发展历程，我国近代游艇市场发展的时间较短，最早可以追溯到 20 世纪 70 ～ 80 年代，而我国台湾的游艇市场开始于 20 世纪 50 年代。当时，游艇的质量不是游艇制造企业的考虑因素，而价格才是真正促成游艇制造业发展的主要因素。这为我国台湾地区游艇市场的发展起到了很好的促进作用。同样的，随着我国台湾地区经济水平的提高，台湾地区的劳动力成本已不再具有优势，因此，各企业就将视线投向了大陆，并纷纷来大陆投资建厂。

（二）游艇产业发展优势显著

中国水域辽阔海岸线资源丰富，而漂亮豪华的游艇较为少见，游艇俱乐部的数量更是屈指可数。究其原因是因为中国缺乏游艇相关基础设施，不少中国内地富豪购置了豪华游艇，只能大费周章地将其停泊在香港、摩纳哥、迈阿密等地。因此，迫切需要中国政府及地方政府尽快出台一些游艇相关法规及扶持政策，大力发展游艇基础设施，规划一批游艇配套工业园区，尽快建设休闲游艇基础设施和一批现代化功能齐全的国际游艇俱乐部。资料显示，目前中国已有多个城市开始着手各自区域内的游艇业发展蓝图。如浙江舟山将打造"海上游艇的天堂",广东珠海将崛起新的游艇工业区,上海市计划在黄浦江两岸建设9～10个游船码头,包括公共游艇港、私人会员制港、商业型游艇港、游艇港社区,福建厦门要建中国最大的游艇码头等。与此同时,中国国内各级政府、房地产开发商以及船艇制造企业等也正在试图斥巨资投资游艇产业,并希望能够借此形成一个良性循环。由此可见,中国的游艇产业,从过去的敬而远之,到时下的大举投资,游艇文化与游艇经济的存在价值在一定程度上得到了认同,要预估中国未来游艇市场究竟能有多大尚有困难,但投资与热情令我们完全有理由相信,中国开发休闲游艇市场的时机已经到来。许多行业专家也一致认为,中国游艇业具有参与国际竞争的巨大劳动力优势和后发优势,在游艇娱乐、服务和产业发展上具有十分诱人的市场发展前景。

20 世纪 90 年代,国际上不少游艇商纷纷来我国投资游艇产业,到 2003 年为止,我国大陆生产游艇的企业就突破了 300 家。据《2012—2013 中国游艇产业报告》显示,截至 2013 年 4 月底,国内共有游艇制造厂商 440 家,游艇俱乐部46 家,游艇运动休闲服务机构 54 家,建成泊位 6 000 多个。2011 年 4 月 18 日,中国国际游艇展在上海落幕,在 4 天的时间里游艇的成交额就超过了 10 亿元。2012 年,我国游艇产业的整体市场规模达到 17.5 亿元,其中,豪华游艇市场的销售额约为人民币 7.8 亿元,占整个游艇产业的 44.6%。根据《2012—2013 中国游艇产业报告》,2012 年我国平均 43 万人拥有一艘游艇。2018 年我国游艇总数为 22 060 艘,由此可见,游艇销售的发展势头很乐观。

(三)游艇产业发展现状

中国游艇产业现正在爆发期的前夜。2000 年到 2012 年是快速发展期,以商务艇为主,之后进入瓶颈期,商务艇市场发展基本饱和,不过钓鱼艇等显现萌芽发展迹象。现在是游艇产业转型期,由以商务艇为主往大众化游艇发展为主转型的时期,国家发布的《促进游艇旅游的指导意见》等一系列行动也在引导、支持大众化游艇的发展。近几年,随着国内企业游艇生产技术的提升,产能不断扩大,国内游艇产量快速增长,据统计,截至 2022 年我国游艇产量约为 1 958艘,需求量约为 2 122 艘。

(四)中国游艇行业相关政策及法规支持

2022 年 8 月,工信部等五部门联合发布《关于加快邮轮游艇装备及产业发展的实施意见》(以下简称《实施意见》)。根据《实施意见》提出的发展目标,到 2025 年,我国将初步建成邮轮游艇装备产业体系,国产大型邮轮建成交付,中型邮轮加快推进,小型邮轮实现批量建造。邮轮游艇产业链长、带动作用大,对于推动船舶产业高端转型、提升现代服务业水平、促进海洋经济发展、满足人民日益增长的美好生活需要具有重要意义。近年来,我国邮轮游艇发展取得积极成效,但与世界先进国家相比,在装备产业化、市场成熟化、消费大众化等方面仍有差距。

(五)中国游艇产业发展趋势

中国游艇产业即将迎来爆发性发展,国家五部委联合发布的《关于加快邮轮游艇装备及产业发展的实施意见》,明确了积极引导和支持游艇产业的升级、创新,支持大众化游艇、新能源与清洁能源游艇的开发。当前游艇的研究,将围绕游艇设计、材料、制造、配套件等方面展开,未来大众化、新能源、智能化等中小型游艇和国产游艇将成为我国游艇消费的主要类型,游艇租赁将成为我国推动游艇大众消费的重要方式。游艇技术创新与发展趋势将在研发设计、绿色能源应用和智能化提出新的要求。

第三节　游艇产业发展的理论

一、游艇经济的研究

(一)游艇的供求关系

游艇的供求矛盾是游艇经济发展过程中的主要矛盾,也是推动游艇市场发展的动力。作为游艇经济研究的核心,游艇供求矛盾解决的程度直接影响到游艇产业整体的发展。游艇经济作为新兴的产业经济,其综合性和边缘性的产业发展特点,对游艇产品的供给与需求,以及游艇市场的开发等都具有独特的要求。因此,必须对游艇产品、游艇市场参与者、游艇市场划分、游艇产业系统等进行详细、充分的研究,从而制定出游艇产品所独特的经济发展策略,继而为游艇市场的供求平衡调节作铺垫。

(二)游艇市场

游艇市场是游艇供求矛盾发生、游艇产品参与者汇集的场所。从原则上讲,游艇市场的发展情况直接决定了游艇经济发展状况,因此,对游艇的市场竞争、市场划分、市场秩序等方面的研究对游艇经济的发展尤为重要。通过游艇市场的研究可以更清晰地了解其发展方向、发展规律和发展状况,从而适应市场的发展前景,制定出适宜的发展策略,促进游艇经济的发展。

（三）游艇消费

游艇消费是游艇生产的最终目标,是推动游艇经济发展的原动力。根据不同国家或地区的经济条件和游艇经济的发展状况,游艇的消费者性质不同,其游艇消费的性质也不相同,如目前出现的自购游艇消费、游艇租赁消费以及游艇旅游消费等。游艇消费也是拉动游艇生产的一个因素。随着个性化定制游艇的发展,根据不同消费者的消费意愿、喜好等,对游艇生产提出了不同的特殊要求。再加上游艇消费通常离不开游艇俱乐部,其更倾向于一种服务性消费,因此,游艇经营者必须对游艇消费倾向、消费喜好、消费结构等方面进行充分的了解,从而组织生产符合游艇消费者需求的游艇产品。

（四）游艇投资

根据不同的游艇消费模式,游艇投资通常分为游艇制造企业投资和游艇俱乐部投资两大方面,而游艇消费通常分为游艇自身的消费和游艇俱乐部的消费两大方面。游艇制造企业投资是游艇产品本身的投资,其投资是扩大游艇市场结构、满足游艇消费者的消费意愿、喜好等的基本手段。而游艇俱乐部投资是对游艇服务的投资,其投资是提高游艇消费服务质量、促进游艇经济可持续发展的保障措施。

（五）游艇经济管理

游艇经济的发展是游艇市场中游艇供给与需求互相影响、互相促进的动态发展过程,由于其所具有的不稳定性,很容易受到其他市场因素的干扰。游艇经济管理是对游艇市场中的总供求及其运行情况进行分析,从而合理地对游艇市场进行调控和管理,制定出合理的游艇经济发展规划策略,最终促进游艇经济的均衡发展。

二、游艇产业发展理论研究

游艇产业发展理论是指对游艇产业发展过程中的总体规律、特点、趋势、影响因素等进行深入研究和探讨的理论。其主要内容包括以下 5 个方面。

（一）市场需求理论

游艇业的发展高度依赖于市场需求,考虑的因素包括消费者对游艇的需求量、类型及变化趋势等。游艇市场需求理论主要是研究影响游艇市场需求的各种因素以及它们之间的关系。这些因素通常包括消费者的收入水平、消费习惯、休闲文化、社会地位和消费者对娱乐生活方式的期望和理解等。此外,游艇市场需求理论还关注市场环境对需求的影响,如经济环境、政策环境、文化环境等。例如,经济快速发展的地区,人们的收入水平更高,对游艇的需求也可能更大。另外,游艇市场需求理论通过对需求的研究,帮助企业更好地了解市场,制定出更适合市场的产品和营销策略,从而提高企业的竞争力,驱动游艇产业的发展。

(二)公司竞争理论

这个理论关注的是游艇制造企业之间的竞争策略,如如何获取竞争优势,如何保持和提高竞争优势等。该理论主要是研究和解析游艇制造和销售公司之间如何竞争,如何通过各种策略和方式获得竞争优势,以及如何维护和加强这种竞争优势。

公司竞争理论涉及内外部因素,包括但不限于产品质量、设计创新、品牌形象、营销策略、服务质量、企业规模、经济实力、管理效能等。这些因素共同决定了游艇公司在市场中的地位,影响其能否成功吸引和保留消费者。比如,一家游艇公司可以通过提供优质的产品和服务,建立独特的品牌形象,有效的市场营销策略来获得竞争优势。而为了保持这种优势,他们需要不断创新的产品和服务,对市场趋势保持敏感,对竞争对手保持监视等。

公司竞争理论也涉及游艇市场的结构,如市场中的竞争者数量、它们的规模和市场份额等。这些因素对公司的竞争策略和市场行为产生重大影响。总的来说,游艇的公司竞争理论是帮助游艇公司理解市场竞争格局,制定和执行有效竞争策略,从而实现自身的业务目标和长远发展。

(三)技术创新理论

此理论强调技术进步对游艇业发展的推动作用,包括新材料、新工艺、新设计、新设备等方面的技术创新。

游艇的技术创新理论主要研究游艇制造和设计的新技术、新方法和新理念,以及如何通过技术创新来提高产品质量、降低制造成本、提升服务质量、提高产业竞争力。这个理论主要有以下几个方面的内容。

1. 制造技术创新

制造技术创新主要涉及游艇的设计和制造过程中使用的新工艺、新材料和新设备。这些新技术的应用可以提高制造效率,提高游艇的性能和安全性,降低制造成本。

2. 设计创新

设计创新主要是指在游艇的设计中引入新的设计理念和方法,如环保设计、人性化设计、智能化设计等。这种创新可以提高游艇的舒适性和便利性,提升消费者的使用体验。

3.服务技术创新

服务技术创新主要是指通过新的服务技术和方法来提升游艇的维修和保养服务,提高服务质量和效率。

公司可以通过技术创新取得竞争优势,争取更多的市场份额。与此同时,技术创新还可以推动整个游艇产业的发展,促进产业结构的升级和优化。因此,游艇的技术创新理论强调的是通过技术创新来推动游艇产业的发展、提高游艇产品和服务的质量、降低制造和服务的成本。

(四)产业链理论

产业链理论强调游艇产业的上下游分工与合作关系,主要关注的是供应链管理、产业链布局、产业链升级等问题。游艇的产业链理论主要涉及游艇制造业的上游供应链、中游制造环节和下游销售及服务环节。这个理论强调的是如何通过优化产业链各个环节,提高整个产业链的效率和竞争力。

1.上游供应链

上游供应链包括原材料供应、部件生产等环节。例如,公司可以通过选择质量更高、成本更低的原材料或部件供应商,来提高产品质量和降低生产成本。

2.中游制造环节

中游制造环节主要包括游艇的设计、生产等环节。公司可以通过技术创新、工艺改进、效率提升等方式,提升游艇的性能,缩短生产周期,降低生产成本。

3.下游销售及服务环节

下游销售及服务环节包括游艇的销售、维修、租赁、保险等服务。公司可以通过提供优质的销售和售后服务,提升品牌影响力,提高客户满意度,从而增加市场份额。

此外,产业链理论还强调各环节之间的协同和整合,即如何通过横向和纵向的合作,实现产业链各环节的无缝对接,提高整个产业链的协同效率。总的来说,游艇的产业链理论是游艇产业管理的重要理念,是提高游艇公司核心竞争力,实现产业可持续发展的关键。

(五)可持续发展理论

可持续发展理论强调游艇业的环保与社会责任,如如何做到资源的高效利用,如何减少环境污染,如何为社会做出贡献等。游艇的可持续发展理论主要将可持续发展的理念应用于游艇产业中,包含经济、社会和环境三个维度。其主要考虑游艇产业应该如何在增长和发展的同时,保护环境、资源节约和社会公平等多方面进行综合考虑和平衡。

1. 环境可持续性

环境可持续性包括游艇的生产过程,需要尽可能地减少能源消耗和环境污染,应用环保材料,实现废弃游艇的回收和处理。同时,游艇运行过程中也要尽可能减少污染,例如降低游艇运行产生的噪音和温室气体排放等。

2. 经济可持续性

游艇产业的发展不能脱离经济环境,要保证经济效益和增长。但是,为了实现长期的发展,不能过度追求短期利润,要考虑长期投入,包括产品创新、技术研发、人才培养等。

3. 社会可持续性

游艇产业的发展要服务于社会,对社会贡献积极的价值。包括提供就业机会,提高人们的生活质量,推动相关产业发展等。

总的来说,游艇的可持续发展理论主张在游艇产业中实施经济、环境和社会的可持续发展政策和战略,以实现游艇产业的长期健康发展。

以上各个理论并非相互独立,而是相辅相成的,研究和理解这些理论有助于我们更好地把握游艇产业的发展趋势。

三、游艇经济学科特点研究

游艇经济是产业经济学的一个子领域,它基于现代经济学理论,探索各种游艇经济活动中的经济现象、经济联系以及经济发展的规律,其主要特点如下。

(一)游艇经济是一个新兴的学科领域

游艇经济兴起于现代游艇经济的形成与发展。游艇最早在 17 世纪中叶出现,20 世纪发展起来。严格地说,现代游艇经济起源于 20 世纪中叶,只有不到 100 年的历史,相对来说是一个历史较短的新兴学科。在学科内容方面,许多针对其系统建设、基本内容、基本概念、研究方法等方面的问题正在引发广泛的学术讨论和完善。

(二)游艇经济是一个应用性学科

游艇经济是基于现代经济学理论,研究游艇经济活动中的各种经济现象、经济关系以及经济发展规律。其基本原理和内容源于游艇经济活动的实践,游艇经济也注重其应用,在完善学科的过程中,制定了区域游艇经济资源开发利用、发展战略以及对游艇产品和收入进行合理的开发和分配等。

（三）游艇经济是一门产业经济学科

产业经济学研究某一产业领域内的经济活动,以揭示该领域的各种关系、矛盾和内在规律。游艇经济主要研究游艇经济活动中产生的各种经济现象的互动、矛盾以及内在规律,以产业经济学的理论指导游艇经济活动,促进游艇产业发展。

（四）游艇经济是一门边缘性学科

游艇经济基于经济学原理和理论,结合旅游学、美学、心理学、地理学、资源学、统计学、休闲学等学科的理论和方法,综合考察游艇经济活动与经济领域内其他经济现象的相互联系、矛盾以及内在规律等,是一个综合性非常强的边缘学科。

第二章

游艇的设计与制造

第一节　游艇的生产与制造

（一）造船生产步骤

1. 游艇设计

游艇制造的第一步是进行设计。游艇设计包括外形设计与室内设计两大主要方面，外形设计从整体到局部秉持适用性、安全性和经济性的特点进行形、色、质的分析；室内设计从游艇与自然、人的和谐性及安全性出发，整合空间、色彩、光影、陈设等要素，呈现出不同的风格与流派。

设计人员根据客户的需求和建造标准，制订游艇的外形、尺寸、车体结构、动力系统、电子设备等方面的设计方案。游艇和时装、工艺品一样，特别是豪华游艇是消费者身份、地位的一种标志，因而对设计要求很高。许多游艇厂家聘请世界著名游艇设计师进行设计或购买世界著名设计师的设计，以提高知名度和增强竞争力。

游艇设计文案包括概念设计、空间设计、技术条件初稿、2D 图展示等一整套完整的游艇创意设计方案。

2. CAD 建模

游艇设计完成后，需要使用计算机辅助设计软件（CAD）进行三维立体建模。CAD 软件能够快速准确地生成游艇的三维模型，帮助游艇设计师更好地理解游艇的结构和性能，以便高效地优化结构和提升性能。

3. 制作模型

建模工作完成后，接着需要制作游艇的比例模型。制模需要使用各种工具和材料，例如铝板、木板、泡沫塑料等。制模的目的是在实际生产中制造出符合设计要求的游艇。目前，3D 打印技术已被用于游艇制模。相对于传统的 CNC 工艺,3D 打印更简单、更快、更好、更便宜。对于美观性要求高的游艇,设计师需要测试许多不同的方案,以确定理想的设计,3D 打印的优势更加明显。

使用 3D 设计软件创建了 CAD 文件后,将文件导入打印软件,以设置打印参数并确定如何组装所有不同的部件,然后,用 PLA 耗材打印船体结构的所有独立部件。最后,使用黏合剂将所有零件粘在一起,3D 制模过程结束。

4. 材料切割

在游艇制造的过程中,需要对铝板、钢板、玻璃纤维等材料进行切割。切割可以使用机器切割,也可以手工切割。切割工作完成后,需要对一些材料进行打磨和修整,以保证其平整度和精度。

5. 焊接

游艇的制造需要进行大量的焊接工作。焊接可以使用手工焊接、气体保护焊接等方法。焊接完成后,需要对焊缝进行打磨和涂漆处理。

6. 舾装

在游艇制造的过程中,需要进行各种组装工作。舾装是指船体之外的游艇所有设备、装置和设施的安装工作,包括安装动力系统、电子设备、舱室设备、消防设备、水泵、舵机等部件。组装完成后,需要进行各项测试以确保游艇正常运行。

7. 涂装

游艇制造完成后,需要进行涂装。涂装可以保护游艇不受海水、阳光等因素的侵蚀,也可以让游艇看起来更加美观。涂装通常使用喷涂技术,需要对涂漆进行多次涂层和打磨处理。

8. 调试

这一环节是游艇制造商的自我检验。制造商按照国家、行业、地方的相关标准及游艇自身的设计标准,对建造的游艇进行各项指标的系统性调试,调试合格后的游艇才能接受船舶检验机构的检验。

9. 检验

游艇作为非公约船舶,没有专门针对它的统一安全与防污染要求,其检验管理由各国国内法规定。我国交通运输部于 2009 年 1 月 1 日起施行《游艇安全管理规定》(以下简称《规定》)。《规定》第四条明确指出:游艇应当经船舶检验机构按照交通运输部批准或者认可的游艇检验规定和规范进行检验,并取得相应的船舶检验证书。

上述步骤只是对游艇生产流程的分解,并非实际生产的过程。随着游艇生产技术的进步和船舶生产模式的创新,整个流程不断优化和再造,使游艇的建造速度和质量不断提升。

(二)游艇建造模式的演进历程

随着科技的进步,造船模式也在不断地发展,从建造铆接船的年代至今,造船模式的发展经历了四个阶段。

1. 第一阶段:按功能(系统)组织生产的模式

这是最古老的造船模式,其特点如下:

(1)船体建造按结构功能,舾装按使用功能进行船舶设计和组织生产。

(2)产品的作业任务分解与分解后的组合按船舶设计的功能(系统),通过放样先船体、后舾装,由各工种按功能(系统)分别在船台和舾装码头进行单件作业,直至形成船体、舾装各完整的功能(系统)。

2. 第二阶段:按区域组织生产的模式

这是建造全焊接船初期形成的造船模式。焊接技术在造船中应用开创了船体分段建造,随着分段建造技术的发展,船体建造可按其结构特性划分为分段、部件,形成以区域进行流水作业的可能,同时还提供在分段区域上进行预舾装的可能。这种造船模式的特点如下:

(1)产品作业任务的分解和组合对船体建造可按其结构区域划分,而对舾装则以扩大预舾装仍按其使用功能(系统)组织造船生产。

(2)船舶设计虽然仍按功能(系统)进行,但船体建造作业任务的分解和组合可通过放样,采用船体生产设计加以规划和体现。

3. 第三阶段:按"区域—阶段—类型"组织生产的模式

由于成组技术在造船中应用以及大型船舶的需求急增,促成了这一造船模式,其特点如下:

(1)产品作业任务的分解和组合采取按船舶产品的空间部位划分区域,分阶段、按类型的分解原则和组合方式。

(2)产品作业任务的分解和组合方式通过船体、舾装的生产设计加以规划和体现。

(3)产品作业方式按区域进行船体分道和区域舾装,并将完工的各个作业区域相互组合以形成完整的船舶产品。

4. 第四阶段:按"区域—阶段—类型—体化"组织生产的模式

形成这一造船模式的主要原因是:大型船舶涂装工程的日益增多及其要求的不断提高,促使涂装从舾装作业中分离,而形成独特的涂装生产作业系统;系统工程技术与电子计算机技术在造船中应用的扩大。这一模式的特点如下:

(1)产品作业任务的分解和组合,除了按区域/阶段/按类型的分解原则和组合方式外,更体现船体建造、舾装、涂装三大作业系统的相互结合。

(2)产品作业任务的分解与组合,通过船体、舾装、涂装的生产设计加以规划和体现。

(3)船舶设计、造船生产与生产管理相互结合,并通过生产设计融为一体。

上述四种造船模式可以分为有本质差别的两大类型。前两种属于系统导向型造船模式,统称传统造船模式,后两种属于产品导向型造船模式,统称现代造船模式。

系统导向型的传统造船模式,实质上就是按功能(系统)对产品作业任务进行分解和组合,并按船、机、电专业划分工艺阶段,再细分将各个工艺项目作为船舶建造过程中的一个工艺环节,以工艺过程形式组织生产的一种造船模式。

产品导向型的现代造船模式,实质上就是从船体、舾装、涂装一体化角度,按区域对产品作业任务进行分解和组合,并按区域划分各类作业任务,形成船体以分段、舾装以托盘(或单元)作为组织生产的基本作业单元,进行船舶建造的一种造船模式。

现代造船模式与传统造船模式是两种截然不同的造船模式,不仅在组织造船生产的基本原则和基本方式不同,而且在设计方式、生产方式、管理方式,以及船厂性质等方面也完全不同。

第二节　游艇的设计单位

游艇设计单位多以工作室的形式存在,由多个游艇设计师共同组成团队进行创作。同时,游艇设计工作室与游艇制造单位进行合作,共同打造独具特色的游艇。游艇设计师是游艇设计的灵魂,游艇设计风格的形成与其所处时代的思潮、地区特点息息相关。国内外游艇设计单位均致力于创造、创新及满足顾客的个性化需求。在外形设计方面注重形、色、质三者融合发展,同时兼顾实用性与经济性,以设计出集舒适、美观与安全为一体的游艇;在游艇室内设计方面,实现艺术与技术的融合,从和谐性原则、安全性原则及实用性原则角度出发,实现美学与可操作性二者之间平衡发展。

一、国外游艇设计实验室

国外的游艇设计起步较早，体系较为成熟，拥有众多游艇设计工作室，包括 Banneberg & Rowell、Zuccon International Project、Nuvolari & Lenard 以及 Winch Design 等。

（一）Banneberg & Rowell

20 世纪 60 年代初，乔恩·班南伯格（Jon Banneberg，公认的现代游艇设计之父）创立了自己的公司并开始设计游艇，帆船游艇 Tiawana 是第一个项目。此后十年里设计了 10 多款游艇，并设计了标志性的现代游艇 Carinthia VI。到 20 世纪 80 年代，公司在游艇界的地位明显提升，开始为全球知名人士设计游艇。该公司与澳大利亚 Oceanfast 船厂合作设计 Moecca 和 Thunder 在内的一系列开创性游艇；随后由 Dickie Bannenberg 和 Simon Rowell 延续了创始人的初心与愿景，带领设计团队朝着新的方向发展：与所有主要造船厂合作，为私人客户和房地产开发商设计住宅，并与家具设计师合作并发展其他创意合作伙伴关系。同时，该公司是超级游艇制造商 Feadship 的御用设计公司。该公司仅在内饰设计上是佼佼者，随着 230 英尺 Feadship Joy 的问世，该公司展示了由其完全设计的作品。46 岁的创意总监还设计了 Lurssen Pacific 和 Heesen Galactica Star 的内饰，在创始人乔恩·班南伯格的带领下团队投入多个顶尖超艇项目。同时，应船东要求打造独具特色的非主流布局，如拥有内部网球场的 322 英尺的 Aviva。 Banneberg & Rowell 致力于将打造游艇的过程视为一种独特的定制和亲密的体验，享受深入其中的乐趣。追求创造、创意的突破性设计，结合长期团队的渐进式设计，为顾客打造集创意、创新、效率为一体的现代游艇。

（二）Zuccon International Project

Giovanni Zuccon 和他的妻子 Paola Galeazzi 从 1976 年开始担任游艇设计师，在 1984 年创建了 Zuccon International Project。该公司为家族企业，致力于在不同设计领域进行创新，其拥有建筑和工业设计工作室，从办公和民用建筑到游艇和汽车，该公司活跃于多个传统领域，并成功地将多学科的方法应用到其中，这也成为该公司发展的核心优势。在船只、房屋、办公室、游艇设计方面，该公司秉持着对客户的文化亲和力和长期承诺努力打造符合客户要求的产品。并以"项目作为理解现实本身的核心、研究作为新想法的重要来源"的基本原则作为公司的使命；同时，该公司将"技术结合客户的深入了解（包括客户的价值观、背景）才能使设计师支持任何建筑计划"作为核心思想。通过了解客户的价值观和背景,创造一种连续性,使设计师能够在产品中解释和表达客户的文化和身份。设计在寻求和保持企业形象方面起着重要的战略作用,并作为一种能够协调所有其他元素的生产力。目前该公司由新一代的 Martina 和 Bernardo Zuccon 管理,公司成功的关键在于与客户建立长期关系的能力,目的是代表他们的企业形象并努力实现产品的不断发展。该公司的项目包括 Sanlorenzo、Bluegame、Perini navi、Ferretti yachts、Custom line、CRN、I. C. yachts。2021 年,与圣劳伦佐一起研究和设计 72Steel,这艘总载重 1850GT 超级游艇有五层甲板,预计 2025 年下水,将成为这家意大利造船厂的新旗舰项目,同时,也是船厂有史以来最大的钢铝结构船型(图 2-1)。

图 2-1　圣劳伦佐 52/57/SL90A/SX112

（图片来源:https://www.zucconinternationalproject.com/projects/yachts/sanlorenzo）

（三）Winch Design

Winch Design 公司由 Andrew Winch 创立。Andrew Windrew 在 Kingston Collegeof Art 取得了 3D 设计学位在加勒比海进一步航行学习获得了船长资格,随后师承著名游艇设计师 Jon Banneberg。1986 年,他和他的妻子 Janes（作为设计师兼公司经理）成立了 Winch Design,该公司的第一个项目是设计 Swan 36 英尺帆船的内部和外部,此项目的顺利交付为其赢得了更大的项目,140 英尺的 Cyclos Ⅲ 的室内设计以及 160 英尺的 White Rabbit 动力艇。近三十年来,该公司的设计范围涵盖了游艇、城堡、别墅、度假村及私人飞机,其创始人是飞机外观和室内设计师,与汉莎旗下的商用机公司合作,将汉莎旗下的民用飞机改装成了私人飞机,其最著名的飞机设计来自俄罗斯富豪 Roman Abramovich 的波音 767-33A/ER,该飞机改造耗资 3 亿美元,具有与空军一号相同的防护系统。Winch Design 和 Philippe Briand 联合设计了 Jeanneau Yacht 64。Dubai、Madame GU、Avanti、Dilbar(内饰)等业内著名的超级游艇(图 2-2)均由 Andrew Winch 设计。Winch Design 是一家多学科、完全集成的设计工作室,该公司始终坚持为客户创造梦想,坚守诚信,敢于创新并沉浸在工作中享受其中的乐趣。

图 2-2　Madame GU/Avanti

(图片来源:https://winchdesign.cn/portfolio/sea)

(四)Nuvolari & Lenard

1990 年,Carlo Nuvolari 和 Dan Lenard 在意大利威尼斯成立了 Nuvolari & Lenard。它是意大利超级游艇设计工作室,专注于设计奢华游艇。该公司与 Palmer Johnson、Perini Navi 和 CRN 都有过合作,其成名之作为 269 英尺的 Oceanco Alfa Nero(图 2-3)。首个 Alfa Nero 于 2007 年推出,其船尾为开放式甲板的设计,打破了游艇设计的常规理念,游艇整体外观线型更为流畅,并将长 7 米、宽 3.5 米的超大泳池嵌入其中;同时,将泳池盖起来可停直升机,该游艇开创了在游艇尾部嵌入泳池的先河。Carlo 和 Dan 在奢华游艇领域拥有 20 多年的设计经验。他们曾为昔日的世界首富 Carlos Slim 打造游艇,好莱坞知名导演斯皮尔伯格的游艇"Seven Seas"也出自该工作室。凭借出众的设计才华,二人在奢华游艇设计界声名鹊起。目前,由其设计的蒙地卡罗游艇系列包括 MCY 66、MCY 70、MCY 76、MCY 80、MCY 86、MCY 96 以及 MCY 105。

(五)De Basto Designs

De Basto Designs 是一家位于美国迈阿密的工作室,成立于 1995 年。总裁兼首席设计师 Luiz de Basto 来自巴西圣保罗,从事游艇设计数十年。该工作室主要从事豪华游艇、住宅及独特商船的设计。从初步概念到空间规划、造型和室内设计,创造力和卓越性是其设计的主要考虑因素,始终保持对功能的持续意识。该公司秉持"路径就是目的地,每个项目和每个客户本身就是一个世界,结果必须是完美的"的理念设计了多艘游艇。其设计的 Dar 游艇赢得了 2018 年摩纳哥游艇展最佳外观设计和最佳新超级游艇奖,Dar 游艇的主题是大自然、花朵、羽毛、鱼和波浪,设计师将非凡的外观与内饰融合设计出非凡的游艇,如 Amer 41M Explorer 将优雅的设计与完整的探险船完美融合;Seafair 游艇的外观设计将美学与功能融合形成高端豪华的游艇。热情、视觉、洞察力是 De Basto Designs 工作室成功和进步设计的基石(图 2-3)。

图 2-3　Dar/Seafair

(图片来源:https://luizdebasto.com/extraordinary-exteriors/)

(六)其他

Redman Whiteley Dixon(RWD)成立于 1993 年,创始人 Justin Redman 和 Mark Whiteley 各取一个姓的开头字母,后期 Tony Dixon 于 2001 年加入,故而又加了一个字母,他们设计的 Vava Ⅱ 和 Como 都是行业的重要项目。最开始该工作室是做帆船和动力艇的内饰项目,随后开始制作游艇的外观设计,如 2004 年下水的 239.5 英尺的邀慕仕 Ilona。著名的 188.65 英尺超级帆船 Twizzle(图 2-4)也是 RWD 的作品之一。

Espen Oeino 是挪威人,他的工作室在超级游艇中心摩纳哥的摩纳哥游艇会里,该公司在 6 个国家和地区拥有项目,其作品包括 460 英尺的 Ocean Victory,312 英尺的 Kismet,292 英尺的 Infinity 和 253 英尺的 Sliverfast。其代表作还有由保罗·艾伦(微软创始人之一)出资建造的章鱼号,它采用柴电混合动力系统,主要设施包括水疗中心、图书馆、电影院、健身房、篮球场,在飞桥甲板上还有一个专门的录音棚,它可容纳两架直升机,并在船尾甲板和前甲板设有起降架,船尾甲板还设有机库,可将直升机存放在游艇中,艇上的配套设施包括一艘名为"Pagoo"的 8 人潜艇,一台可遥控下潜进两英里的载人潜水艇。

二、国内游艇设计实验室

国内专门从事游艇设计的公司相对较少,且多数公司处于起步阶段。在经济全球化的大格局下,国内游艇设计与制造相关企业致力于寻求与国际市场需求的异同,以探索出适合国内游艇设计与制造公司的发展契机,提高自身的竞争能力。

(一)优帝雅游艇设计有限公司

优帝雅游艇设计有限公司(简称优帝雅)于 2012 年在中国香港注册成立,其前身为优帝雅游艇设计工作室,与英国游艇设计公司 RMD 和意大利游艇设计工作室 A. M YACHT DESIGN 合作成立,是国内首家专门从事游艇定制与设计的公司,主要从事游艇设计开发、内饰设计、产品改良等业务。其专注于 20 ~ 164 英尺动力游艇的总体设计、游艇内饰设计、游艇监造、游艇购买顾问,以及游艇设备、船舶送审等业务。优帝雅在游艇概念设计中融合意大利最新的设计理念和思想,力求能把最好的设计呈现给游艇制造者以及船东。优帝雅公司的每一个游艇和游艇设计都彰显着"好的创意、好的游艇"这一理念。优帝雅将"优"的哲学、"帝"的智慧以及"雅"的潮流融入游艇设计的方方面面。"优"的智慧体现在优帝雅游艇设计的设计师把满足客户严格的要求作为自己作品成功的荣耀。"帝"的智慧体现在追求游艇里面的乌托邦世界是每一个优帝雅游艇设计师的梦想。尺有所短,寸有所长。不断的追求艺术与技术的平衡,在每一艘游艇上寻找其结合点,是其所推崇的处事智慧。"雅"的潮流体现在雅致是优帝雅所追求的另外一个目标:名节殊途,雅致同趣。

(二)道恩游艇设计公司

道恩游艇设计公司(简称道恩),是国内比较专业的游艇设计公司,该公司聘请意大利、法国等国外设计师共同组成专业的设计团队,成为国内享有盛名的游艇设计公司。道恩对 44 英尺以上豪华定制游艇和双体超级游艇(含 131 英尺以下玻璃钢艇,131 英尺以上钢、钢化玻璃及钢铝超级游艇)有丰富的整船设计经验,同时参与产品管理、工艺优化、营销策略等环节。合作过的世界著名游艇厂有:MOLINARI(莫里纳里)、AZIMUT(阿兹慕)、BENETTI(贝内蒂)等。与毅宏游艇合作设计了 SEA STELLA(希仕德徕)、AQUITALIA(水神)的多款不同艇型的游艇,主要游艇设计的产品包括希仕德徕系列、水神系列、运动艇、观光游艇等。

第三节　世界游艇制造行业

一、国外游艇制造行业

世界最早的游艇制造企业诞生在欧洲。1660 年,从英国制造了第一艘皇家狩猎渔船开始,"游艇"成为顶级奢华的代名词,受到欧洲上流社会的宠爱。第一次工业革命后,英国人将把蒸汽机和螺旋桨安装在游艇上,游艇制造逐渐产业化。19 世纪,专门制造游艇的船厂日渐增多。一些百年老厂至今依然活跃在游艇制造行业。意大利法拉帝集团的丽娃(Riva)船厂始于 1842 年,是为数不多的坚持手工制造游艇的船厂。德国的乐顺(Lürssen)船厂创始于 1875 年,1886年 Lürssen 建造了世界上第一艘摩托艇,2013 年建造了目前全球最长巨型游艇"阿扎姆"(Azzam,全长 590 英尺)。

当前,在全球 230 个国家和地区中,真正在游艇制造市场占有一席之地的企业主要分布在北美、西欧、北欧的传统工业强国和亚太新兴经济体国家。能制造长度 24 米(78 英尺 8 英寸)及以上超级帆船和动力艇的企业更是集中在美国、意大利、英国、德国、法国、荷兰、中国、日本、土耳其、波兰等为数不多的国家(表 2-1)。

表 2-1　2015 年全球游艇制造商 TOP30(依据订单的超级游艇总长度排名)

2015 年排名	公司名称	所属国家	总长(米)	总长(英尺)	新建项目	平均长度(英尺)	2014 年新建项目	2014 年排名
1	Azimut/Benetti	意大利	2 555	8 383	66	127	79	1
2	Sanlorenzo	意大利	1 690	5 545	48	116	39	2
3	Ferretti Group	意大利	1 551	5 089	49	104	32	3
4	Sunseeker	英国	1 082	3 550	36	99	26	5
5	Lürssen	德国	878	2 881	9	320	7	6
6	Amels/Damen	荷兰	793	2 602	12	217	10	7
7	Feadship	荷兰	724	2 375	12	198	8	8
8	Princess Yachts	英国	708	2 323	25	93	30	4
9	Heesen Yachts	荷兰	565	1 854	11	169	10	13
10	Horizon	中国	514	1 686	16	105	16	11
11	Gulf Craft	阿联酋	468	1 535	13	118	15	10
12	Fipa Group	意大利	442	1 450	12	121	9	16
13	Overmarine	意大利	430	1 411	11	118	14	9
14	Alexander Marine	美国	428	1 404	15	94	11	22

2015年排名	公司名称	所属国家	总长（米）	总长（英尺）	新建项目	平均长度（英尺）	2014年新建项目	2014年排名
15	Oceanco	荷兰	392	1 286	4	322	5	12
16	Christensen	美国	360	1 181	8	148	8	15
17	Cerr-Baglietto	意大利	303	994	7	142	9	17
18	Palmer Johnson	法国	294	965	5	193	4	28
19	Sunrise Yachts	德国	285	935	5	187	5	26
20	Privilege	法国	277	909	2	454	2	25
21	Abeking&Rasmusssen	德国	277	908	4	227	3	30
22	The Italian Sea Group	意大利	272	892	6	149	10	14
23	Mengi Yay	土耳其	263	863	7	123	4	—
24	Oruçoglu	法国	260	853	7	122	8	20
25	Heysea（海星）	中国	256	840	8	105	9	27
26	Mondo Marine	意大利	253	829	5	166	6	21
27	Dream Ship Victory	土耳其	238	781	3	260	3	29
28	Perini Navi	意大利	228	748	4	187	5	23
29	Hatteras	美国	213	699	8	87	3	—
30	Oyster Marine	英国	209	686	8	8	8	—

资料来源：美国杂志 *ShowBoats International*（现名：*Boat International*）.
注：一些大型游艇制造商并不是每年都向该杂志提供订单数据，因此排名仅供参考。

2008年与2014年金融危机、2019年年末新冠疫情以及地缘局部战争等因素，给世界游艇产业带来了重大危机，很多巨头游艇企业都受到波及。全球游艇制造业受订单不足影响，进入了紧缩周期。一些传统游艇制造巨头破产倒闭而陨落，或并购重组而新生。比如有"游艇界劳斯莱斯"之称的意大利法拉帝集团（Ferretti Group）在2012年被中国潍柴集团收购，才避免了破产倒闭结局。

二、中国游艇制造行业

中国早期的游艇制造企业均为国营企业，以生产公务船艇为主。最早的游艇厂家为常州玻璃钢造船厂，于1970年由国家投资兴建，现为隶属于中国航空工业集团公司的常州兰翔机械有限责任公司。创建于1976年的东莞市玻璃钢船厂也是中国较早生产玻璃钢游艇的国营企业，建厂以来已生产了各种规格的摩托艇、高速客船和游艇。

中国专业从事游艇制造企业出现在改革开放走出国门之后的20世纪80年

代初,看到海外水上休闲活动和健身旅游的繁荣,加上国内旅游业的蓬勃发展,江苏、浙江、广东、福建、山东等沿海地区陆续涌现出一批专业生产游艇的厂商,这些企业通过引进国外先进技术、来料加工、与外商合资合作等以OEM(代工)为主要形式,开始生产各种不同规格、不同型号的游艇,其中包括豪华型游艇。1981年9月中国首家豪华游艇厂——江辉玻璃钢船厂在深圳蛇口工业区建成投产,1982年4月生产出第一艘22英尺的豪华型游艇"吉普塞岛人"号,销往美国。

进入20世纪90年代,我国制造游艇的厂家迅速增加,游艇的设计和建造水平也有了一定的提高。1994年广东东莞玻璃钢船厂为法国建造了四艘艇长40英尺的双体风帆艇。青岛北海船厂游艇分厂、东方高速艇厂、南华游艇厂、高华游艇厂、常州玻璃钢船厂、厦门玻璃钢船厂等企业也生产了多种不同规格、不同型号的摩托艇、工作艇、运动艇和豪华游艇,满足国内需要和出口。这一阶段,我国游艇产品总体上质量档次较低,销售对象主要是国内公务管理部门、旅游部门、渔业部门和客运部门等,出口量较少。据中国船舶工业行业协会船艇分会的统计,截止到2007年底,中国游艇制造企业发展到374家左右,主要分布在江苏、浙江、上海、广东、福建、山东、辽宁、北京、天津等经济发达和沿海(江)地区。广州、深圳和常州是游艇制造企业最为密集的地区。不同规模、不同产品分类的企业,经过过去若干年的努力,呈现百花齐放的情况。除了诸如显利、神州、东海船舶、莱佛士(来福士)、宾士域、阿尔法、阳光、欧伦等外资企业先后在中国成立生产基地以外,太阳鸟、红双喜、瀚盛、雄达、铎洋、海星、宝达、民华、云辉、毅宏、澳普兰、星马、星诺、金海湾、海特、竹内、邹志、鑫和等民营企业都已经成为中国游艇制造业中的中坚力量。特别是太阳鸟以其超过2亿元的船艇销售,雄居国内民营企业的第一位。

自2008年金融危机之后,全球游艇制造业进入波动发展阶段。我国为经济转型、扩大内需,中央及地方各级政府出台了一系列扶持游艇产业发展的政策,国内游艇制造企业逆势发展。伴随着国内游艇消费的逐渐理性,游艇制造企业在产品定位、服务品质提升、技术升级、品牌塑造等方面展开竞争。截至2022年年底,根据笔者的不完全统计,国内游艇制造企业有120多家,其中,上市游艇制造企业有亚光科技(原太阳鸟300123)、毅宏集团(835558)、江龙船艇(300589)。一些上市的企业集团实施多元化发展战略,涉足游艇制造业务,如双一科技(300690)游艇子公司主要制造钓鱼艇。

目前,广东大湾区的深圳、珠海、东莞和广州,长三角的上海、常州、无锡、苏州,海南的三亚、海口,以青岛为中心的胶东半岛城市群,福建的厦门等地已初步成为我国游艇工业的重要基地。

第三章

游艇的销售与交易

游艇销售渠道包括直接销售渠道和间接销售渠道,其中直接销售渠道包括线下销售和线上销售,间接销售渠道包括游艇批发商、游艇零售商和游艇代理商。而游艇销售的客户结构主要包括私人客户、商业客户、政府客户及其他社会组织。通过本章的介绍,可以了解游艇销售的渠道和客户结构,体现根据实际情况选择合适销售渠道的重要性,为游艇制造商和销售商选择合适的销售渠道和客户群体提供参考。

第一节　游艇的销售

游艇的销售是指游艇制造者或经营商为满足客户要求,而向客户提供有关游艇的各种信息、技术资料和有关游艇的生产知识和使用经验,为客户选择并订购符合其需求的游艇的商业活动。同时,销售公司还需要为客户提供安装调试、培训、维修等一系列售后服务。

在游艇制造产业中,销售公司承担着向客户提供售后服务和培训等一系列工作。通过这些工作,使游艇制造者和经营者了解掌握如何经营管理游艇及相关产品,使其能安全可靠地运行,充分发挥游艇的功能与作用,从而实现产品的最大经济效益。

一、销售渠道

(一)直接销售渠道

直接销售渠道是指游艇制造商直接面对消费者进行销售和推广,主要包括以下几种方式。

1. 线下直接销售

游艇线下直接销售是指游艇制造商或经销商在现实生活中与潜在客户和

游艇爱好者直接进行游艇销售和推广活动。游艇线下直接销售通常需要游艇制造商投入大量的资金和资源来建立展示场地、开展市场营销和推广活动等。

游艇线下直接销售是一种非常重要的销售方式,因为游艇是一项高价值、高投入的消费品,潜在客户往往需要看到、触摸和体验游艇的真实性能和豪华感,才会下定决心进行购买。在游艇线下直接销售的过程中,游艇制造商可以向潜在客户和游艇爱好者介绍游艇的设计、技术和性能等,提供专业的游艇购买和维护建议,并与他们建立长期的合作关系。

游艇线下直销有以下方式:

(1)设立专业的销售部门。小规模的企业可能只需要设置若干专职销售人员岗位即可,中等规模的企业可以设置独立的销售部,一些大型游艇企业可以设立独立法人的销售子公司。比如:毅宏集团为销售游艇成立全资子公司——希仕会游艇俱乐部有限公司,依托毅宏游艇资源,提供会员接待、游艇体验、游艇销售、维护保养、码头管理、岛屿及海上旅游开发项目等综合性经营拓展,打造面向精英圈层的会员服务。现已在国内游艇市场相对发达的厦门、上海、三亚成立"希仕会",对游艇销售和企业文化宣传发挥了巨大作用。

(2)参加游艇展会。游艇展会是游艇销售业的一个重要组成部分,为游艇制造商、经销商和相关企业提供了一个展示产品、开展业务、交流合作的平台。在游艇展会上,参展企业可以展示最新的游艇设计、技术和产品,吸引潜在客户、业内专家和媒体的关注和兴趣,如图3-1所示。

图3-1　第三届中国国际消费品博览会游艇展暨中国(海口)国际船艇及生活方式展览会

游艇展会通常会在全球各个主要的游艇市场和旅游胜地举办,如欧洲、北美洲、亚洲和中东等地区。其中一些最著名的游艇展会包括:丹佛国际船展

（Denver International Boat Show）是美国举办时间最长的游艇展会之一，每年在丹佛市举行；迈阿密国际船展（Miami International Boat Show）是北美地区最大的游艇展会之一，每年二月在迈阿密市举行；欧洲游艇展（European Yacht Show）是欧洲最大的游艇展会，每年五月在法国戛纳举行。

游艇展会的参展商通常包括游艇制造商、游艇经销商、游艇经纪人、船舶设备和配件供应商、游艇维修和保养服务商等。此外，游艇展会还会吸引游艇爱好者、富裕的消费者、业内专家、媒体和投资者等人士到场参观。游艇展会为游艇销售业提供了一个重要的平台，可以促进行业内的交流、合作与发展。

（3）设立游艇品牌展厅。游艇品牌展厅是游艇制造商或经销商为展示自己的游艇品牌和产品而建造的展示空间。它通常是一个具有现代感和高科技感的空间，用来展示游艇设计、技术、性能和豪华的内饰装修。游艇品牌展厅的设计和布局旨在吸引游艇爱好者、富豪客户和游艇行业从业人员等人群的注意力和兴趣，如图3-2所示。

在游艇品牌展厅中，游艇制造商通常会展示其最新的游艇设计和技术，包括各种型号和尺寸的游艇，如运动型游艇、豪华游艇、超级游艇等。展厅内通常会配备豪华的家具、灯具、音响系统和装饰品等，以展示游艇的豪华和高端品质。此外，展厅中也会展示游艇的驾驶台、甲板、舱室和配套设施等，以展示游艇的舒适和实用性。

图3-2　圣劳伦佐游艇上海品牌展示厅（上海）

（图片来源：https://asia.sanlorenzoyacht.com/ch/index.asp）

游艇品牌展厅不仅是游艇制造商展示游艇品牌和产品的重要场所,也是一个重要的销售和宣传平台。在展厅中,游艇制造商可以与潜在客户和游艇爱好者建立联系,了解他们的需求和要求,并向他们介绍游艇的设计、性能和优势等。此外,游艇品牌展厅也是游艇制造商开展市场营销和品牌推广的重要方式,可以提升品牌形象和知名度,吸引更多客户和业务合作伙伴。

游艇品牌展厅可以实物展示,也可以利用虚拟现实技术展示,不受空间的限制。品牌展厅选址一般在公共游艇港、游艇俱乐部(游艇会)或者城市的繁华地段。

总之,游艇线下销售是游艇制造商进行游艇直接销售和推广的重要方式,它可以让潜在客户和游艇爱好者更加直观地了解游艇的真实性能和豪华感,建立信任和合作关系,提升游艇品牌形象和市场地位。

2. 线上销售

游艇制造商也可以通过网络销售渠道直接向消费者销售游艇产品,例如通过游艇品牌官方网站进行销售。通过网络销售可以实现全球覆盖,让更多的消费者了解和购买游艇产品。很多知名的游艇品牌都有自己的官方网站进行直接销售,如 Azimut Yachts(阿兹木特游艇)、Sunseeker(阳光追寻者)、Princess Yachts(公主游艇)和 Ferretti Yachts(费列罗游艇)等。这些游艇品牌的官网通常提供详细的产品介绍、图片、规格、价格等信息,方便消费者进行选择和购买。同时,游艇品牌还提供在线定制服务,消费者可以根据自己的需求进行定制,满足个性化需求。

(二)间接销售渠道

间接销售渠道是指游艇制造商和销售商通过中间渠道商或代理商进行销售和推广,主要包括以下几种。

1. 线下传统经销商

(1)游艇批发商。批发商是指负责向游艇经销商或零售商提供游艇的公司或个人。游艇批发商通常与游艇制造商或游艇所有者直接合作,以获取游艇并以较低的价格销售给零售商,以便它们在销售游艇时获得更高的利润。

在游艇行业,许多制造商都有自己的销售渠道和分销网络。但是,有些游艇制造商可能没有自己的销售渠道,或者想要扩大他们的销售网络。在这种情况下,游艇批发商就会发挥重要作用。

游艇批发商可能会与多个游艇制造商合作,以便为经销商或零售商提供更多的选择和更好的价格。它们还可能提供关于游艇的市场趋势、销售策略和营销支持等方面的咨询服务,以帮助经销商或零售商提高销售业绩。

需要注意的是,游艇批发商的存在并不是所有游艇交易都需要的,具体取决于游艇制造商的销售策略和市场需求。

批发商的线上销售依靠自营的游艇销售(租赁)网站和 App 网上商城,如海之蓝游艇 App、游艇管家 App、游艇生活 App 等。批发商线下渠道与制造商的线下销售渠道相近,只是前者销售多种品牌游艇,后者只销售自有品牌。

(2)游艇零售商。游艇零售商是专门销售游艇的商家,他们通常从游艇制造商或批发商处那里购买游艇,然后以较高的价格零售给消费者。游艇零售商的业务包括游艇销售、售前售后服务和游艇配件的销售,他们通常会提供游艇维修、保养、储存、保险、融资等服务,以确保游艇的良好运行和保持其价值。

游艇零售商可以分为两类:本地游艇零售商和国际游艇零售商。本地游艇零售商通常是在当地具有良好声誉和口碑的专业游艇销售商,他们通常与当地游艇制造商和经销商有紧密的合作关系。国际游艇零售商则是在全球范围内销售游艇的大型公司,他们拥有广泛的销售网络和渠道,并与世界各地的游艇制造商和经销商合作,如图 3-3 所示。

图 3-3   知名的游艇零售商 logo

(图片来源:各个游艇零售商官网)

一些知名的游艇零售商包括 MarineMax、Galati Yacht Sales、HMY Yachts、Fraser Yachts、Northrop & Johnson、Ocean Independence 等。这些游艇零售商通常在全球范围内经营,提供丰富的游艇产品和服务,是游艇销售行业的重要组成部分。

（3）游艇经营商。既做游艇批发生意又兼做零售的中间商,称为游艇经营商。

（4）游艇代理商（游艇经纪人）。游艇代理商是指代表游艇制造商或游艇所有者的公司或个人,负责销售、推广和管理游艇的销售和租赁业务,与零售商获取销售差价而获利的方式不同,代理商主要是佣金制,即由游艇的卖方按销售额的一定比例支付给经纪人。代理商在市场上与潜在买家或租户联系,提供游艇的信息,协调交易并提供售后服务。游艇代理商需要具备专业的知识和经验,了解游艇的设计、建造和维护,并与游艇制造商、维修服务提供商和其他相关方合作,以确保客户获得高质量的产品和服务。此外,他们还需要了解当地和国际法规,以确保游艇交易的合法性和合规性。游艇代理商的工作内容包括但不限于:了解市场需求和趋势,寻找新客户并维护现有客户关系,为客户提供游艇的详细信息和建议,协助客户选择适合他们需求和预算的游艇,处理交易文件和合同,安排游艇交付和维修等。

游艇代理商的代表性类型是游艇经纪公司,经纪公司拥有游艇经纪人（Yacht Broker）团队。欧美国家的游艇经纪人须得到本国游艇经纪人协会的认证,取得资格证书方可持证上岗。我国"CETTIC 游艇经纪人"认证工作于 2012 年启动,首批游艇经纪人于当年 11 月 4 日获得资格证书,这也是我国游艇销售行业走向规范化、专业化道路的一个标志性事件。

总的来说,游艇销售的渠道多种多样,包括直接渠道和间接渠道。不同的渠道适用于不同的游艇制造商和销售商,根据企业自身的实际情况选择合适的销售渠道组合是十分重要的。

二、游艇销售的客户结构

（一）私人客户

这是游艇销售的主要客户群体之一。他们通常是富裕的个人或家庭,对游艇有着热爱和追求。从游艇购买动机上看,游艇私人客户购买游艇的动机可分为以下两类:

1. 投资型私人客户

投资型私人客户购买游艇的目的是增加财富,在财力允许的范围内购置适合自己的豪华游艇。这种私人客户通常对游艇具有比较深入的了解,并有较多的人脉资源,具备购买游艇的雄厚财力。他们通过对豪华游艇进行长期的投资以实现资产的保值和增值。

2. 休闲型私人客户

休闲型私人客户购买游艇主要是为了提高生活质量、彰显个人品位、休闲娱乐，并体现自己的社会地位和经济实力，从而满足其社会交际和身份标识需求，如在游艇上进行水上活动、举办小型宴会和旅行休闲等。这类客户通常需要个性化定制的游艇，以满足他们对船舶外观、内部空间、设施和功能等各种要求。

私人客户通常有着很高的财务实力，可以承担高昂的游艇购买和维护费用。他们通常会与游艇制造商或游艇经纪人建立长期合作关系，以便在游艇设计、制造、交付和维护等各个环节得到更好的服务和支持。对于游艇制造商和经纪人来说，私人客户是一个重要的客户群体，他们需要不断开发新的游艇产品和服务，以满足其个性化的需求。

（二）商业客户

游艇销售的商业客户可以是各种类型的企业或组织，包括酒店和度假村、旅游公司和其他企业。

1. 酒店和度假村

酒店和度假村是游艇销售的重要商业客户之一。它们通常会将游艇租赁作为其客户休闲娱乐和旅游活动的一部分，为客户提供独特和奢华的体验。这些企业通常会寻找品质高、造型独特、配置豪华的游艇，以便提供给客户最好的船舶租赁服务。同时，一些酒店和度假村还会购买游艇来拓展其服务，提供更广泛的旅游体验。

2. 旅游公司

旅游公司也是游艇销售的重要商业客户。这些公司可以向旅游者提供游艇租赁和包船旅游服务，为客户提供海上观光、游钓体验。游艇租赁服务通常包括一名船长和必要的船员，以确保旅游者的安全和舒适。

3. 其他企业

一些企业可能需要游艇用于商务会议、娱乐活动或公司奖励计划。游艇可以提供一个独特的场所，用于举办会议、活动和娱乐。企业和组织通常会寻找高品质、豪华的游艇来展示其品牌和提供独特的体验。游艇销售商可以根据客户需求和预算，提供合适的游艇选择和服务。

综上所述，游艇销售的商业客户是多种多样的，他们有不同的需求和预算。游艇销售商需要了解客户的需求，提供专业的咨询和服务，以满足客户的要求并建立长期的合作关系。

（三）政府客户

游艇销售的政府客户通常是政府部门或机构，如海关、海事管理部门、海上救援机构等。这些政府客户需要公务艇来支持其公共服务和职责。

1. 海关

海关是公务艇销售的主要政府客户之一。海关需要船艇来执行海上巡逻、边境管控、走私打击等任务。这些公务艇需要具有高速、稳定和适应不同海况的特点，以便海关人员能够快速响应并执行任务。此外，艇上需要配备各种监测和通信设备，以帮助海关人员实现任务目标。

2. 海事管理部门

海事管理部门也是公务艇销售的重要政府客户之一。这些部门负责监管海上航运、港口管理、渔业管理等。船艇可以用于执行海上监测、安全巡逻和救援任务。海事公务艇需要具有高性能和可靠性，以满足海事管理部门对安全和效率的要求。

3. 海上救援机构

海上救援机构是公务艇销售的另一个重要政府客户。这些机构负责执行各种海上救援任务，如海上搜救、紧急医疗救援等。游艇具有高速、适应不同海况和天气的特点，能够帮助救援机构快速响应和执行任务。

在与政府客户合作时，游艇制造商及销售商需要遵守政府采购规定和标准，确保游艇符合政府要求和规范。此外，游艇销售商还需要提供必要的培训和支持，以确保政府客户能够安全地操作游艇并执行任务。最后，游艇制造商及销售商还需要提供必要的售后服务和维护支持，以确保公务艇的可靠性和性能。

（四）其他社会组织

其他社会组织是指非营利性的组织，由个人、团体、企业等自愿组成，以实现特定的社会、文化、教育、环境等公益目标为主要宗旨，从游艇购买对象来看，这些其他社会组织主要有以下两类。

1. 学校

学校购买游艇的目的是用于教学。开设与游艇设计、制造、服务有关专业的中等或高等院校，购买游艇用于实践教学，可以提升教学效果，提高人才培养质量。

世界许多滨海地区的高校开设帆船专业或课程，并组建帆船队参加国内外各级别的帆船比赛,购买帆船用于日常训练和比赛使用。以驻青高校为例,中国海洋大学、中国石油大学(华东)、青岛大学、海军潜艇学院、青岛科技大学、青岛理工大学、青岛远洋船员职业学院、青岛职业技术学院、山东科技大学、青岛港湾职业技术学院拥有帆船队。中国海洋大学作为我国首批招收帆船运动专业队员的高校之一,2008年首次代表国家参加奥林匹克帆船运动会,2013年率先在国内开设帆船专业课程,2021年首次开设中外合作办学"帆船驾驶基础"课程以及旅游管理专业帆船实习实训课程,进一步增加了对帆船的需求,如图3-4所示。

除高校外,注重海洋特色教育的中小学购买游艇(帆船)用于学生的海洋主题研学和帆船比赛。

图3-4　中国海洋大学帆船队训练图
(图片来源:帆船队教练常晓峰教授提供)

2.慈善公益组织

国内外的大型慈善公益类组织等组织一般都有自己的专职工作人员,并有自己的办公场所和专门的办事机构。购买(受捐)游艇以后,他们主要用于公益活动和慈善捐款活动等。

总之,随着游艇规格小型化、价格大众化,销售的客户结构将更加多元化,需要根据不同的市场需求和客户群体,提供不同类型和规格的游艇,以满足客户的需求。

第二节　游艇会展

一、国内知名游艇展会

（一）中国（上海）国际船艇及其技术设备展览会（CIBS）

1. 展会简介

中国（上海）国际船艇及其技术设备展览会暨上海国际游艇展（简称"CIBS"）于 1996 年创办，每年举办一届，展会主办单位为中国船舶工业行业协会、上海船舶工业行业协会、上海博华国际展览有限公司和上海科学交流技术中心。CIBS 是亚洲历史最悠久的综合性游艇盛会，展品覆盖实船、船艇设备及配件、船艇服务和水上运动等，为游艇行业品牌与全球优质买家提供了高效、高质的全方位一站式商贸交流平台。作为国际游艇展组织者联盟（IFBSO）铂金会员之一，CIBS 大大推动了亚洲游艇行业的发展。

2. 代表性展会回顾

1996 年 4 月 8 日，首届中国国际船艇及其技术设备展览会暨上海国际游艇展（CIBS）在上海波特曼酒店举办。

2005 年 CIBS 移址上海展览中心，展馆面积突破 1.5 万平方米，展商超过 240 家，创亚洲之最，更有法国、意大利、新西兰和澳大利亚 4 大国家展团助阵。

2012 年 CIBS 移址世博展览馆，展位面积近 4 万平方米，吸引了 450 家展商参展，近 500 条实船亮相，外加 3 000 平方米水上展区，观众数量更是首次达到 31 825 人次，促成约 22 亿元交易额，奠定了亚洲全产业链旗舰展的地位。

2018 年由 CIBS 衍生出的生活方式上海秀与 CIBS 同期同地举办，由多个符合高净值人群的主题展集合而成——水上运动、路亚钓鱼、房车露营、主题旅游、尚品生活、游乐设施和户外运动 7 大板块。展会革新传统理念，整合优质资源，跨越海陆界限，并结合多维度空间与跨界展品组合展出。

2019 年上海游艇展和生活方式上海秀移址国家会展中心（上海），展出面积达 5.5 万平方米，600 多家展商参展，吸引了来自 85 个国家及地区的超 3.6 万名观众，现场 100 余场浸入式体验活动，为观众完整展示当代高品质生活及时尚休闲方式。

2021 年上海游艇展和生活方式上海秀重回上海世博展览馆，展出面积逾 4.4 万平方米，共有近 600 家展商，展品覆盖游艇实船、船艇设备及配件、游艇俱乐部、游艇相关服务和水上运动等全产业链。共举办了 185 场深度体验活动及专业论坛，108 位 KOL 共聚一堂，总计吸引了 3.7 万观众，如图 3-5 所示。

2023 年 3 月 31 日，中国（上海）第二十六届国际船艇及其技术设备展览会暨 2023 上海国际游艇展（简称"CIBS2023"）在上海新国际博览中心圆满落下帷幕。展会展出面积逾 4 万平方米，共有 400 余家展商，国内外参展品牌 100 余个，现场举办了超过 150 场活动。CIBS2023 为上海旅游产业博览会第一期展览之一。

3. 展会评价

作为船艇全产业链旗舰展，CIBS 致力于服务滨水休闲产业，整合船艇行业优质资源，为船艇产业链上下游人士提供优质的贸易洽谈环境，积极推动中国游艇业及设备制造业与国际化接轨，释放产业新能量，寻求产业新机遇，围绕行业创新的突破口和切入点共商船艇行业新未来，通过线下展览、论坛交流、现场活动等方式持续强化游艇行业交流平台建设的同时，联动"互联网＋"的形式，有效服务行业。依托于 CIBS 线下展而诞生的船艇休闲旅游在线 B2B 平台（XIUGLE），拥有海量行业资源，已成功举行多次线上商贸配对会及一系列线上活动，为供应商匹配到优质合作伙伴，获得供应商与采购商的优良口碑。

图 3-5　2021 年上海国际游艇展

（图片来源：https://www.boatshowchina.com/#）

（二）中国（深圳）国际游艇及设备展览会（SIBEX）

1. 展会简介

中国（深圳）国际游艇及设备展览会（SIBEX），简称深圳游艇展，始创于2007 年，由中国（广东）自由贸易试验区深圳市前海管理局支持，深圳湾游艇会主办，采用与国际接轨的水、陆并展模式，展示游艇帆船、游艇设备与配套服务、豪车、豪宅等高端消费品。深圳湾游艇会船艇全产业交易平台与保税港记录数据显示,深圳是目前我国船艇进出口贸易额最大的口岸城市,也是国外相关产业投资与发展的首选城市。深圳湾国际游艇展是华南地区交易规模最大、最具形象力的游艇展。深圳湾游艇会是目前我国停泊超级豪华游艇数量最多、尺寸最长、国际著名品牌最多的游艇会。为了更好地促进游艇行业的发展与繁荣,其充分利用已成功运行的游艇粤港澳自由行以及游艇保税港政策许可条件,正在筹划建设大湾区游艇自由港、海上运动竞赛中心、游艇旅游国家示范港,助推深圳建设全球海洋中心城市的发展。

SIBEX 是世界游艇进入中国的舞台,每年均有来自美国、英国、法国、意大利、德国、澳大利亚、加拿大、丹麦、瑞典、波兰、日本等二十多个国家及地区的品牌参展,全球最著名的一线游艇品牌齐齐亮相,呈现出逾百艘豪华游艇云集大梅沙湾的盛况。参观观众主要有游艇潜在购买者及船主、品牌游艇运营商、船艇及配件生产制造商、船艇承建商、建筑及室内设计师、游艇会及水上俱乐部经营商、船艇代理经销商、游艇俱乐部及邻水地产开发商、水上生活发烧友、富豪名人、企业高管、商业精英和文化名流等崇尚水上生活的高端消费群体。

2. 代表性展会回顾

2009 年,第三届深圳国际游艇展实现了两级跳:一是获国家主管部门批准,正式升格为国家级游艇展;二是首次和欧洲最大水上游艇展的组织者法国 GPO 合作举办,规模翻了一番,国际化程度也大大提高。

2010 年第四届深圳国际游艇展再创辉煌,在决定展览效益的核心数据上拿下三项全国第一。

2012 年第六届深圳国际游艇展在深圳市盐田区大梅沙湾游艇会举办,保持了历年的增长势头,所有展位全部售罄,陆上面积 15 000 平方米,水上码头 3 条,总体规模比 2011 年增长 30%。共有来自 20 余个国家及地区的 208 个品牌、120 艘实船参展,水上规模继续保持"中国水上第一展"的地位。另外国产游艇制造商强势崛起,在深圳游艇展上与国外品牌分庭抗礼,自 2011 年起,国产游艇跟国外品牌游艇的参展比例从 1∶6 猛增至 1∶1。

2021 年第十五届中国深圳国际游艇及设备展览会(云博览)专门搭建线上展会网站主页,从用户角度出发,借鉴线下游艇展的模式,设置多个产品主题展区,通过"网站主页＋主题专区＋展商主页＋产品详情页＋视频展示等"创新模式,为各大游艇展商搭建交易展示、交流合作等的强大平台。本届展会不仅展示了国内最新的各式众多顶级游艇帆船及其设备,还邀请了国际新颖、先进的游艇帆船及其设备入驻展示。这些船艇囊括了动力艇、钓鱼艇、运动艇和帆船等,有的具有很强的科技感、未来感和设计感,有的具有很浓厚的时尚新潮色彩,有的崇尚功用与审美的统一,等等。从设计、制造到营销等环节,这些游艇帆船及设备代表着国际游艇产业最新的发展成果,反映了国际游艇市场的最新动态和发展潮流。

图 3-6　深圳国际游艇展水上展区

（图片来源：http://www.sibex.net.cn/）

3. 展会评价

背靠经济发达的港珠澳大湾区,是 SIBEX 的最大优势。展会致力打造华南地区最大的奢华盛会,诠释高端时尚魅力,传播海洋生活文化,营造一场高贵时尚的水上嘉年华,每年单在水上展出的游艇就达近百艘,位居国内首位,被誉为"中国游艇水上第一展"。

（三）三亚国际游艇展

1. 展会简介

三亚国际游艇展由三亚市人民政府、海南省商务厅、海南国际经济发展局主办,于 2007 年首次举办,每年一届。

2. 代表性展会回顾

2010 年,第四届三亚游艇展以"建设海南国际旅游岛,相聚三亚海洋文化月"为主题,同时举办"第二届三亚国际水上摩托车大赛""首届三亚帆板公开赛""首届三亚国际海钓比赛"等一系列活动。游艇展的展场面积近 7 000 平方米,展出面积 4 000 平方米,超过前三届展览面积的总和。前来参展的有包括国内外游艇品牌及游艇机械设备公司、本岛高端游艇地产公司在内的 25 家企业,展出 15 艘 5 米以上的游艇、快艇。而陪衬它们参与展出的是众多不同品牌的摩托艇、冲锋艇及山地车。吸引了近 6 000 名观众到场参观,其中,专业观众近 2 000 人。从参观商登记数据分析,专业观众中具有购买意向人群比例为:房地产开发商 35%、酒店及旅游景点 22%、企业家 20%、游艇行业人士 14%、其他 9%。

2023 年三亚国际游艇展会以"启航三亚•干杯世界"为主题,并以首次启用的三亚国际游艇中心为主会场,展会总展示面积 12.56 万平方米,其中水上展示 10.5 万平方米。现场展示国内外知名的游艇、亲水装备、新能源船艇、艺术、酒类、生活类等近 600 个品牌。此外,主办方联动三亚鸿洲国际游艇码头、三亚半山半岛帆船港和国药中服免税三亚店三个分会场,分别举行奇妙帆船夜、三亚乘风破浪电音嘉年华等活动,全方位展示三亚独有的活力与璀璨。参展企业基本覆盖了国内主要的游艇代理商、船厂和水上装备销售商,亮点展品琳琅满目。新品首发首秀活动共 12 场,其中:海星游艇 SEAVIEW 56 英尺双体帆船全球首发,欧尼尔游艇丹枫 Dufour56 单体帆船国内首发,迈斯特 Mastercraft X24 滑水艇国内首发,ROCK XL 全球首发,昊运 FG-57 游钓艇全国首发,金运 JY700E 钓鱼艇全国首发等,如此之多的首发首秀活动彰显了三亚国际游艇展在各品牌及展商心中的重要程度。

3. 展会评价

三亚国际游艇展会有政策优势、地理优势、市场优势和场地优势。围绕建设游艇产业改革发展创新试验区,三亚建成了以三亚国际游艇中心(游艇展会的举办场地)为代表的一批重点项目,落地了以"零关税"游艇为代表的一批核心政策,形成了以游艇"多证合一"为代表的一批制度创新成果,拓展了以租赁游艇夜航为代表的一系列游艇旅游场景。游艇经济成了三亚经济发展的新增长点,三亚的目标构建集研发、设计、维修、运营、培训为一体的游艇全产业链,打造亚太游艇之都。

集众多优势于一身的三亚国际游艇展,发展定位是亚洲顶级、国际知名的游艇展会。

(四)中国国际消费品博览会游艇展

1. 展会简介

中国国际消费品博览会(以下简称"消博会")是在海南自贸港建设总体方案中提出的,是全国首个以消费精品为主题的国家级展会。主办方是中华人民共和国商务部、海南省人民政府。2021 年第一次举办,已连续举办三次。消博会分服务消费展区、旅居生活展区、时尚珠宝精品展区、高端食品保健品展区、时尚生活展区、国际综合展区、双循环买全球展区、国内省（自治区、直辖市）展区、国货精品展区等不同主题展区。游艇展是消博会的重要板块之一。

2. 代表性展会回顾

2021 年，首届消博会游艇展在海口市国家帆船基地公共码头举办，海口市人民政府、南光（集团）有限公司承办。本届消博会游艇展系列活动精彩纷呈，成为消博会的亮点之一。

首届消博会游艇展公共码头展区共设有百余个水上泊位共 7 万平方米，陆上展区面积达 1 万平方米，共吸引来自澳大利亚、波兰、德国、法国、芬兰、美国、瑞典、新西兰、意大利、英国、中国等 12 个国家和地区 58 个知名品牌 107 艘船艇集中亮相。本次游艇展共实现 6 个新品发布，包括德国巴伐利亚一艘 42 英尺实船亚洲首秀，意大利阿兹慕一艘 43 英尺实船中国首秀，澳大利亚赛尔威、意大利阿卡迪亚、意大利贝尼蒂、德国乐顺四家境外超级游艇品牌通过船模、视频等形式进行亚洲首发。游艇展期间，主办方还组织了近 40 艘各类游艇及帆船在海南国际会展中心外海进行海上展示，向全球访客展现海南及海口海洋休闲文化氛围。

2022 年，第二届中国国际消费品博览会游艇展在海口市举办。本次展会首次在陆上展区设立意大利、美国、德国、荷兰四个特色展馆，进一步展示游艇产业招商成果和游艇旅游产品，助力海南游艇产业驶入发展快车道，实现高质量发展。第二届中国国际消费品博览会游艇展展会码头主产区总面积共 18 万平方米，展区面积同比增长 125%。展会吸引 200 余艘船艇参加，参展数同比增长近 90%，境外品牌船艇数量占比约 45%，相比上届有较大提升。除了陆上水上展区，今年展会为参展商和观众推出了游艇展启航仪式、品牌游艇首发首秀、国际游艇论坛等一系列现场活动，为境内外参展商和观众打造国际游艇精品全球展示、交流、交易的平台。第二届消博会游艇展举办期间，共吸引采购商、业内人士、市民游客等近 5 万人次，推动达成多笔游艇交易，累计意向成交 5 亿元。

2023 年，第三届中国国际消费品博览会游艇展暨中国（海口）国际船艇及生活方式展在海口举办。展会云集众多国内外知名游艇品牌，以"展＋会＋赛"的模式，聚焦船艇生活方式、船艇体验等谋划开展 10 个水陆系列活动，打造专业化与大众化相结合的游艇盛会。第三届消博会游艇展吸引了众多国内外知名游艇品牌前来参展，如美国游艇品牌瑞格、克里斯，英国游艇制造商公主游艇，法国游艇品牌栢利、亚诺，意大利游艇制造商法拉帝、阿兹慕，德国游艇品牌巴伐利亚，以及国内游艇品牌珐伊船艇、尚源和巧合等，超过 200 艘船艇亮相。展会期间，主办方举办丰富多彩的展会活动，包括 2023 海南自贸港国际游艇产业发展论坛、海南自由贸易港国际游艇产业推介会暨项目集中签约仪式、水上运动表演秀、船艇美食美酒秀、百人海钓大战、咖啡美食文化节等,为参展商、专业观众、市民群众搭建近距离沟通交流平台,带来豪华水上生活体验,如图3-7所示。

图3-7 第三届消博会游艇展

3. 展会评价

展会坚持"精品路线"定位,突出全球新品首发首秀首展,打造成为推动高水平对外开放、促进内外市场相通、畅通国内国际双循环、促进消费升级和引领全球消费时尚的重要平台。

二、国际知名游艇展会

1. 戛纳游艇节(Cannes Yachting Festival)

戛纳游艇节于1978年首次举办,每年一届,是欧洲最大的水上游艇展,也是划船季节的开幕展,主办方是英国励展博览国际会展公司,每年9月在法国戛纳举行,总展览面积15万平方米。游艇节展出的游艇包括动力艇、超级游艇、双体船、附属艇和帆船,是世界众多游艇新品的全球首秀舞台。作为欧洲游艇盛典开幕站的戛纳船展,因其独特优越的水上展区以及良好的游艇文化氛围而备受全球各大游艇制造商的青睐,它一直致力于为新模式、新技术提供良好的展示环境,且每年都在创造新的纪录。

2021戛纳游艇节于9月7—12日分别在两大著名港口(旧港和康托港)举办,有560艘船和430家展商参与,超过140艘船艇首次亮相。法拉帝集团以23艘游艇的豪华阵容在迷人的蔚蓝海岸列队亮相,其中包括来自丽娃、博星、法拉帝游艇和沃利品牌的五款全球首秀型号：丽娃 68' Diable、丽娃 76' Perseo Super、博星 6X、沃利 WHY200 以及法拉帝 1000。阿兹慕－贝内蒂集团携 18 艘游艇进行现场展示，其中首次公开展示了四款备受期待的全新游艇：巨人系列 Trideck、阿兹慕 68、阿兹慕 53 和全新麦哲伦 66。公主游艇携了 8 艘游艇进行现场展示，其中公主 Y72 是全新首秀。卡帝尔游艇携带了 6 艘游艇进行现场展示，其中 Galeon 325 GTO 是全新首秀。众多知名企业的游艇选择在此首秀，彰显了戛纳游艇节的全球地位。

2022 年的游艇节有近 650 艘船和 600 家展商亮相，其中包括珍宝级船只和 135 艘全球首秀船只，以及最新的水上设备和无数的创新成果，吸引了来自法国和世界各地的 54 000 名参观者。本次展会的另外一大亮点是主办方对生态的关注，为了让参观者更好地了解这种对生态负责的转变趋势，戛纳游艇展提供了一条"绿色"路线，60 家参展商展示了一系列有利于生态环境的概念。为感谢参展商和合作伙伴，让戛纳市民共同感受游艇展的魅力，展会与戛纳市政厅合作，带来了一场精彩的无人机秀，在 15 分钟的时间里，400 架无人机照亮戛纳的天空。这场独特的表演不会对海洋造成噪音和垃圾污染，其美丽和独创性受到了参展商的高度评价。

2. 德国杜塞尔多夫游艇展览会（Boot Düsseldorf）

杜塞尔多夫国际船艇及水上运动展创办于 1969 年，是世界第一的水上运动室内展出展览会，是获得国际船艇展组织者联盟（International Federation of Boat Show Organizers，简称 IFBSO）认可的国际性展会。每年世界各地的参观商云集于此，寻找供应商，会见客户，了解交流行业发展的最新动态。该展会涵盖了从整船到零部件的方方面面，同时以鲜明的主题展示了各类水上运动及娱乐设施。特别是同期举办的潜水展，是欧洲最大的潜水类消费品展，也成为众多专业买家关注的热点展区。该展可谓是船艇、船舶用品、水上运动用品贸易及展示的一流舞台。

2023 年杜塞尔多夫游艇展共有 16 个展厅，展示总面积 22 万平方米，注册了来自 100 多个国家的近 23.7 万名参观者和来自 68 个国家的 1 500 多家参展商。无论是摩托艇、豪华游艇、帆船还是潜水设备、潮流运动和度假区，全球参与者和梦想目的地都"站在起跑线上"。与来自德国各地的参观者一起，特别是来自荷兰、比利时、瑞士、意大利、法国、英国、土耳其和西班牙的专家，利用此次交易会了解该行业的最新创新。来自美国、南美和亚洲的众多制造商和潜在买家再次前往杜塞尔多夫，并通过创新产品、灵感和深入的知识传授丰富了行业盛会。

2023 年德国游艇会启动了新的可持续发展论坛"蓝色创新码头"，吸引了大量关注。在这里,行业、决策者和国际协会举行了高层对话和交流。它证明了交易会的巨大成功,并为游艇行业的可持续未来打开了一个迷人的新视角。从首席执行官到决策者,超过110名高素质的演讲者的出席,强调了水上运动可持续性的重要性。通过这个新平台的搭建,将行业重点放在可持续性上,促进行业创新,介绍下一代技术,讨论新方法,鼓励行业采取行动,让游客参与进来,从市场获得新的动力。

图 3-8　2019 年杜塞尔多夫游艇展览会(BOOT Dusseldorf)

(图片来源:https://ancasta.com/events/boot-dusseldorf-boat-show-2019/)

3.劳德代尔堡国际游艇展

劳德代尔堡国际游艇展(Fort Lauderdale International Boat Show,简称FLIBS),于1959年由美国南佛罗里达海洋工业协会(MIASF)创立,英富曼展览集团主办,被公认为世界上最大的水上游艇展。FLIBS位于阳光明媚的佛罗里达州布劳沃德县的南部海滩,距离海滩仅几步之遥,90万平方米的展示区由复杂的水陆交通服务网络连接。

2022年10月26—30日,为期5天的展会吸引了来自52个国家的10余万名与会者和1 000名参展商,展出了1 300多艘船只,有20多艘新艇举行全球或美国首次亮相。展会设立7个展示区,分别是 Bahia Mar 游艇中心、Las Olas 游艇码头、名人堂码头、66 号南码头的超级游艇村、66 号码头、劳德代尔堡希尔顿码头和布莱尔德县会议中心。

在过去63年中,该展览已成为世界级的活动和一个宝贵的平台,吸引了来自世界各地的游客欣赏劳德代尔堡,巩固了劳德代尔堡市作为世界游艇之都的地位。

图 3-9　劳德代尔堡国际游艇展（Fort Lauderdale International Boat Show）

（图片来源：https：//www. flibs. com/en/home. html）

4. 法国拉罗谢尔游艇展览会（Grand Pavois）

拉罗谢尔游艇展览会（Grand Pavois）创办于 1973 年，由法国拉罗谢尔（Grand Pavois）协会组织，每年一届，参展范围包括游艇、充气艇、帆船、汽船、水陆两用艇、船舶制造设备、船舶维修设备、船舶零件类产品、引擎、马达、推进设备、消费者服务、船艇相关附件、救生艇、其他水上运动设备等。展示地在拉罗谢尔港口，面积 35 000 平方米，每届参展商平均 600 家以上，参展观众 9 万人，是世界规模最大、最具影响力的游艇及船舶设备展之一。

拉罗谢尔被誉为"拥有最美海景"的城市，它位于法国西部的海岸线上，是滨海夏朗特省（Charente-Maritime）的省会，也是法国大西洋海岸线上唯一的海滨省会城市。拉罗谢尔自古就是优秀的天然海港，靠近海洋受到水汽影响，这里气候相较法国其他的城市更加湿润和温暖，是法国最宜居的城市之一，也是举办游艇展览的理想之地。

2022 年 9 月 27 日—10 月 2 日，为期 6 天的展会，共有 800 多个国际品牌和 750 艘游艇汇集这座海洋风情浓郁的法国"巧克力之城"，其中约 110 艘新艇和新产品亮相。参展商主要来自中国、西班牙、美国、阿联酋、日本、芬兰、英国、澳大利亚、俄罗斯等国家和地区。

5. 新加坡游艇展（Singapore Yacht Show）

新加坡游艇展于 2011 年首次举办，已成为亚洲领先的游艇和豪华游艇展，每年举办一次。新加坡游艇展通过创新和创造机会及魅力，为快速增长的东盟海事和豪华生活方式市场的发展做出了重大贡献,已经成为越来越重要的游艇盛会。同时,新加坡游艇展不仅仅是一个游艇展,它适合每个渴望拥有或租用船只、游艇或超级游艇的人——或者那些只是想了解更多关于游艇生活方式的人。

新加坡游艇展固定在圣淘沙湾 ONE°15 游艇港俱乐部举行,为参展商提供了一个一流的平台,以服务来自亚太及其他地区的潜在客户和游艇贸易专业人士。为了迎合所有航海生活方式的追求者,该展会为亚洲的所有游艇提供了一站式服务,可以在独特而高度社交的环境中发现一些世界上最好的超级游艇品牌和豪华生活方式产品。

作为亚洲唯一的大型船舶展,新加坡游艇展致力于吸引来自所有亚洲国家的、对游艇生活方式真正感兴趣的游客。新加坡游艇展也是该地区游艇行业的支柱,为贵宾提供迷人的社交聚会,同时为行业人士提供了战略性的商业机会。

ONE°15 自开幕以来一直是新加坡游艇展的举办地,配备着世界一流的设施,包括海滨酒店、豪华水疗中心和健身中心,并将自己定位为亚洲最好的海滨生活方式目的地之一,其餐饮场所为展会的活力提供了完美的背景。该场地按照 5 白金锚标准建造(注:全球大约 25 万个游艇码头中,被认证的金锚码头共有 200 余个,其中 5 黄金锚的游艇码头只有 95 个,5 白金锚游艇码头仅有 9 个),自 2007 年开始运营,在其短暂的历史中八次被评为年度最佳亚洲码头。码头拥有 270 个泊位,最大吃水深度为 4.5 米,可容纳超级游艇,并且是世界上一些最著名的船舶经销商的永久住所。

图 3-10　2019 年新加坡游艇展(Singapore Yacht Show)

(图片来源:https://singaporeyachtshow.com/)

附录 3-1　国际知名游艇展会一览表

序号	展会名称	展会周期	展会地点	主办单位
1	法国戛纳游艇展览会 Cannes Yachting Festival	每年一届	戛纳港	英国励展博览国际会展公司
2	德国杜塞尔多夫船舶游艇及水上运动展览会 Boot	每年一届	杜塞尔多夫会展中心	国际船艇展组织者联盟,德国杜塞尔多夫展览公司
3	美国劳德代尔堡游艇展览会 FLIBS	每年一届	劳德代尔堡 Bahia Mar 游艇中心	英富曼展览集团
4	法国拉罗谢尔游艇展览会 Grand Pavois	每年一届	拉罗谢尔世博会展中心	拉罗谢尔 Grand Pavois 协会
5	摩纳哥游艇展览会 monaco yacht	每年一届	格里马尔迪馆	英富曼展览集团
6	土耳其伊斯坦布尔游艇展览会 EURASIA Boat	每年一届	伊斯坦布尔展览中心	土耳其游艇协会、CNR 展览公司
7	澳大利亚船舶及游艇展览会 SIBS	每年一届	悉尼国际会展中心	划船行业协会有限公司 BIA
8	美国迈阿密游艇展览会 Cruise Shipping Miami	每年一届	迈阿密海滩会展中心	英富曼展览集团
9	巴西里约热内卢船舶及海事展览会 marintec	每年一届	里约热内卢国际会展中心	英富曼展览集团
10	新加坡游艇展览会 Yacht Show	每年一届	新加坡壹 15 游艇俱乐部	Singapore Yacht Events PTE LTD
11	俄罗斯莫斯科游艇展览会 MIBS	每年一届	莫斯科克洛库斯国际会展中心	俄罗斯游艇协会
12	阿联酋迪拜船舶展览会 BOAT SHOW	每年一届	迪拜国际航海俱乐部	Dubai World Trade Centre（DWTC）
13	荷兰阿姆斯特丹船舶海事及游艇展览会 METS	每年一届	阿姆斯特丹会展中心	荷兰阿姆斯特丹 RAI 国际会展公司
14	南非开普敦船舶海事及游艇展览会 Boatica Cape Town	每年一届	南非开普敦 V & A Waterfront 水上码头	德国法兰克福展览公司
15	印度孟买海事及船舶展览会 INMEX SMM	两年一届	孟买展览中心	英富曼展览集团
16	韩国仁川海事船舶及游艇展览会 Korea Ocean Expo	每年一届	仁川会展中心	英国励展博览国际会展公司
17	英国海事船舶及游艇展览会 SEA WORK	每年一次	南安普敦五月花公园	英国伦敦国际会展公司
18	伦敦游艇展 London Boat Show	每年一届	英国伦敦 Excel 国际会展中心	英国海事联合会

序号	展会名称	展会周期	展会地点	主办单位
19	西班牙巴塞罗那游艇展览会 Salon Nautico	每年一届	西班牙巴塞罗那维尔港	西班牙巴塞罗那展览中心
20	法国巴黎游艇及水上运动展览会 Salon Nautic	每年一届	法国巴黎凡尔赛门巴黎会展馆	法国励展展览公司
21	巴西圣保罗国际游艇展 São Paulo Boat Show	每年一届	圣保罗世博展览馆	巴西造船商协会、Grupo Náutica 集团
22	棕榈滩国际游艇展 PBIBS	每年一届	美国佛罗里达州棕榈滩	美国船舶行业协会
23	意大利热那亚国际游艇展 Genoa Boat Show	每年一届	热那亚 Palazzo della Meridiana	意大利游艇行业协会及其子公司 I Saloni Nautici 公司
24	澳大利亚神仙湾国际游艇展 SCIBS	每年一届	澳大利亚黄金海岸神仙湾度假村游艇码头	穆尔法活动公司 Mulpha Events
25	日本国际游艇展 Japan International Boat Show	每年一届	日本横滨会展中心	日本横滨展览公司
26	波兰华沙游艇展览会 Warsaw Yacht Salon	每年一届	波兰华沙 PTAK 国际展览中心	Ptak Warsaw Expo 展览公司
27	韩国首尔游艇展览会 KIBS	每年一届	韩国国际会展中心	大韩贸易投资振兴公社
28	黎巴嫩贝鲁特游艇展览会 Beirut Boat show	每年一届	黎巴嫩贝鲁特码头	IFP Group 集团
29	澳大利亚阿德莱德船舶游艇展览会 Adelaide Boat Show	每年一届	澳大利亚阿德莱德会展中心	划船行业协会有限公司 BIA
30	芬兰赫尔辛基游艇展览会 Helsinki International Boat Show	每年一届	芬兰赫尔辛基会展中心	芬兰展览公司 Finnish Fair Corporation

上榜标准(符合 1 条即可):

(1)各国历史悠久的展会(举办 20 年以上),且参展商和观众众多;

(2)各国的国家级展会,连续举办 5 年以上。

附录 3-2　中国游艇展会一览表

序号	展会名称	展会周期	展会地点	主办单位
1	上海国际船艇及其技术设备展览会 CIBS	每年一届	上海新国际博览中心	中国船舶工业行业协会、上海船舶工业行业协会、上海博华国际展览有限公司
2	深圳国际船艇及其技术设备展览会 GBIBS	每年一届	深圳国际会展中心	上海博华国际展览有限公司
3	中国国际消费品博览会游艇展	每年一届	海口市国家帆船基地公共码头	中华人民共和国商务部、海南省人民政府

序号	展会名称	展会周期	展会地点	主办单位
4	三亚国际游艇展	每年一届	三亚国际游艇中心、南边海国际游艇码头	三亚市人民政府
5	中国大连国际游艇展览会	每年一届	大连星海湾游艇港	中国太平洋学会、中国休闲垂钓协会、辽宁省船舶工业行业协会
6	中国(厦门)国际游艇展览会	每年一届	厦门五缘湾游艇港	厦门市人民政府
7	台湾游艇展览会 TIBS	每年一届	台湾高雄会展馆	高雄市政府
8	亚洲游艇展览会—广州游艇展	每年一届	广州长洲码头	广东省游艇行业协会、广东经济投资促进会等
9	中国(青岛)国际船艇展览会	每年一届	青岛奥林匹克帆船中心	中国国际贸易促进委员会

上榜标准(符合 1 条即可):
(1)各地历史悠久的展会(至少举办 5 年以上),专业观众和普通观众合计超过 1 万人次;
(2)国家级展会(由国务院部委主办),至少已举办 2 次以上。

第四章

游艇的品牌与种类

　　游艇作为一种奢华的水上交通工具,在世界各地有许多品牌和种类,从欧洲到亚洲,从豪华到性能,这些品牌代表了游艇制造业的顶尖水平。无论是豪华游艇、运动游艇还是航海游艇,这些品牌都体现了对创新设计、卓越性能和舒适性的重视。本章将详细介绍相关游艇品牌的发展历程和特点,为游艇消费者以及游艇行业相关从业者了解游艇市场的多样性和追求梦想之旅提供参考。

第一节　欧洲的游艇品牌

　　欧洲是游艇的发源地之一。游艇于 17 世纪起源于荷兰,最初的作用是供皇家贵族巡航以及休闲娱乐,后来被用作欧洲皇族间来往的礼品。直到 18 世纪,欧洲海洋国家的贵族、富豪竞相改装帆船,逐渐成为一种风气。游艇也开始用于军事和探险目的,如荷兰人用武装游艇参与葡荷战役,美国人用游艇传递战时信息等。后来英国人在 19 世纪把螺旋桨和蒸汽机用到游艇上,产生了动力游艇。而现代意义上的游艇产业始于二次世界大战后,从 20 世纪 50 年代至今,世界游艇业的发展经历了经典沿袭和现代游艇萌发期、成长期、高速发展期和多元化发展期。在世界游艇的发展历程中,许多历史悠久的欧洲游艇品牌也应运而生。本节将围绕欧洲具有代表性的六个游艇品牌做简要介绍。

一、Ferretti(法拉帝)

　　法拉帝是意大利最大的豪华游艇设计制造公司,始创于 1968 年,是世界上最具影响力和声望的游艇公司之一,旗下拥有多个知名品牌,如 Riva、Pershing、Bertram 等。

(一)发展历程

　　1968 年,Alessandro 和 Norberto Ferretti 兄弟创立了法拉帝游艇,最初专注

于帆船的设计和制造,后来转向动力艇的市场,推出了多款受欢迎的木制机动帆船。1980 年至 2000 年期间,法拉帝游艇开始收购和整合其他游艇品牌,如 Riva、Pershing 等,形成了一个多品牌的集团公司,涵盖了从 8 米到 95 米不同长度和风格的游艇产品线。法拉帝游艇也在技术和设计上不断创新,如引入 ARG 防倾斜系统、ZEM 静音系统等。2000 年至今,法拉帝游艇经历了一次重大的危机和重组,于 2012 年被中国的潍柴集团收购,从而获得了资金和资源的支持,恢复了业绩和市场份额。法拉帝游艇也进入了公务艇和超级游艇的领域,提升了品牌形象和盈利能力。2022 年,法拉帝游艇在香港联交所上市,成为近十年来屈指可数的在香港交易所上市的意大利企业。

(二)品牌特点

法拉帝以其精湛的工艺、先进的技术和优雅的风格而闻名,法拉帝的品牌理念是"大海是一个天然工作室",意味着它不断从海洋中汲取灵感和创新。法拉第游艇的内饰设计彰显了意大利风格和工艺,以及 "Just Like Home" 的理念。客舱和公共区域都配备了高档的家具、装饰和设施,让客人感受到家一般的温馨和幸福。其性能和安全性也是一流的,采用了先进的技术和解决方案,如 FSEA 技术(法拉帝先进可持续发展科技),提高了航行效率和环保性能。船上还装有各种导航、通信和娱乐系统,为客人提供了便利和乐趣。

二、Riva(丽娃)

丽娃是意大利法拉帝集团旗下的顶级奢华游艇品牌,始创于 1842 年,有着"水上劳斯莱斯"的美誉,也是享誉世界的游艇传奇品牌。其代表作有 Aquarama、Racer、Corsaro 和 Scoiattolo 等。

(一)发展历程

丽娃游艇的创始人皮耶罗·丽娃于 1842 年在意大利伊塞奥湖畔开设了第一家船厂,主要从事修理和改造渔船以及运输船。1870 年皮耶罗的儿子恩尼奥·丽娃接管了船厂,开始制造帆船和蒸汽船,还参与了意大利统一战争和第一次世界大战。1920 年恩尼奥的儿子西佩里奥·丽娃继承了船厂,开始生产运动型游艇,如 Racer、Corsaro 和 Scoiattolo 等,获得了多项赛事的冠军。后来西佩里奥的儿子卡洛·丽娃于 1950 年成为了船厂的掌门人,也是丽娃游艇的黄金时代的缔造者,他设计了许多经典的木质游艇,如 Aquarama 等,受到了全球名流的青睐。直到 1969 年,卡洛·丽娃将船厂出售给了美国惠特克集团,但仍然担任设计总监,期间推出了一些玻璃钢材质的游艇。2000 年法拉帝集团收购了丽娃船厂,将其重新带回意大利人的手中,并投入大量资金进行技术创新和市场拓展。2004 年丽娃船厂在拉斯佩齐亚建立了第二个生产基地,专门制造 60 英尺以上的豪华游艇。2010 年,丽娃船厂在安科纳建立了第三个生产基地,用于制造超级游艇。丽娃船厂在 2020 年推出了全新的 Riva 88'Folgore(闪电)系列,展示了其对未来游艇设计的愿景。

(二)品牌特点

丽娃的游艇以优雅的线条、精湛的工艺和独特的风格而闻名,曾经是许多名人和皇室的首选。凭借百年积累的设计理念,以及对于传统技艺的执着与不断的创新,丽娃已经成为游艇行业中奢华、舒适和优雅的代名词。丽娃游艇的产品分为四类:开放式、酷派式、飞桥式和钢制游艇。开放式游艇长度在 8 ~ 68 米之间,拥有流线外观和鲜明个性,适合海上驰骋;酷派式游艇长度在 27 ~ 43 米之间,结合了开放式和飞桥式的优点,兼具动感和舒适;飞桥式游艇长度在 56 ~ 110 米之间,是完全定制的奢华产品,提供了宽敞的空间和高端的设施;钢制游艇长度在 50 ~ 100 米之间,是具有创新外观和风格的排水型游艇,船东可以随心定制内饰和家居物品。

三、Wally(沃利)

沃利是摩纳哥的豪华游艇品牌,是全球复合材料豪华游艇及帆船品牌之一,于 1994 年成立,以创新的设计和卓越的性能而著称。其代表作有 Wallypower 118、WHY 58x38、Wallytender X 等。

(一)发展历程

沃利游艇发展史是一个充满创新和挑战的故事,也反映了沃利游艇的前卫理念和卓越性能。1994 年,沃利游艇由意大利商人卢卡·巴萨尼在摩纳哥成立,最初专注于帆船的设计和制造,以其创新的造型和高效的动力而获得关注。1998 年,沃利游艇推出了第一艘动力游艇 Wallypower 60,该艇以其极简主义的风格、优异的性能和舒适的空间而备受赞誉。2003 年,沃利游艇推出了最著名的一艘游艇 Wallypower 118,这是一艘集科技、美学和环保于一体的超级游艇,曾经在电影《逃出克隆岛》中出现,以其独特的楔形外观、强劲的喷气推进系统和豪华的内饰而闻名。2009 年,沃利游艇与法国奢侈品牌爱马仕合作成立了沃利爱马仕游艇(Wally-Hermès Yachts),旨在打造一种全新的海上生活方式。该公司推出了一系列以"为什么"(WHY)命名的概念游艇,如 WHY 58x38、WHY 200 等,体现了对空间、自然和可持续性的重视。2019 年,沃利游艇被意大利法拉帝集团收购,成为其旗下的一个品牌,由此法拉帝集团为沃利游艇提供了更多的资源和支持,使其能够继续发展其创新和前卫的游艇产品。2020 年,沃利游艇推出了全新的 Wallytender X 系列,这是一款专为高速航行而设计的动力游艇,最高时速可达 69 节。该系列包括 Wallytender 43X、Wallytender 48X 和 Wallytender 58X 等不同尺寸的型号,均采用了轻质材料和先进技术,提供了卓越的操控性和稳定性。

(二)品牌特点

沃利的游艇结合了科技、舒适和环保,体现了极简主义的美学。沃利以独特的设计与技术创新,致力于为客户提供性能优越、安全可靠、易于操控、兼顾外形与功能的完美产品,深得全球用户喜爱。

四、Princess（公主）

公主游艇是英国的顶级游艇制造商之一,始创于 1965 年,拥有丰富的造船经验和卓越的工程技术,以高质量、高性能和高品位而闻名,满足了不同客户的需求和喜好。其代表作有 Y85、F45、V40 等。

(一)发展历程

公主游艇的前身是海洋工程有限公司,1965 年由 David King 在英国普利茅斯港创立,最初生产并出租了第一艘 31 型游艇。1970 年,公主游艇推出了第一艘使用玻璃纤维强化塑胶外壳成型技术制造的游艇——公主 32 型,销售超过了 1 200 艘,确立了公主品牌在世界游艇市场中的重要地位。1981 年,公主游艇被英国汽车制造商劳斯莱斯收购,成为其旗下的一个部门,开始生产更大型的豪华游艇,如公主 37 型、公主 41 型等。1987 年,公主游艇被美国投资公司 Vickers PLC 收购,成为其旗下的一个子公司,继续扩大其产品线和市场份额。1994 年,公主游艇推出了第一艘飞桥系列的游艇——公主 45 型,以其优雅的线条、宽敞的空间和高性能而受到欢迎。2001 年,公主游艇推出了第一艘超级游艇——公主 95 型,这是一艘长 29 米、宽 7 米、拥有四个舱房和五个卫生间的奢华巨作。2008 年,公主游艇被路威酩轩集团（LVMH）收购,成为其旗下的一个品牌,享受更多的资源和支持。2016 年,公主游艇推出了 M 系列——公主 30M 型,这是一款集设计、工艺和技术于一体的现代风格游艇。

(二)品牌特点

公主生产的游艇线条优美典雅,室内装潢豪华舒适,给人以最大程度的美学感受。公主游艇将现代造船技术与传统手工工艺完美结合,由世界顶级设计师设计的船体,体现出纯粹的英伦风范。公主游艇的产品有五个系列:X 系列采用了超级飞桥的设计理念,为游艇生活空间提供了全新的标准,X95 和 X80 是该系列的代表,都拥有宽敞的飞桥甲板和灵活的布局;Y 系列是公主游艇的定制系列,每一艘 Y 系列的游艇都是独一无二的,根据客户的需求和喜好进行设计和建造,Y95 和 Y85 是该系列的两款经典产品,都具备精致的内饰和卓越的性能;F 系列是公主的飞桥游艇系列,拥有多个型号,从 F45 到 F65,具有技术先进、空间宽敞、造型优美的特点,是公主游艇的经典所在;S 系列是公主的运动桥游艇系列,拥有从 S62 到 S80 等多种型号,有炫酷迷人、设计均衡、空间舒适等特点,是公主游艇的时尚之选;V 系列则是公主的运动巡航游艇系列,从 V40 到 V65 等型号,均有动力强劲、线条优美、操控敏捷的特点。

五、Beneteau(博纳多)

博纳多是法国最大的游艇集团,创立于 1884 年,主要生产帆船和动力船,也生产动力艇、双体船、豪华游艇等。其代表作有 Oceanis 51.1、First 53、Swift Trawler 48 等。

(一)发展历程

博纳多游艇的历史可以追溯到 1884 年,当时本杰明·博纳多在 Saint Gilles Croix de Vie 创立了一个小型的造船厂,主要为当地的渔民提供帆船和动力渔船。直到 1982 年,博纳多游艇从一个小型的家族企业逐渐发展成为一个国际化的集团公司,它不断创新和扩大其产品线,包括帆船、动力艇、双体船、豪华游艇等。在这期间,博纳多游艇推出了许多经典的船型,如 First 系列、Oceanis 系列、Antares 系列等。从 1982 年到 2000 年,博纳多游艇进入了一个快速增长的时期,它通过收购和合作,将其业务扩展到了欧洲、美国、亚洲等地区,并拥有了众多知名的子品牌,如亚诺、蓝高、CNB 等。在这期间,博纳多游艇也推出了一些创新的服务,如二手船交易、贷款服务、定制服务等。2000 年至今,博纳多游艇进入了一个成熟和稳定的时期,它继续保持着其在帆船和动力艇市场中的领先地位,在不断提高其产品的质量和性能的同时,还注重环保和可持续发展。在此期间,博纳多游艇也推出了一些新的船型,如 Swift Trawler 系列、Beneteau One-design 系列等。

(二)品牌特点

博纳多以其创新的设计、可靠的性能和合理的价格而受到广泛的赞誉,是世界上最受欢迎的游艇品牌之一。博纳多的游艇以其多样的产品线、创新性和航海性能而著称,满足不同客户对海洋生活方式的想象。博纳多的帆船适合休闲出游、短期旅途、巡航或是竞赛,其设计风格兼具优雅和实用,结合了先进的技术和传统的工艺,为船主提供了舒适和安全的航行体验;博纳多动力艇则适合快速移动、探索或是享受海上生活,其设计风格注重性能和创新,采用了高效的动力系统和智能的空间布局,为船主提供了灵活和便捷的航行体验;CNB超级定制游艇则是博纳多在1987年创立的一个子品牌,专门生产60英尺以上的奢华定制游艇,适合追求极致品质和个性化定制的船主,其设计风格体现了高端和独特,结合了顶尖的设计师和工程师的专业知识,为船主提供非凡和独一无二的航行体验。

六、Lürssen(乐顺)

乐顺是德国的游艇品牌,拥有超过140年的造船历史,是世界上最老牌的游艇生产企业之一,以生产超级豪华游艇和巨型游艇而闻名。其代表作有Azzam、Dilbar、Octopus、Tis、Carinthia VII等。

(一)发展历程

乐顺于1875年由Friedrich Lürssen创立,最初从事木制船只的制造。其在1886年建造了世界上第一艘摩托艇,展示了其原创性和高品质的标志。乐顺在1925年推出了其第10 000艘船,一艘14米长的木制机动游艇。在1994年乐顺研制出"无框窗",通过一种特种弹性黏合材料,将侧面的窗直接粘在玻璃钢船壳上而无需任何钢框架,这项研究成果的设计是空前的,具有圆滑和复杂的曲线特点。在2001年其成立了一个现代化的综合性游艇厂,总面积10万平方米,其中约4.4万平方米的面积专用于制造68英尺以上游艇。乐顺在2006年与游轮制造商Fincantieri SpA成立合资企业,以满足对新一代巨型游艇的制造需求。在2013年乐顺推出了世界上最长的游艇——Azzam,全长180米,航速达到32节,被誉为"迷你太阳"。随后在2016年打造了世界上最重的游艇——Dilbar,总吨位超过15 900 GT,拥有一个容量为180立方米的内部泳池,是目前游艇上安装的最大的泳池。

(二)品牌特点

乐顺注重创新和质量,不断推出新的设计和技术,为客户提供高端的定制服务。乐顺的游艇具有独特的风格和个性,每一艘都反映了船东的喜好和需求。其游艇屡获世界大奖,在业界拥有非常高的地位。

第二节　美洲的游艇品牌

作为当今世界上最主要的两大游艇市场,美洲和欧洲两者合计占世界游艇市场份额的 90% 以上。在美洲地区,美国是全球头号游艇消费国,其游艇销售额占全球销售额的半数以上。

一、FOUR WINNS(弗里斯)

Four Winns 游艇是一家总部位于美国的著名游艇制造公司,成立于 1962 年。以其卓越的工艺、时尚的外观和良好的航行性能在游艇行业中脱颖而出。他们的游艇代表着品质、舒适和可靠性,为船主提供豪华和令人满意的水上体验。

(一)发展历程

Four Winns(弗里斯)游艇 1962 年成立于美国密歇根州,并迅速发展成为游艇制造行业的重要参与者。20 世纪 70 年代,开始生产更大型的运动艇和豪华游艇,并在市场上取得了成功;90 年代,引入了先进的船体设计和建造技术,提高了游艇的性能和质量;进入 21 世纪,推出了一系列受欢迎的轻便艇和休闲艇,旗下的系列有 H 系列、HD 系列、RS 系列和 V 系列,游艇尺寸包括从 18 英尺的快艇延伸到 38 英尺的游艇。品牌在全球范围内享有很高的声誉,始终致力于不断提升产品质量和客户满意度,满足不同船主的需求。

(二)品牌特点

Four Winns(弗里斯)游艇的特点有:精湛工艺,采用先进的船舶制造技术和高品质的材料,确保每艘游艇都具备出色的工艺和耐久性;时尚外观,注重创新的设计,以时尚、现代、优雅的外观风格吸引船主的眼球;宽敞内部布局,提供舒适、宽敞的内部空间,为船主和乘客营造出舒适的居住和娱乐环境;强调功能性,同时兼顾舒适性和实用功能,为船主提供全方位的航行和娱乐体验;卓越航行性能,注重船舶设计和船体外形,以提供卓越的航行性能、稳定性和操控性。

二、Chris-Craft(克里斯)

Chris-Craft(克里斯)是一家总部位于美国南部佛罗里达州的萨拉索塔市的著名游艇制造公司,成立于 1874 年,是全球最古老和最具影响力的游艇品牌之一,在全球拥有 72 家代理商。以其独特的经典和现代结合的风格,以及精湛的工艺和优质的船舶性能,一直深受船主的喜爱。

（一）发展历程

1874 年，Chris-Craft 成立于美国密歇根州，最初以制造木制小船为主；20 世纪 20～50 年代，开始在全球范围内制造高品质的木质运动艇和休闲艇，成为时代的代表；60～70 年代，开始采用新的玻璃纤维复合材料，转向生产玻璃纤维游艇，并不断推出更多的新型号；80 年代至今，在不断创新和发展中，推出了更多豪华游艇和运动艇系列，产品系列包括 CORSAIR（海盗）系列、LAUNCH（火箭）系列、CATALINA（卡塔莱纳）系列和 CALYPSO（海中女神）系列，游艇制造尺寸从 20 英尺至 36 英尺，致力于打造豪华、可靠和令人赞叹的游艇，代表了高水准的海上体验和奢华的船舶生活。

（二）品牌特点

Chris-Craft（克里斯）游艇的主要特点有：经典风格，以经典的设计和独特的外观风格而闻名，传承了传统木制游艇的优雅和奢华感；工艺精湛，注重每个细节的完美呈现，手工制造和精湛的工艺是他们打造高品质船只的标志之一；创新技术，不断采用新的船舶制造技术和先进的材料，提高船舶性能和可靠性；舒适和豪华性，致力于为船主提供舒适和豪华的船舶内部空间，提供高品质的定制化配置和船舶配件；强调细节，从用材的选择到内外饰的设计，注重每个细节的精心搭配和匠心打造。

三、REGAL（瑞格）

REGAL（瑞格）游艇是美国一家成立于 1969 年的高端游艇制造公司，总部位于美国佛罗里达州的奥兰多，至今已是第三代继承人经营的家族式企业，专注于设计和制造豪华、时尚的游艇，其产品以流线锐利、品质上乘、动力强劲、安全耐用、燃油经济、高性价比著称，连续五年获得美国船舶制造协会客户最佳满意度大奖。

（一）发展历程

1969 年，REGAL 成立于美国佛罗里达州奥兰多，最初以制造小型玻璃纤维艇和快艇起步；20 世纪 70～80 年代，逐渐扩大产品线，推出不同类型和尺寸的游艇，包括维修艇、运动艇和豪华艇等；进入 21 世纪，致力于技术创新和产品发展，推出更多豪华游艇和运动艇系列，并在全球范围内扩大了市场份额，产品系列包括 LX 系列、LS 系列、SX 系列和 Fastrac 系列。如今，REGAL 游艇以其卓越的设计、高性能和卓越的品质在游艇行业中享有很高的声誉。它们不断追求创新和卓越，为船主提供令人愉悦的航行体验和豪华的船舶生活。

（二）品牌特点

REGAL（瑞格）游艇的特点主要有：创新设计，他们注重实用和美学的平衡，提供舒适、豪华和令人赞叹的游艇体验；高性能，注重船舶技术和工程，致力于提供卓越的性能、操控性和燃油效率。它们采用先进的推进系统和船体设计，以增强航行性能和舒适性；内部布局，宽敞、精心设计的内部布局，为船主和乘客提供舒适、奢华的居住和娱乐空间，同时注重细节和船舶配置的灵活性，以满足不同船主的个性化需求；可靠性和质量，致力于为船主提供可靠且高质量的游艇，采用优质材料和严格的制造标准，确保每艘游艇都具备耐久性和可靠性；客户体验。REGAL 游艇重视客户满意度，提供全面的售前和售后服务，以确保船主在购买、使用和维护游艇的过程中得到良好的支持和体验。

四、Sea Ray（希瑞）

Sea Ray 是世界上最大的高端游艇生产商，由康纳德·雷伊在 1959 年创立于美国田纳西州。生产从 17 到 60 英尺的 40 多种型号的游艇，以豪华、舒适和可靠性而广受赞誉。它们不断推出引领行业的产品，并提供全方位的售后服务和支持，为船主提供卓越的游艇体验。

（一）发展历程

1959 年，创立于美国田纳西州的 Sea Ray 游艇，最初主要生产帆船和成品玩具；20 世纪 60 年代，逐渐转向游艇制造业务，并成为高质量运动艇的知名品牌，在外观和功能性上实现了突破性的进展；70 年代，Sea Ray 不断扩展产品线，推出更多款式和尺寸的游艇，满足不同市场和客户的需求；目前，Sea Ray 在全球范围内享有很高的声誉，并继续为船主提供创新、豪华和可靠性的游艇。它们的游艇在设计和功能方面不断进步，以应对市场和行业的变化和需求。

（二）品牌特点

Sea Ray 游艇的特点主要有：豪华与舒适，它们致力于打造精致的内部空间，配备高品质的装饰和设施，提供舒适优雅的游艇体验；创新技术，将创新技术融入设计和制造过程中，不断推出新的产品和功能，以提供先进的船舶技术和最佳的航行性能；多样化的产品线，拥有多个系列和型号，涵盖了不同类型的游艇，如运动艇、快艇和豪华游艇等；手工制造精湛，注重精湛的制造工艺，采用高质量的材料和经过精心组装的部件，确保游艇的质量和耐久性。

五、Westport（西港）

Westport 游艇以其高品质、奢华和航行性能而著称,成为世界上顶级游艇品牌之一,不仅提供制造游艇,还为船主提供售后服务和贴心的支持。

（一）发展历程

1964 年,Westport 游艇成立于美国首都华盛顿,最初主要从事商业船舶和渔船的建造;20 世纪 80 年代,开始转向豪华游艇制造,并于此时开始受到认可和赞赏;90 年代,推出了一系列长度从 98 英尺到 130 英尺的豪华游艇,扩大了在游艇市场的影响力;目前,Westport 游艇继续发展壮大,并一直致力于为高端船主提供最好的游艇。不断改进和创新,以适应市场需求,并为客户提供卓越的产品和服务。

（二）品牌特点

Westport 游艇的特点主要有:定制化制造,致力于根据客户的个性化需求和喜好,打造独特的、符合船主品位的游艇,这使得每艘 Westport 游艇都独一无二,体现尊贵感与奢华感;豪华与精致,Westport 游艇代表着豪华和精致,注重潜在船主的体验和舒适性,追求卓越的内饰设计、材料选择和工艺,呈现出令人赞叹的细节和品质;强调航行性能,注重航行性能,力求提供卓越的稳定性、操纵性和燃油效率,游艇采用先进的船体设计和推进系统,以保证船舶在不同的航行条件下都能有出色的表现。

美洲作为全球最大、最具活力和多样性的游艇市场之一,除了以上品牌之外,还有 Grady-White、Monterey、Leopard、Chaparral 等许多其他知名品牌。

第三节　中国的游艇品牌

一、中国游艇品牌的背景和发展历史

中国游艇起源较早,早期风格和西方游艇截然不同。例如画舫和龙舟,就是古代中国式游艇。而在"十二五"期间,游艇产业被列为重点发展的战略性新兴产业,得到了国家政策的大力扶持。同时,随着中国经济的快速发展,人们的生活水平不断提高,对于休闲旅游的需求也日益增加。这种背景下,中国游艇品牌逐渐崭露头角。

中国游艇品牌的发展历史可以追溯到 1992 年前后,当时由于美元贬值、国外劳动力上涨以及中国改革开放等因素,一些中国台湾和美国游艇制造厂开始考虑往中国大陆发展。这个时期,只有福建和广东沿海地区有一些外资厂开始建造游艇,船型尺寸也仅在 30～40 英尺。

经过近 20 年的辛勤努力,中国游艇行业发展迅速。到了 2008 年,中国游艇制造的出口国从美国扩大到意大利、法国等地,市场价也从 10 多万美元上涨到超过百万,船型尺寸也超过 60 英尺。到 2018 年,中国制造的豪华游艇"幻想号"下水,这是目前亚洲最大的超级游艇。

总的来说,中国游艇品牌的发展历史是一部逐步成熟和壮大的历史。虽然早期经历了许多困难和挫折,但近年来中国游艇制造业的迅速发展已经证明了中国制造游艇的实力和潜力。

二、中国游艇品牌和产品设计特点

(一)毅宏——厦门市毅宏集团投资有限公司

毅宏游艇是一家中国游艇品牌,毅宏游艇的产品线包括豪华游艇商务平台希仕德徕旗舰级商务游艇,以及具有陆地游艇之称的终极商旅座驾凯郡房车等。这些产品在设计上注重品质、追求创新和实用性。例如,希仕德徕旗舰级商务游艇结合了科技与舒适性,拥有宽敞的空间和顶级的配置,以满足高端商务人士的需求。

(二)太阳鸟——亚光科技集团股份有限公司

太阳鸟以游艇为主导共有三大系列产品:游艇、商务艇、特种艇。

在其设计方面,太阳鸟游艇的外观线条流畅、优雅,同时注重实用性,以适应当今市场的多元化需求。内部布局合理、舒适,注重空间利用和功能性设计,使游客在船上能够得到最佳的旅游体验。太阳鸟游艇在材质选择上以高品质为主,同时注重环保和可持续性发展。太阳鸟游艇的动力系统强大、稳定,能够保证游客在海上安全、舒适地航行。太阳鸟游艇配备了各种娱乐设施,如 KTV、游泳池、露台等,使游客在船上不会感到单调乏味。太阳鸟游艇从设计到生产都注重安全性,配备了各种安全设施和装备,以确保游客在船上的安全。太阳鸟游艇的舒适性是其主要特点之一,从座椅到床铺,每一个细节都经过精心设计,以提供最佳的旅游体验。

总的来说,太阳鸟游艇的产品设计特点主要体现在外观设计美观大方、内部布局合理、材质选择环保、动力系统稳定、娱乐设施丰富、安全性高和舒适性强等方面。

(三)爱莱格——福建爱莱格游艇工业有限公司

爱莱格游艇是一个以时尚、首次购船群体和游艇运营公司为主要目标市场的游艇品牌。在产品方面,爱莱格 Raider35 是其主打产品,这是一款针对家庭体验、海钓、商务活动和青春派对等需求的小型游艇。它在设计上充分利用了空间,外形紧凑但功能丰富,被称为"空间王"。其独特的斧式船首和滑翔艇的结合方式,使其在航行中表现出平稳、阻力小、节能的特性。另外,简洁的设计风格,彰显出北欧的简洁时尚风。至于设计特点,爱莱格 Raider35 充满了现代感。首先,其外形设计优雅,线条流畅且动感,符合现代审美观念。同时,其内部设计也十分精致,制造工艺及豪华细节的处理让人印象深刻。尤其是注重客人的乘坐舒适性和商务社交功能的需求,这使得爱莱格 Raider35 游艇不仅外观优美,而且非常实用。

总的来说,爱莱格游艇的产品和设计特点可以概括为时尚、实用、舒适和现代。

(四)普莱德游艇——中集莱佛士游艇有限公司

普莱德游艇是中集莱佛士游艇有限公司旗下的高端品牌,专注于大型豪华游艇的设计、制造和营销。该品牌自 2013 年推出以来,已经交付了多艘大型豪华游艇,包括 88.5 米长的"幻想号"

其在设计特点上主要体现在以下几个方面:首先是流线循环的现代建筑设计风格。普莱德游艇的设计风格非常现代化,注重流线型设计,强调圆润的曲线和弧形结构,这不仅体现在船体外观上,也体现在船内的空间和布局上,给人一种流畅、舒适的感觉。其次是普莱德游艇在设计时非常注重对空间和高度深度的考究,通过巧妙的布局和设计,创造出既宽敞又舒适的空间体验。再次是奢华与功能性相结合。普莱德游艇在设计中不仅注重奢华感,也非常注重功能性。最后,普莱德游艇在设计时注重细节和整体性的统一,每个船型都有其独特的设计元素和风格,同时整体上又保持了普莱德游艇的独特性和整体感。

(五)京穗——重庆京穗船舶制造有限公司

京穗船舶制造有限公司是一家致力于为国内外客户提供高品质、多样化船艇的企业,主要生产经营各式玻璃钢船艇,如高速船、休闲船、钓鱼船、客船、冲锋舟、环卫船等系列。

在设计方面,京穗游艇的产品融合了现代化的设计和精美的制作工艺。具体来说,公司会根据不同的船艇用途和功能需求,进行有针对性的设计和制作。例如,对于需要快速航行和良好机动性的公务艇,公司会采用流线型的船体设计和高性能的推进系统。

此外,京穗游艇还注重提高产品的舒适度和安全性。例如,公务艇配备了德国产超高速艇专用弹性减震座椅和带无线电通话系统的高速驾驶头盔等设备,以方便驾艇者的驾驶并提高航行安全性。

总的来说,京穗游艇的产品和设计特点可以概括为高品质、现代化、舒适度和安全性。通过不断创新和改进,公司致力于为客户提供更优质、更可靠、更具竞争力的船艇产品。

(六)华鹰——杭州华鹰游艇有限公司

华鹰游艇品牌的产品线包括多个类型,如飞桥艇、运动艇、游艇以及工作艇等。这些游艇的设计和制造均符合国际造船业的最新技术标准。

在华鹰游艇的设计中,设计师们注重将美学、人体工程学和性能融入其中,以创造出既美观又实用,且能满足客户个性化需求的游艇。例如,华鹰的飞桥艇在设计上充分考虑了舒适性和视野的开阔性,飞桥区域宽敞,可以容纳多人在这里欣赏海景。同时,飞桥艇的驾驶舱也设计得十分宽敞,为驾驶员提供了良好的驾驶环境。

此外,华鹰游艇还注重提高产品的性能和品质。例如,它们的运动艇采用了先进的喷水推进系统和高马力的发动机,可以提供强劲的动力和出色的操控性能。

总的来说,华鹰游艇的产品和设计特点可以概括为现代化、高性能和舒适性。在设计和制造过程中,华鹰游艇致力于追求卓越品质和性能,以满足客户的不同需求。

(七)红双喜——上海红双喜游艇有限公司

红双喜游艇品牌的产品线涵盖了多种类型和风格的游艇,包括经典系列、时尚商务系列和大型豪华系列等。这些游艇在设计和制造上均展现出红双喜游艇品牌的独特特点和优势。

首先,红双喜游艇的设计理念注重创新和实用性。在红双喜的经典系列中,Alaska 42～65英尺单站及双站中型经典系列游艇以其稳定性和动力性而受到客户的青睐。这些游艇采用现代化的船体设计和高品质的材料,提供舒适、安全和耐用的航行体验。

其次,红双喜游艇也注重时尚和优雅的设计。在时尚商务系列中,Gianetti 45、48英尺游艇以其独特的外形和优雅的内饰设计而备受关注。这些游艇的外观线条流畅且动感十足,展现出一种现代而时尚的气息。同时,其内部空间也十分宽敞舒适,提供豪华而舒适的航行体验。

最后,红双喜游艇还致力于打造大型豪华系列游艇,如Navetta 80英尺和

Cortenzo 86 英尺游艇。这些大型游艇在设计上充分体现了红双喜游艇的高品质和独特品位。它们拥有宽敞的空间、豪华的内饰以及先进的功能设施,如大型会客厅、独立的主人套房、宽敞的储物空间等。此外,这些游艇也注重细节的处理,如精美的家具、优雅的灯具以及高品质的装饰材料等。

总之,红双喜游艇的产品和设计特点可以概括为创新性、实用性和豪华性。在设计和制造过程中,红双喜游艇注重细节和品质的把控,致力于为客户提供独特、高品质、舒适和优雅的航行体验。

除以上品牌之外,中国的游艇品牌还有盛世、欧伦船业游艇、深圳游艇等,在设计特点上都独具特色。

三、中国游艇品牌市场表现和竞争力

虽然在过去几十年中,中国游艇产业的发展经历了起伏不定的阶段,但近年来随着经济发展和消费者对游艇的消费需求增长,中国游艇品牌市场表现和竞争力也逐渐提升。

在市场规模方面,根据报告显示,2022 年我国游艇产业市场规模约为 27.16 亿元,其中私人游艇 11.23 亿元,机构及企业游艇 15.93 亿元。这个数字表明中国游艇市场具有相当的规模和潜力。

在竞争力方面,中国游艇品牌也在逐渐提升。一方面,随着国内企业游艇生产技术的提升和产能不断扩大,国内游艇产量快速增长,价格优势逐渐显现。另一方面,中国游艇品牌也在逐渐重视品牌建设和服务提升,不断提升产品的质量和售后服务水平,增强了消费者的信任度和忠诚度。

当然,中国的大型游艇制造业在国际上的竞争力水平处于中等偏低水平,中国大型游艇品牌在市场上的竞争力和市场份额还需要进一步提升。虽然市场规模和潜力巨大,但中国游艇品牌还需要在产品创新、品牌建设、人才培养等方面加大投入,提升自身的核心竞争力,以更好地满足消费者的需求和市场的变化。

四、中国游艇的发展趋势

中国游艇产业正逐渐向大众化游艇转型,随着社会的进步,人们的消费水平增加,大众化游艇的需求量同时也不断增加。国家出台的《促进游艇旅游的指导意见》等一系列政策也在引导和支持大众化游艇的发展。并且游艇产业在海南正在高速发展,根据《海南省游艇产业发展规划纲要(2021—2025 年)》,到 2025 年游艇基础设施服务网络进一步完善,游艇码头泊位(含干泊位)数突破

3 394个。同时随着国内游艇生产技术的提升和产能的扩大,国内游艇产量快速增长,市场需求也不断提升。预计未来几年,中国游艇市场的需求将继续保持增长态势。

未来游艇行业,尤其是租赁服务将成为我国推动游艇大众消费的重要方式,随着未来我国游艇租赁相关法律法规的完善,我国游艇租赁前景可期。

未来,预计随着游艇消费结构不断优化,中小型游艇、国产游艇将成为我国游艇消费的主要发展方向;同时随着消费升级,游艇市场进一步细分,钓鱼艇、帆船等游艇产品对培育游艇消费市场、体验游艇生活将起到不可估量的基础作用;游艇租赁也会让更多的城市白领接触游艇、了解游艇、享受海上生活,同时拉动内需,形成规模经济效应,促进游艇在我国的推广。

五、中国游艇品牌的国际市场

中国游艇品牌在国际市场上的表现逐渐提升。虽然中国游艇品牌在技术和质量上与一些国际知名品牌还存在差距,但国内品牌也在逐渐加大研发和品牌建设的投入,提升产品的质量和竞争力。

一些国内游艇品牌如董记广联、战车、Seaflo、迎浪、航凯、翼骊等也在国际市场上进行销售和服务,并获得了一定的知名度和市场份额。这些品牌的产品不仅在价格上具有竞争力,也在性能和质量上得到了消费者的认可和好评。此外,一些国内游艇企业在国际市场上进行合作和投资,与国外游艇品牌进行技术和管理的交流和合作,也提升了中国游艇品牌的国际竞争力。

当然,中国游艇品牌在国际市场上还需要进一步提升品牌知名度和形象,加强产品创新和技术研发,以满足国际市场对于高品质、高性能游艇的需求。同时,也需要加强对于国际市场的管理和营销,提升售后服务水平,提高客户满意度和忠诚度。

第四节　其他国家的游艇品牌

除了欧洲、美洲地区以及我国的游艇品牌,近年来,亚洲其他国家和阿拉伯部分国家的游艇品牌也逐渐崭露头角。这些国家以其独特的地理位置和文化背景,为游艇行业注入了新的活力和创新。亚洲国家如日本、韩国、新加坡和大洋洲国家澳大利亚等,以其丰富的制造经验和技术实力,逐渐成为游艇制造业的重要力量。阿拉伯国家阿联酋凭借其豪华和奢华的特点,成为世界上一些最豪华游艇的制造地。澳大利亚等国家的游艇品牌不仅在本土市场上备受瞩目,也开始进军国际市场,与传统的欧美品牌一较高下。本节将围绕日本、韩国、新加坡、澳大利亚和阿联酋具有代表性的游艇品牌做简要介绍。

一、日本的游艇品牌

日本作为一个岛国,拥有丰富的海洋资源和水上运动文化,游艇项目也越来越受人们青睐,因此,日本也亚洲游艇制造业的代表之一,拥有许多知名的游艇品牌。

(一)发展历程

日本的游艇品牌发展历程可以追溯到20世纪初,当时的游艇主要是由富有的商人和贵族购买和使用。然而,由于第二次世界大战的爆发,游艇工业在日本几乎停滞不前。战后,随着经济的复苏和人们对休闲活动的需求增加,游艇产业开始逐渐复苏。20世纪五六十年代,一些小型的游艇品牌开始出现,主要生产小型帆船和划艇。这些品牌主要面向富有的业余航海爱好者和俱乐部会员。到了70年代,日本的游艇品牌开始涌现。一些知名的品牌如松下游艇、日本造船、日本游艇协会等开始生产和推广各种类型的游艇。这一时期,游艇产业在日本得到了政府的支持和鼓励,游艇市场也逐渐扩大。进入21世纪后,日本的游艇品牌继续发展。随着人们对豪华游艇的需求增加,一些高端游艇品牌开始在日本市场崭露头角。同时,一些创新型的游艇品牌如日本电动游艇等也开始兴起。

(二)品牌介绍

1.Yamaha(雅马哈)

雅马哈是一家有着超过50年造船历史的公司,自20世纪50年代后半期起,雅马哈着手研究并开发了当时备受瞩目的新素材FRP(玻璃纤维强化塑料)。在60年代,雅马哈开始生产并销售由FRP制成的游艇和钓鱼艇等丰富多彩的海上产品。通过不断的研发和市场需求相结合,以实际业绩为基础,特别是船用发动机领域,雅马哈不断发展壮大。如今,雅马哈游艇以其豪华和高性能备受瞩目,并在全球180多个国家和地区广泛使用。雅马哈的游艇设计重视舒适性和运动性能,同时结合市场需求,推陈出新,衍生出了水上摩托艇等产品。

2. Mitsubishi Heavy(三菱重工游艇)

作为一家多元化的工程技术服务供应商,三菱重工的游艇制造部门也是实力雄厚。三菱重工游艇是三菱重工业株式会社的旗下品牌,专注于设计和制造高品质的游艇。三菱重工的游艇产品线十分丰富,包括豪华游艇、运动型游艇、商务游艇等多种类型,以满足不同客户的需求。其中,豪华游艇系列是三菱重工的旗舰产品,以精湛的工艺、高标准的品质和个性化的设计而著名。这些豪华游艇均采用最先进的造船工艺和材料,注重细节和内饰,以提供宽敞舒适的空间和极佳的航行体验。此外,三菱重工的运动型游艇也备受追捧。这些游艇设计时尚、性能卓越,适合高速航行和海上运动。商务游艇则以实用性和舒适性为主要特点,适合商务会议和团队活动等多种用途。

二、韩国的游艇品牌

韩国游艇业虽然起步较晚,但其品牌在不断探索和研发中逐渐形成了自己的独特风格和制造技术,成为全球游艇市场的重要组成部分。

(一)发展历程

韩国游艇品牌的发展始于 20 世纪 80 年代初,当时韩国政府开始鼓励和发展游艇产业,许多造船公司和私人企业纷纷涉足游艇制造领域。初期的韩国游艇主要从欧洲和美国引进技术和设计,采用玻璃纤维和乙烯纤维等材质,外观美观大方,内部配置也相当豪华。进入 21 世纪后,韩国游艇产业逐渐成熟并开始独立发展。一些韩国游艇品牌开始探索自己的设计和制造风格,逐渐摆脱了对欧洲和美国游艇的模仿和引进。这些品牌开始注重研发和创新,推出了更加具有韩国特色的游艇产品。如今,韩国游艇品牌已经成为全球游艇市场的重要组成部分,产品线涵盖了大型豪华游艇、小型娱乐游艇、高速艇等多个领域。知名的韩国游艇品牌包括现代重工、三星重工、LG 等,这些品牌在设计和制造方面不断创新,推动着韩国游艇产业的持续发展。

(二)品牌介绍

1. Hanjin Heavy Machinery(HHM)

作为韩国现代重工业的子公司,成立于 1972 年,HHM 一直是韩国游艇制造业的领导者。它们提供各种类型的游艇,包括大型豪华游艇、运动型游艇、高速艇等。HHM 在游艇制造方面拥有丰富的经验和技术,并且不断推出新的设计和技术来满足市场需求。

2. Daewoo Shipbuilding & Marine Engineering(DSME)

DSME 是韩国大宇造船海洋公司的子公司,成立于 1977 年。该公司是全球知名的船舶和海洋工程制造商,提供各种类型的船舶和海洋工程设备,包括游艇。DSME 的游艇产品线包括大型豪华游艇、高速客船、帆船等,并以高品质的材料和精湛的工艺而闻名。

3. Samsung Heavy Industries（SHI）

SHI 是三星重工业公司的子公司,成立于 1972 年。该公司在韩国和全球范围内都是知名的船舶和海洋工程制造商,提供各种类型的船舶和设备,包括游艇。SHI 的游艇产品线包括大型豪华游艇、中小型游艇、运动型游艇等,并以先进的技术和创新的设计而著称。

三、新加坡的游艇品牌

（一）发展历程

新加坡的游艇行业可以追溯到 20 世纪初,一些国际游艇品牌开始在新加坡设立分公司,并开始在当地推广和销售它们的产品,当时英国和欧洲的贵族和富豪开始在新加坡购买游艇,用于进行娱乐和商务旅行。随着时间的推移,新加坡逐渐成为亚洲的豪华游艇中心之一,吸引了越来越多的游艇品牌和富豪们的关注。这些游艇品牌也从最初的代理销售开始,逐渐拓展到制造和设计领域。例如,新加坡的超级游艇制造商 Rendition 游艇公司曾为亚洲的皇室和富豪制造了多艘超级游艇,新加坡逐渐成为东南亚地区重要的游艇制造中心。近年来,新加坡游艇业的发展得到了政府的大力支持和游客的青睐,自 2019 年举办第一届新加坡游艇节以来,游艇节成了新加坡游艇界的重要活动之一,为促进亚洲游艇业发展具有重要意义。同时,正在建设的 Nirup Island 游艇码头预计建成后可以提供多达 70 个新泊位,旨在提供更便利的设施,以满足日益增长的游艇需求。

（二）品牌介绍

新加坡是一个充满活力和创新的游艇制造中心,拥有一些优秀的本土游艇品牌。

1. Grand Banks Yachts

成立于 1966 年,是新加坡最著名的游艇品牌之一。它们专注于制造高品质的长航远洋游艇,包括豪华帆船和经典风格的摩托艇。Grand Banks Yachts 以其卓越的航行性能、精湛的工艺和经典的设计而闻名。它们的游艇采用优质材料,提供豪华的内饰和舒适的居住空间,同时也注重节能环保。

2. Megaway Engineering & Trading Pte Ltd

总部位于新加坡的综合性游艇制造和服务公司。它们提供游艇制造、维修、升级和管理等一站式服务。Megaway 拥有自己的游艇品牌,以质量和创新为核心,为客户提供高品质的游艇产品。它们的游艇设计独特,注重细节和舒适性,同时也融入了现代科技和环保概念。

3. Sealion

成立于 2005 年的新加坡游艇品牌,专注于制造和销售豪华游艇,其游艇以创新的设计、高品质的材料和精良的手工而受到欢迎。Sealion 的游艇产品线包括 38 到 68 英尺的帆船、动力艇等,适合家庭使用和海上活动。Sealion 的游艇设计注重功能性、舒适性和安全性,同时追求简约和现代感。Sealion 游艇品牌在新加坡的游艇行业中有着较高的知名度和声誉,其游艇产品线包括 370、430、500 和 600 等型号,以及定制的私人游艇。除了制造和销售游艇,Sealion 游艇品牌还提供游艇租赁和维修保养等服务,为顾客提供全方位的游艇体验和支持。

四、澳大利亚的游艇品牌

(一)发展历程

澳大利亚游艇制造业的历史可追溯到 20 世纪初,随着海洋环境和航海传统的不断发展,逐渐兴起并发展壮大。早期主要集中在帆船制造领域,二战后,开始利用先进技术和材料生产高性能游艇。知名品牌如 Riviera 和 Maritimo 等,注重航行性能、豪华内饰和创新设计,赢得国内外客户青睐。20 世纪后半叶,多体船逐渐崭露头角,澳大利亚制造商专注于生产多体船,Seawind Catamarans 是知名多体船制造商。多体船具有航行稳定性、空间利用率和航行性能优势,受到客户欢迎。澳大利亚游艇制造商在技术创新方面也取得了显著成就,致力于研发新的船体设计、航行系统和材料,提高游艇性能和舒适性。澳大利亚游艇品牌在国际赛事中表现出色,赢得了多个奖项,进一步提升了澳大利亚游艇制造业的声誉和知名度。

(二)品牌介绍

1. Riviera

Riviera 是澳大利亚的豪华游艇制造品牌,总部位于黄金海岸,拥有超过 30 年的发展历史。这个品牌以制造高质量、高标准的游艇而著名,并且提供优质的服务。它的产品线非常丰富,包括飞桥系列、运动型游艇系列和运动型快艇系列等。Riviera 注重个性化设计,每一艘游艇都经过精心设计和制作,旨在为顾客提供最好的海上体验。多年来,Riviera 的产品获得各项大奖无数。

2. Ocean Master

Ocean Master Boats 是澳大利亚墨尔本的品牌,诞生于 2002 年,它一直坚持

"手工打造,严苛工艺"的理念来打造船艇。Ocean Master 船艇都选用原材料打造,以此为基础,船体的完整性和坚固性得到了极大的保障。与追求产量相比,它们更注重保持和提高品质。因此,Ocean Master 的玻璃钢游艇都是定制化的产品,它们有能力依据客户要求进行个性化定制,以全方位满足客户需求。除此之外,Ocean Master 还提供 7 年的船体质保承诺,这在游艇界内也比较少见。

五、阿联酋迪拜的游艇品牌

(一)发展历程

迪拜的游艇业起源于 20 世纪 60 年代,当时迪拜的经济开始崛起,成为一个重要的商业和旅游中心。随着石油收入的增加,迪拜的富有阶层开始寻求更加奢华和独特的交通工具,于是游艇便成了他们的首选。起初,迪拜的游艇行业主要依赖进口,从欧洲和美国等地的船厂购买游艇。然而,随着迪拜经济的发展,迪拜开始建立自己的游艇制造业。1974 年,迪拜成立了自己的船厂——Dubai Marina Yacht Services,标志着迪拜游艇行业的正式起步。进入 21 世纪,迪拜的游艇行业得到了进一步的发展。随着石油收入的增加和全球经济繁荣,迪拜成了全球豪华游艇市场的重要参与者。许多世界知名的游艇品牌在迪拜设立了分公司或代理机构,为富豪提供定制化、高品质的游艇服务。

(二)品牌介绍

Gulf Craft 成立于 1982 年,总部位于迪拜。作为阿联酋最知名的游艇制造商之一,Gulf Craft 专注于制造高品质的摩托艇和豪华游艇:Nomad Yachts 系列是 Gulf Craft 的豪华长途游艇系列,设计用于远洋航行,这些游艇拥有宽敞的内饰空间和高品质的豪华装饰,提供舒适的居住体验;Oryx 系列是 Gulf Craft 的摩托艇系列,注重性能和航行体验,这些游艇采用先进的船体设计和动力系统,具有出色的加速性能和稳定性;Silvercraft 系列是 Gulf Craft 的家庭和休闲游艇系列,这些游艇设计紧凑,适合日间巡航、娱乐和水上运动。

Gulf Craft 以其创新的设计而著名,致力于为客户提供独特和令人印象深刻的游艇。它们与世界上一些顶级的游艇设计师合作,将现代风格和豪华元素融入游艇的外观和内饰。Gulf Craft 的游艇拥有流线型的外形、大型玻璃窗、宽敞的甲板空间和豪华的内饰装饰。Gulf Craft 的游艇以其卓越的设计、高品质的工艺和可靠的性能而受到了全球客户的青睐。它们的产品在国际舞台上赢得了多个奖项和认可,并在全球范围内销售和租赁。通过不断创新和满足客户需求,Gulf Craft 在阿联酋和全球游艇制造业中占据了重要地位。

第五章

游艇消费市场与结构

虽然游船的历史可以追溯到埃及时代,但"游艇"一词源于荷兰语 jaght。在那些日子里,荷兰人用小船追捕海盗,与此同时,富有的船主开始用他们的小船来庆祝和寻求快乐。从那时起,我们对船和游艇的区别的理解是它的目的:快乐(美国帆船协会,2020)。自 14 世纪以来,越来越多的欧洲君主和贵族拥有和使用游艇。后来,工业革命使第一批非皇室但白手起家的富裕阶层有可能在游艇上度过闲暇时间。工业革命的技术发展以及人们不断变化的需求和欲望使游艇变得更强、更好、更先进。

在过去的 150 年里,一些重要的因素改变了游艇行业的格局:更轻的合成材料(如玻璃纤维)和钢铁的使用取代了主要的木材,动力来源也从主要的风力(即帆船)转变为蒸汽机和内燃机(即机动游艇)。游艇比赛,也就是所谓的赛船会,已经变得更适合不同社会阶层的人参加,不再是游艇所有者的专利。自第二次世界大战结束以来,越来越多的私人拥有的豪华大型游艇进入市场。

我国游艇行业目前正处在快速增长阶段。随着国内整体旅游持续发展,游艇应用旅游持续发展,我国游艇保有量持续走高,数据显示,我国游艇保有量从 1.88 万艘增长至 2022 年的 2.65 万艘,预计随着国内人均可支配收入持续提升,我国游艇保有量将持续增长。

第一节 游艇旅游

在 21 世纪初,人们开始倾向于一些特殊的兴趣旅游,其中一种流行的形式是游艇旅游。此后,游艇旅游得到了很大的发展,并开始在旅游活动中发挥重要作用,它为整体经济提供了更多的收入,同时创造了新的就业机会。近年来,游艇旅游在全球范围内得到了快速发展。这主要得益于经济的增长、人们对奢华旅游的需求增加以及游艇技术的不断进步。越来越多的人愿意投资购买自己的游艇或租赁游艇,以便在海上度过休闲时光。

游艇旅游的发展现状可以从以下几个方面来看。

市场规模扩大:游艇旅游市场规模不断扩大,吸引了越来越多的游客和投资者。许多国家和地区都积极发展游艇旅游产业,提供相关的设施和服务,以吸引游客。

目的地多样化:游艇旅游的目的地也越来越多样化。除了传统的海滨度假胜地,一些新兴的目的地如加勒比海、地中海、太平洋岛屿等也成为游艇旅游的热门选择。

专业化服务:随着游艇旅游的发展,相关的服务和设施也得到了提升和专业化。游艇旅游公司提供各种定制化的服务,包括游艇租赁、船员服务、航线规划等,以满足游客的需求。

可持续发展:在游艇旅游的发展过程中,可持续发展也成为一个重要的议题。游艇制造商和旅游经营者开始关注环境保护和资源管理,采取措施减少对海洋生态系统的影响,推动可持续的游艇旅游发展。

然而,游艇旅游也面临一些挑战。其中包括高昂的成本、环境影响、安全问题等。为了促进游艇旅游的可持续发展,需要政府、企业和学者共同努力,制定相关政策和规范,加强监管和管理。

总的来说,游艇旅游作为一种独特的旅游方式,正在全球范围内得到越来越多的关注和发展。随着技术的进步和市场的成熟,游艇旅游有望继续壮大,并为旅游业带来新的机遇和挑战。

一、游艇旅游的概念

"游艇"是指以游艇形式建造,用于旅行和体育目的,最多可容纳36人,非货轮或客轮,在其吨位证书上描述为"商业游艇"或"私人游艇"的船舶。游艇是一种让人感觉自由的活动,也是一种相对昂贵的消遣。但随着一个国家福利水平的提高,它在海洋旅游领域占据了一席之地。游艇旅游是一种观光、娱乐、休闲和运动类型的旅游活动,通常由私人和商业类型的中型船只制造。游艇旅游与邮轮旅游的不同之处在于,游艇旅游不需要在港口之间进行定期运输,因为邮轮通常在海湾、海湾和避风区之间进行,这些地方在法律上不能归类为港口。游艇旅游作为航海旅游的重要组成部分,是近几十年来逐渐兴起的一种娱乐形式。由于学者的研究背景和研究目标不同,对游艇旅游的定义和理解也不尽相同。Mikuli'c 等人认为,虽然游艇旅游没有一个公认的定义,但应该在广义的航海旅游概念中来看待。我国学者姚云浩(2017)对游艇旅游概念的解析,认为"游艇旅游作为一项集运动、航海、娱乐、休闲、社交于一体的新型旅游形式，游艇爱好者可由自己或聘请专业驾驶员掌控船舶，涉及游艇巡航、帆船、运动、赛艇、皮划艇、摩托艇等海洋亲水活动"。

综上所述，游艇旅游是指以游艇为交通工具进行旅行和探索的一种旅游方式。游艇旅游通常涉及在海洋、湖泊或河流等水域上进行的旅行，旨在提供一种豪华、舒适和独特的旅游体验。

游艇旅游可以包括多种形式，从短期的日间游览到长期的航海冒险。它可以涵盖私人游艇的使用，也可以是参加组织的游艇旅游活动。无论是自助游艇旅游还是参加组织的游艇旅游，都可以提供一系列的活动和体验，如游泳、潜水、钓鱼、观鸟、岛屿探险等。

游艇旅游的定义还与豪华和舒适有关。游艇通常配备了高端设施和服务，如豪华客房、餐厅、水疗中心、娱乐设施等，以确保旅客在旅行中享受到最高水平的舒适和便利。此外，游艇旅游还提供了与自然环境亲密接触的机会，旅客可以欣赏到海洋的壮丽景色，感受到海风的清新和海浪的轻拍。

游艇旅游也与环境保护和可持续发展密切相关。在游艇旅游中，保护海洋生态系统和减少对环境的影响是至关重要的。许多游艇旅游公司致力于采取可持续的经营实践，如使用清洁能源、减少废物排放、保护珊瑚礁和海洋生物等。

总之，游艇旅游是一种以游艇为交通工具的豪华、舒适和独特的旅游方式，提供了与自然环境亲密接触的机会。它可以包括各种活动和体验，并与环境保护和可持续发展密切相关。

二、游艇旅游的特征

（1）游艇旅游服务个性化。

船只的大小影响着客人和船员的数量，以及船上可用设施的数量、质量和排他性。游艇的尺寸不大，在空间内饰细节上的外观更为高端，游艇客人与工作人员的比例通常为1:1，因此服务水平更高，更个性化。

（2）身份突显性。

豪华游艇通常比豪华邮轮更贵。排他性、可进入性、隐私和更高水平的服务是要付出代价的，因此豪华游艇之旅肯定了一个人的地位。

（3）消费群体年轻化。

邮轮一直以来都是老一辈人度假的好去处，而游艇豪华旅行者正变得越来越年轻。这可能因国家而异，但总体趋势是，豪华游艇不能被定型为特定的年龄或国籍，进入的唯一条件是负担得起。

（4）排他性高。

豪华游艇上的体验是非常独特的。许多游艇提供管家级别的服务,更多的是一对一的关注和个性化的服务,提高了排他性。从游艇从业人员经验来看,船员们被期望满足客人的愿望,包括在半夜准备饭菜或在最后一刻通知安排聚会。

（5）隐私性高。

豪华游艇提供了远离其他度假者和公众的隐私,这是聚光灯下的人非常重视的。调查表明,富有的游客喜欢与其他富有的游客一起度假,想要和自己的社交圈在一起的社交需求可能在起作用。

三、游艇旅游的作用

随着社会财富的增长,游艇作为一种具有较高经济和社会价值的产品,不仅可以提供全新的休闲体验,还可以促进旅游目的地的就业和经济发展。目前,游艇旅游是一种集休闲、竞技、时效性等特点于一体的娱乐活动。游艇旅游涉及游艇产品销售、游艇运动体验等项目,通常配有豪华的设备和广泛的服务。休闲游艇让游客可以自由地航行到不同的目的地,享受娱乐的生活方式。游艇旅游的巨大经济影响力已逐渐被许多国家的政府所认识,土耳其、希腊、意大利、苏格兰、澳大利亚、中国等国家和地区都纷纷发展游艇旅游,以创造更多的就业机会。

在中国,随着国民可支配收入的不断增加,游艇旅游的生活方式逐渐进入大众视野。近年来,国家出台了多项关于游艇旅游发展的政策法规,如《国务院关于进一步促进旅游投资和消费的若干意见》、2021年4月新修订的《中华人民共和国海上交通安全法》等,表明国家层面对游艇旅游发展的重视和支持。中国游艇业已有几十年的历史,主要发展于厦门、深圳、三亚、上海、青岛、大连、天津等著名沿海城市。经过多年的发展,中国公众对游艇的认识更加理性,政府管理部门出台的发展和推广政策正在逐步落实,整体营商环境正在改善。

游艇旅游作为海洋产业的一部分,在旅游活动中占有重要地位,为整体经济提供重要资源。意识到巨大的潜力,政府和私营部门正在大力投资游艇旅游。旅游企业为了增加泊位,正在投入巨额资金。因此,中国游艇旅游的份额将在不久的将来迅速扩大。

一、游艇旅游对地区经济的拉动作用

首先,游艇旅游可以为旅游业带来巨大的盈利。随着人们生活水平的提高和旅游市场的不断扩大,越来越多的人选择到海边或湖泊等水域地区旅游,游

艇旅游就应运而生。游艇旅游的收入主要包括租金、服务费、停泊费等,这些收入对于旅游业的发展起到了重要作用。

其次,游艇旅游可以创造就业机会。游艇旅游的发展需要专业的运营管理和服务团队,这就为相关人员提供了就业机会,为当地居民提供了更多的就业机会,推动了当地经济的发展。此外,游艇制造、维修、保养等相关产业也会受到影响,进一步促进了就业和经济增长。

最后,游艇旅游还可以推动当地旅游业的多元化。传统的旅游资源往往局限于自然景观、文化遗产等,游艇旅游的出现为旅游业带来了新的元素和活力。游艇旅游的推广,可以吸引更多的游客前往当地,进而促进当地其他产业的发展。

(二)游艇有助于提高旅游产品核心竞争力

进入 21 世纪以来,各国一直在推动游艇旅游塑造产品差异化形象。旅游业目前需要多样化,因此,游艇旅游在国家产业规划中作为一种重要项目。发展游艇旅游等小众旅游形式是应对大众旅游空间集聚的关键因素。如今,游客的需求更加复杂,向往大自然,积极参与度假,并希望体验冒险,游艇旅游产品最适合这些需求。

首先,游艇旅游提供了独特的体验和奢华的服务。游客可以在私人游艇上享受豪华的住宿、美食和娱乐设施,同时还可以欣赏到壮丽的海景和海上活动。这种奢华的体验吸引了那些寻求独特、高品质旅游体验的消费者。

其次,游艇旅游提供了个性化和定制化的服务。游客可以根据自己的需求和喜好选择不同类型和规模的游艇,以及航线和行程安排。这种个性化的服务可以满足不同游客的需求,使他们能够根据自己的兴趣和偏好来规划旅行,增加了游艇旅游的吸引力。

此外,游艇旅游还提供了独特的目的地和景点探索方式。游客可以通过游艇前往一些偏远的海岛、海滩和海洋保护区,探索那些很少被人踏足的地方。这种独特的旅行方式为游客提供了与众不同的体验,使他们能够亲近自然、感受海洋的魅力。

综上所述,游艇旅游作为一种高端旅游形式,在市场上具备一定的竞争力。其独特的体验、个性化的服务和独特的目的地探索方式,吸引了那些寻求奢华、个性化和与众不同旅游体验的消费者。

(三)游艇旅游的文化效应

游艇作为一种休闲方式,是文化传播和互动的载体,主要体现在以下几个方面。

文化交流：游艇旅游为不同文化背景的人们提供了交流和互动的机会。游客可以通过与当地居民接触，了解他们的生活方式、传统和价值观。这种跨文化的交流有助于促进文化多样性的认知和理解。

文化保护：游艇旅游通常会涉及一些具有历史和文化价值的目的地，如古老的港口城市、海滨村庄等。这些目的地的保护和维护需要资金和关注，而游艇旅游的发展可以为这些地方带来经济收益，从而促进文化遗产的保护和传承。

文化创新：游艇旅游的发展也可以促进文化创新。当游客与当地居民互动时，他们可能会受到当地文化的启发，从而产生新的创意和想法。这种跨文化的交流有助于推动文化创新和艺术发展。

文化教育：游艇旅游还可以提供文化教育的机会。游客可以参观博物馆、艺术展览和历史遗迹等，了解当地的历史、艺术和文化。这种文化教育有助于提高游客的文化素养和认知水平。

然而，需要注意的是，游艇旅游的文化效应也可能存在一些负面影响。例如，过度的商业化和旅游开发可能导致文化的商业化和标准化，削弱当地文化的独特性和真实性。因此，在发展游艇旅游时，需要平衡经济利益和文化保护的考虑，采取合适的管理和规划措施，以确保游艇旅游对文化的积极影响最大化，负面影响最小化。

（四）游艇旅游的环境保护作用

游艇旅游在环境保护方面具有一定的潜力和影响力。

促进海洋保护意识：游艇旅游使人们更加亲近海洋，增强对海洋生态系统的认识和尊重。通过亲身体验海洋的美丽和脆弱性，游艇旅游可以激发人们对海洋保护的意识，推动更多的环保行动。

提倡可持续发展：游艇旅游行业越来越注重可持续发展。许多游艇公司采取了环保措施，如使用清洁能源、减少废物排放、推广可回收材料等。这些举措有助于减少对海洋生态系统的负面影响，并为其他行业树立了榜样。

保护海洋生物多样性：游艇旅游的发展可以促进海洋保护区的建立和管理。通过限制游艇进入敏感区域，保护海洋生物栖息地，维护海洋生物多样性。此外，游艇旅游还可以提供资金支持，用于海洋保护项目的研究和保护工作。

教育和研究：游艇旅游可以为科学家和研究人员提供宝贵的机会，进行海洋生态系统的研究和监测。游艇上的旅客也可以增加对海洋环境的了解，并为保护海洋生态系统做出贡献。

然而,尽管游艇旅游在环境保护方面具有潜力,仍然存在一些挑战和问题。例如,过度开发和过度使用游艇可能导致海洋污染、破坏珊瑚礁和海洋生物栖息地等问题。因此,游艇旅游行业需要加强监管和自律,采取更多的环保措施,确保可持续发展。

总的来说,游艇旅游在环境保护方面具有积极的作用。通过提高人们对海洋保护的意识、推动可持续发展、保护海洋生物多样性以及促进科学研究,游艇旅游可以为海洋环境的保护和可持续利用做出贡献。为了最大限度地发挥其潜力,需要行业各方共同努力,确保游艇旅游与环境保护的目标相一致。

第二节　游艇赛事与活动

游艇活动是指与游艇相关的各种活动和赛事,包括游艇展览、游艇比赛、游艇租赁和游艇旅行等。这些活动通常是为了展示、推广和促进游艇产业的发展,吸引游艇爱好者、业内人士和潜在客户的参与。游艇活动的定义可以根据具体的活动类型和目的而有所不同,但总体上可以理解为与游艇相关的各种社交、商业和娱乐活动的集合。

首先,游艇赛事与活动对于推动经济发展和旅游业的发展具有积极作用。游艇赛事和活动吸引了大量的参与者和观众,为当地经济带来了直接和间接的经济效益。比赛场地周边的酒店、餐饮、交通等服务业都能够受益于游艇赛事的举办。此外,游艇赛事还能够吸引国内外游客,促进旅游业的发展,提升当地的知名度和形象。

其次,游艇赛事与活动对于推动游艇产业的发展具有重要意义。游艇赛事和活动为游艇制造商、游艇租赁公司、游艇维修和保养服务提供商等相关产业带来了商机。通过举办赛事和活动,可以提高游艇产品的曝光度,增加销售量,推动游艇产业的创新和发展。

此外,游艇赛事与活动还对环境保护产生积极影响。游艇赛事和活动通常会强调环境保护意识,倡导可持续发展。组织者会制定相关的环保政策和措施,确保比赛和活动对海洋生态系统的影响最小化。同时,游艇赛事和活动也能够提高公众对海洋环境保护的意识,促进人们对海洋生态的关注和保护。

综上所述,游艇赛事与活动在经济发展、游艇产业发展和环境保护方面都具有重要作用。

一、游艇赛事

（一）游艇赛事的界定

游艇赛事是指以游艇为竞赛载体的体育赛事。这些赛事通常包括各种类型的游艇比赛,如帆船赛、摩托艇赛和划艇赛等。游艇赛事是一项受欢迎的体育活动,吸引了众多参赛选手和观众。

游艇赛事通常在海洋、湖泊或河流等水域举行。参赛选手通过操控游艇,利用风力、引擎或人力等推动力量,竞争速度和技巧。这些比赛可以分为不同的类别和级别,根据游艇的大小、类型和规则进行分类。

游艇赛事对参赛选手和观众都具有吸引力。对于选手来说,游艇赛事提供了展示技术和竞争能力的平台,同时也是交流和学习的机会。对于观众来说,游艇赛事提供了观赛的机会,让他们欣赏到游艇运动的精彩和刺激。

在游艇赛事中,参赛选手需要具备一定的技术和经验。他们需要熟悉游艇的操控,了解风力和水流等自然条件对比赛的影响。此外,他们还需要具备团队合作和战术策略等能力,以便在比赛中取得优势。

游艇赛事在全球范围内都有举办,其中一些赛事具有重要的国际影响力,如美洲杯帆船赛、环法帆船赛和奥林匹克帆船赛等。这些赛事吸引了顶级选手和团队的参与,也吸引了大量的媒体关注和赞助商的支持。

总的来说,游艇赛事是一项受欢迎的体育活动,对于参赛选手和观众来说都具有吸引力。这些赛事不仅展示了技术和竞争能力,也促进了水上运动的发展和推广。

（二）游艇赛事的类型

根据赛事的性质和规模,游艇赛事可以分为以下一些常见的类型。

帆船赛事:帆船赛事是最常见和广泛参与的游艇赛事类型之一。根据船只的大小和设计,帆船赛事可以分为多个级别,包括奥林匹克帆船比赛、国际帆船联合会世界杯系列赛、环球帆船赛等。帆船赛事通常在海洋、湖泊或河流上进行,选手通过操纵帆船利用风力进行比赛。

动力游艇赛事:与帆船赛事不同,动力游艇赛事侧重于使用引擎驱动的游艇进行比赛。这类赛事通常包括高速赛艇比赛、游艇拉力赛和游艇巡航赛等。动力游艇赛事注重速度和技术,选手需要在规定的航线上驾驶游艇完成比赛。

高端游艇赛事:高端游艇赛事是指那些面向豪华游艇和超级游艇的赛事。这些赛事通常在世界各地的著名海滨城市或度假胜地举行,吸引了富豪和游艇爱好者的关注。例如,美国的美洲杯帆船赛和法国的圣托普帆船赛就是享有盛誉的高端游艇赛事。

多体游艇赛事:多体游艇赛事是指那些使用多个船体的游艇进行比赛的赛事。其中最著名的是美洲杯多体帆船赛,参赛船只通常由多个船体组成,具有较高的速度和操控性能。

活动性游艇赛事:除了正式的竞赛,游艇赛事还包括各种活动性的赛事,如游艇展览、游艇巡游和游艇派对等。这些赛事旨在提供社交和娱乐体验,吸引游艇爱好者和观众参与。

总的来说,游艇赛事的类型多样化,这些赛事不仅是体育竞技,也是游艇文化和社交活动的重要组成部分,对于推动游艇产业的发展和促进旅游经济具有重要意义。

(三)游艇赛事的价值

作为一项精英运动和社交活动,游艇赛事具有多个方面的价值体现。

经济价值:游艇赛事可以带动相关产业的发展,包括游艇制造、维修、销售、租赁等。赛事举办地通常会吸引大量游客和参赛者,带动当地旅游、酒店、餐饮等行业的繁荣。此外,游艇赛事还能促进相关品牌的推广和赞助商的参与,为当地带来直接和间接的收益。

旅游推广价值:游艇赛事通常在风景秀丽的海域或沿海城市举办,为当地旅游业带来宣传和推广的机会。赛事吸引了国内外的游客和媒体关注,提升了举办地的知名度和形象,吸引更多游客前来观赛和参观,推动当地旅游业的发展。

社交价值:游艇赛事是一个重要的社交平台,吸引了来自不同国家和地区的富豪、企业家、政要等参与。赛事期间,参与者可以建立新的商业联系、交流经验和分享资源,促进国际间的文化交流和合作。此外,游艇赛事还为参与者提供了展示个人品位和社会地位的机会,增强了社交圈子的凝聚力。

体育竞技价值:游艇赛事是一项高水平的体育竞技活动,参赛选手需要具备专业的技术和丰富的经验。赛事的举办促进了游艇运动的发展,提高了选手的水平和技术,推动了游艇运动在全球范围内的普及和推广。同时,游艇赛事也为观众提供了观赏精彩比赛的机会,增加了体育娱乐的选择。

综上所述,游艇赛事在经济、旅游推广、社交和体育竞技等方面都具有重要的价值,对举办地和参与者都有积极的影响。

二、游艇展会

(一)游艇展会的界定

游艇展会是一个专门展示和推广游艇及相关产品和服务的展览会。它通常是游艇行业最重要的盛会之一,吸引来自全球各地的游艇制造商、经销商、船东、设计师、供应商和游艇爱好者等参与。

游艇展的主要目的是促进游艇行业的发展和推广,为游艇制造商提供一个展示它们最新产品和技术的平台,同时也为游艇爱好者提供一个了解和购买游艇的机会。游艇展通常会展示各种类型和规模的游艇,包括帆船、动力游艇、豪华游艇等。

(二)游艇展会的类型

游艇展览会是一种专门展示和推广游艇及相关产品和服务的活动。游艇展览会可以分为以下几种类型。

国际游艇展览会:这些展览会通常在全球各地的主要港口城市或旅游胜地举行,吸引来自世界各地的游艇制造商、经销商、船东和游艇爱好者。这些展览会规模庞大,展示了最新的游艇设计、技术和创新,同时也提供了游艇购买、租赁和维修等相关服务。

区域性游艇展览会:这些展览会通常在特定地区或国家举办,吸引了该地区的游艇制造商、经销商和消费者。这些展览会可能更加专注于本地游艇市场的需求和特点,展示当地游艇制造商的产品和服务,并提供与当地游艇产业相关的信息和机会。

主题性游艇展览会:除了一般的游艇展览会,还有一些专注于特定主题或市场细分的展览会。例如,豪华游艇展览会、帆船展览会、钓鱼游艇展览会等。这些展览会通过聚焦特定的游艇类型或活动,吸引了对该领域感兴趣的参与者和观众。

商业游艇展览会:这些展览会主要面向游艇行业的专业人士,如游艇制造商、经销商、设计师、船东和船务公司等。这些展览会提供了一个商业交流和合作的平台,展示最新的游艇技术、设备和服务,并促进行业内的合作和发展。

总的来说,游艇展览会是游艇行业的重要活动,为游艇制造商、经销商和消费者提供了一个展示、交流和商业合作的平台。通过展示最新的游艇设计和技术,游艇展览会推动了游艇行业的发展和创新。

(三)游艇展会的价值

游艇展会的价值主要体现在以下几个方面。

促进市场发展：游艇展为游艇制造商和经销商提供了一个展示和推广产品的机会，吸引了潜在的买家和合作伙伴。通过展览会，它们可以建立新的业务联系，扩大市场份额，增加销售额。

提升品牌形象：参加游艇展可以提升游艇品牌的知名度和形象。展示最新的设计和技术，展示高品质的游艇产品，有助于树立品牌的专业形象和高端定位。

促进技术创新：游艇展是游艇制造商展示最新技术和创新的平台。参展商可以展示它们在游艇设计、船体材料、动力系统等方面的创新成果，推动整个行业的技术进步。

促进旅游和经济发展：游艇赛事和展览会通常吸引大量的游客和参与者，为当地经济带来直接和间接的经济效益。游艇赛事还可以提升目的地的旅游形象，吸引更多游客前来参观和体验。

总的来说，游艇展是游艇行业的重要推广和交流平台，对于促进游艇行业的发展、提升品牌形象、推动技术创新以及促进旅游和经济发展都具有重要的价值。

（四）代表性游艇展会

根据IBI国际游艇行业杂志的资料整理，2022年开展的游艇展会活动如下：

1. 美国迈阿密国际游艇展

美国迈阿密国际游艇展览会于2022年2月16—20日举办，约100 000名观众参加了这场为期五天的展会。

图5-1　美国迈阿密国际游艇展

2. 阿联酋迪拜国际游艇展

迪拜国际游艇展于2022年3月9—13日举办，吸引了众多知名游艇品牌，会上新品云集,各个领域都取得了巨大的成功。

图 5-2　阿联酋迪拜国际游艇展

3. 韩国国际游艇展

2022 年韩国国际游艇展于 3 月 11—13 日举办,现场汇聚 152 家参展商,观众人数多达 55 031 人。

图 5-3　韩国国际游艇展

4. 澳大利亚神仙湾国际游艇展

2022 澳大利亚神仙湾国际游艇展于 5 月 19—22 日举办,超过 330 名参展商出席,其中 30 ~ 40 家为新展商。本届展会规模比前一年年扩大 30%,被认为是 2008 年全球金融危机以来规模最大的一届。

图 5-4　澳大利亚神仙湾国际游艇展

5. 意大利威尼斯国际游艇展

第 3 届威尼斯国际游艇展于 2022 年 5 月 28 日至 6 月 5 日举办,这个为期九天的展会聚集了约 3 万名观众、200 家参展商,现场展示约 300 艘游艇,其中 240 艘在水上展示。期间共有 50 多场深度文化活动。

图 5-5　意大利威尼斯国际游艇展

6. 澳大利亚悉尼国际游艇展

第 53 届悉尼国际游艇展 2022 年 7 月 28 日至 8 月 1 日举办,本届参展商共 190 家,观众人数约 6 万名。

图 5-6　澳大利亚悉尼国际游艇展

7. 法国戛纳国际游艇展

2022 年法国戛纳国际游艇展于 9 月 6—11 日举行,近 600 家参展商将展出超过 650 艘游艇,吸引超过 50 000 名观众。

图 5-7　法国戛纳国际游艇展

8. 英国南安普敦国际游艇展

2022 年南安普敦国际游艇展于 9 月 16—25 日在五月花公园举行,现场展出超过 250 艘动力艇,许多产品在会上举行英国和全球首发仪式。

图 5-8　英国南安普敦国际游艇展

9. 巴西圣保罗国际游艇展

2022 年巴西圣保罗国际游艇展于 9 月 23—28 日举行,展出大约 100 个不同的品牌。

图 5-9　巴西圣保罗国际游艇展

10. 意大利热那亚国际游艇展

2022 年意大利热那亚国际游艇展于 9 月 22—27 日举行,展出 998 个品牌和 1 000 多艘游艇,其中有 168 艘是全球首发。热那亚国际游艇展在不断发展壮大,此次的水上展区面积增加了 5.2%。

图 5-10　意大利热那亚国际游艇展

11. 摩纳哥国际游艇展

2022 年摩纳哥国际游艇展于 9 月 28 日至 10 月 1 日举行,本届展会有超过 550 家参展商和 118 艘游艇,长度为 75 ～ 378 英尺。

图 5-11　摩纳哥国际游艇展

12. 美国劳德代尔堡国际游艇展

第 63 届劳德代尔堡国际游艇展于 2022 年 10 月 27 日开幕,本届汇聚天时地利人和,展览面积近 300 万平方英尺,由复杂的水上和地面交通服务网络连接,现场人山人海,热闹非凡。

图 5-12　美国劳德代尔堡国际游艇展

13. 荷兰 METSTRADE 游艇设备及配件展

2022 年荷兰 METSTRADE 游艇设备及配件展升级回归,从 11 月 15 日至 17 日在阿姆斯特丹 RAI 展览中心举行,三天访客流量为 26 480,共接待来自 126 个国家的 17 417 名注册独立观众,以及 6 175 名参展人员。

图 5-13　荷兰 METSTRADE 游艇设备及配件展

14. 阿联酋阿布扎比国际游艇展

第四届阿布扎比国际游艇展于 2022 年 11 月 24—27 日举行,来自 44 个国家的 548 个品牌参加了此次展会,比前一年年增加了 55%,其中国外参展商数量比前一年年增加了 400%。

图 5-14　阿联酋阿布扎比国际游艇展

第三节　游艇度假与休闲

18世纪,许多欧洲海洋国家的贵族富豪们都把豪华游艇作为一种财富象征。到了20世纪中叶,随着发达国家社会阶层逐渐成形,代表着地位、财富、身份的游艇文化才走出了富人运动这个狭隘的分野,走进欧美国家中产阶级生活。

人们对周末和度假的兴趣已经从陆上转移到了海上,游艇旅游成为比汽车旅游更受欢迎、更高端的消费方式。游艇象征着向往自由的大海,个性和自由越来越受到人们的重视。

一、游艇休闲的界定

游艇休闲可以被定义为一种通过游艇活动来实现放松、娱乐和享受自然环境的方式。游艇度假通常涉及租赁或拥有自己的游艇,并在海洋、湖泊或河流等水域上进行航行和活动。这种度假方式可以提供独特的体验,让人们远离城市的喧嚣和压力,享受水上的宁静和美丽。

游艇休闲的定义可以从以下几个方面来考虑:

游艇:游艇是指一种用于水上活动的船只,通常具有较大的尺寸和舒适的设施,可以用于娱乐、运动和旅行。游艇的种类和规模各不相同,从小型的帆船到大型的豪华游艇都可以用于游艇休闲活动。

休闲活动:游艇休闲活动包括但不限于游艇巡航、钓鱼、潜水、游泳、沙滩度假、海上聚会等。这些活动旨在让人们远离城市的喧嚣和压力,享受大自然的美景和宁静。

奢华和高品质的生活方式:游艇休闲通常与富裕和高品质的生活方式相关

联。拥有和使用游艇被视为一种身份和地位的象征,同时也需要一定的财力和资源来维护和运营游艇。游艇休闲活动提供了一种奢华和舒适的体验,包括高级设施、美食、娱乐和服务。

总的来说,游艇休闲是一种以游艇为核心的休闲活动形式,它提供了一种奢华、舒适和高品质的生活体验,让人们能够在水上享受自然环境和放松身心。

二、游艇休闲文化

(一)游艇休闲文化的界定

游艇休闲文化是指以游艇活动为核心的一种特定的休闲方式和文化现象。游艇休闲文化涉及游艇的拥有、使用和相关的社交活动,以及与游艇相关的价值观、行为规范和生活方式。

首先,游艇休闲文化与游艇的拥有和使用密切相关。拥有一艘游艇被视为一种身份象征和财富的象征,因此,游艇休闲文化常常与富裕阶层和高收入群体相关联。游艇的使用包括在海上巡航、娱乐活动、水上运动等,这些活动提供了一种独特的休闲体验和享受。

其次,游艇休闲文化还涉及与游艇相关的社交活动。游艇俱乐部、游艇展览会和游艇度假村等场所成为游艇爱好者之间交流和互动的重要场所。这些社交活动不仅提供了机会结识志同道合的人,还为游艇爱好者提供了分享经验、展示自己的游艇和参与竞赛的平台。

此外,游艇休闲文化还与一系列的价值观、行为规范和生活方式相关。游艇休闲文化强调对海洋环境的尊重和保护,倡导可持续发展和环保意识。游艇爱好者通常注重品质和细节,他们追求舒适、奢华和高品质的生活方式。

(二)游艇休闲文化的地区差异

游艇休闲文化是指以游艇为载体的休闲活动和相关文化现象。在不同地区和文化背景下,游艇休闲文化可能存在一些差异。

首先,游艇休闲文化的差异可以体现在游艇的使用方式上。在一些地区,游艇被视为奢侈品,主要用于富豪们的娱乐和社交活动。这种文化背景下,游艇休闲更加注重炫耀和社交交际,游艇展览会也更加注重展示豪华和高端的游艇产品。

而在另一些地区,游艇休闲文化更加注重与大自然的亲近和放松。游艇被视为一种探索自然和享受海洋的方式,人们通过游艇度假来追求与自然的和谐。这种文化背景下,游艇展览会可能更加注重展示环保和可持续发展的游艇产品,以及与自然保护相关的活动。在西方发达国家,人们对周末和度假的兴趣已经从陆上转移到了海上,游艇旅游成为比汽车旅游更受欢迎、更高端的消费方式。由于"小游艇＋游艇拖车＋皮卡汽车"的消费组合受到许多中产阶级家庭的青睐,所以许多家庭都拥有中低档的私人小游艇。以美国为例,全美现有各类型游艇2 500多万艘,其中7成的游艇并不是停靠在水上,而停放在车库、院子里,到使用时再拖到临水岸边或者码头下水,长度为9米以下的新增游艇占每年新增游艇数量的80%,长度13米以上的新增游艇仅占总每年新增游艇数量的5%。

其次,游艇休闲文化的差异还可以体现在游艇活动的内容和目的上。在一些地区,游艇休闲更加注重水上运动和娱乐活动,如划艇、帆船比赛,钓鱼等。而在另一些地区,游艇休闲更加注重航海和探险,人们通过游艇来探索未知的海域和岛屿。世界游艇休闲产业在欧洲、美国、加拿大和澳大利亚等地区和国家发展已趋成熟,游艇文化作为一种生活和旅游方式进入了中产阶级的消费选择范畴,成为人们休闲度假的主流首选。在欧美国家,玩游艇很时髦也很普及。加拿大拥有550万艘游艇,平均不到6个人就拥有一艘游艇,像挪威、瑞典、新西兰等国家,人均拥有游艇也高达1/8。周末时,一家人乘游艇出海游玩是十分常见的场景。破风斩浪,速度带来的刺激、自由驾驭的快感,只有亲自驾驶游艇才能体会。除此之外,冲浪、潜水、游泳、垂钓……甚至是什么都不做,只是穿上比基尼躺在甲板上晒太阳,也是一件浪漫的事情。游艇的存在,让人与水亲密接触,体验到另外一种新奇的生活方式。

此外,游艇休闲文化的差异还可以体现在游艇社区和文化氛围上。不同地区的游艇社区可能有不同的价值观和行为准则,反映了当地的文化特点和社会习俗。一些地区的游艇社区可能更加注重社交和互动,组织各种社交活动和聚会;而另一些地区的游艇社区可能更加注重个人的独立和自由,强调个体的探索和冒险精神。

总之,游艇休闲文化的差异是由地域、文化背景、社会价值观等多种因素所决定的。了解和分析这些差异有助于我们更好地理解和欣赏不同地区的游艇休闲文化,促进跨文化交流和合作。

三、游艇度假和休闲动机

游艇休闲动机的类型,我们可以将其分为以下几类。

1. 探索与冒险动机

一些人选择游艇休闲是为了探索新的海域和目的地。他们追求冒险和刺激,希望通过游艇度假来发现未知的海洋景观和文化遗产。

2. 舒适与奢华动机

游艇休闲也吸引那些追求奢华和舒适的人。他们希望在游艇上享受高品质的服务和设施,沉浸在豪华的环境中,追求放松和享受。

3. 社交与娱乐动机

游艇度假提供了一个社交和娱乐的平台,吸引那些喜欢与家人、朋友或同行者共度时光的人。他们可以在游艇上举办派对、聚会或其他社交活动,享受与他人互动的乐趣。

4. 自我实现与个人成长动机

一些人选择游艇休闲是为了追求自我实现和个人成长。他们可能参加游艇上的培训课程或活动,学习航海技能或其他相关知识,以提升自己的能力和技能。

5. 环保与可持续动机

随着环保意识的增强,一些人选择游艇休闲是为了体验与自然和谐相处的方式。他们关注环境保护和可持续发展,可能选择使用环保型游艇或参与海洋保护项目。

这些动机类型并不是互斥的,一个人可能有多个动机驱使他们选择游艇休闲。此外,个体的动机也可能随着时间和经验的变化而改变。因此,了解不同的游艇休闲动机类型有助于我们更好地理解人们参与游艇度假的动机和目的。

四、中国消费者游艇休闲需求

根据市场调查,富裕的中国人喜欢高尔夫、游泳、水疗和瑜伽作为休闲活动,因为这些运动在中国文化中众所周知是有益健康的,因此很有吸引力。另一方面,在传统的中国背景下,游艇并没有提供类似的身体上的好处。在考虑目标客户与行业文化之间的差距时,这些文化前提是基本的。考虑到所有因素,中国消费者改变他们的观点并非不可能,因为由于高净值人群的不断增加,中国的购物习惯和品位正在迅速改变。这意味着,如果一个行业积极追求品位,品位可能会发生变化,并可能被塑造。实际上,缺乏品牌熟悉度和认知度为品牌先行者提供了机会。

近三年,政府刺激消费和鼓励旅游业(包括游艇旅游业)的愿望,在未来几年为游艇行业创造了前所未有的潜力,至少对中小型船只来说是如此。海南自由贸易港的形成和新港口的开发有可能使其成为中国游艇文化的中心。仅在过去的十年里,三亚的注册游艇数量就从 10 艘增加到 1 000 多艘,游艇租赁服务在中国越来越受欢迎,游艇文化在中国中产阶级和高收入阶层中都得到了提升。此外,根据工信部等部委于 2022 年 8 月 18 日联合发布的《关于加快推进邮轮和游艇装备产业发展的指导意见》(《指导意见》),到 2025 年,游艇产业要实现四个发展目标:提高设计和建造能力、夯实装备产业基础、扩大消费市场需求、加强合作和人才培养。三亚有望转型为国际邮轮母港,勾勒出几个国际一流邮轮旅游目的地。重点开发环渤海经济区、粤港澳大湾区、粤闽浙沿海城市群、海南自由贸易港、长江经济带、珠江西江经济带、大运河文化带等区域的水上旅游资源。同时,鼓励海南试点游艇租赁业务。《指导意见》还要求在全产业链上建设学科、专业人才队伍,包括邮轮、游艇、旅游客船的设计、建造、航海、运营、管理、维修、保养等,以及相关的旅游服务和法律咨询。

由于中国的游艇文化仍处于起步阶段,游艇制造商应该专注于满足中国客户的期望,从强调娱乐室的设计到让短期租用超级游艇变得更容易。另一方面,欧美游艇厂商熟练掌握中文的专家和中国设计师的匮乏,在一定程度上阻碍了中国市场船舶业的增长。外国造船企业应该根据中国买家的需求和喜好,考虑到生活方式和文化偏好,量身定制产品。例如,中国游艇主人很少在船上过夜,他们更喜欢有卡拉 OK 等休闲娱乐设施的船只。满足中国客户的这种特殊需求,是挑战文化差异及在这样一个充满希望的市场中占有一席之地的重要组成部分。

第四节　游艇租赁与分销

世界游艇租赁市场正在迅速发展,游艇租赁市场规模不断扩大,预计在未来几年内将继续增长。这主要归因于富裕阶层的增加以及对奢华旅行和独特体验的需求增加。游艇租赁市场在全球范围内都广泛存在,但一些地区特别受欢迎。地中海地区、加勒比海地区和东南亚地区是最热门的游艇租赁目的地,拥有丰富的海岸线和美丽的海滩。游艇租赁市场提供多种类型的租赁选择,包括豪华游艇、帆船、钓鱼艇、独木舟等。豪华游艇是最受欢迎的选择,因为它们提供了最高水平的舒适和奢华。

一、游艇租赁

(一)游艇租赁市场特点

游艇租赁市场是指通过租赁方式提供游艇给消费者进行休闲和娱乐活动的市场。以下是对游艇租赁市场的一些重要方面的分析。

市场规模:游艇租赁市场在过去几年中呈现出稳步增长的趋势。随着人们对奢华休闲体验的需求增加,游艇租赁成为一种受欢迎的选择。根据市场研究,游艇租赁市场的规模预计将继续扩大。

地理分布:游艇租赁市场的地理分布主要集中在海滨城市和旅游热点地区。这些地区通常具有丰富的海洋资源和吸引力,吸引游客和游艇爱好者。例如,地中海沿岸、加勒比海地区和太平洋岛屿都是游艇租赁市场的热门地区。

租赁模式:游艇租赁市场通常采用不同的租赁模式,以满足不同消费者的需求。这些模式包括短期租赁、长期租赁和共享租赁。短期租赁适用于那些只想进行短期休闲活动的消费者,而长期租赁则适用于那些想要长时间享受游艇生活的消费者。共享租赁模式则允许多个消费者共同租赁一艘游艇,以降低成本。

消费者群体:游艇租赁市场的消费者群体多种多样。除了富裕阶层和高净值人士外,越来越多的中产阶级和旅游者也加入了游艇租赁的行列。这些消费者对于奢华休闲体验的需求不断增长,推动了游艇租赁市场的发展。

持续创新:游艇租赁市场在不断创新和发展中。为了吸引更多消费者,租赁公司不仅提供高品质的游艇和舒适的设施,还提供各种增值服务,如私人厨师、导游、海洋生物专家和水上活动设施等。此外,一些公司还推出了可持续发展的游艇租赁模式,以减少对环境的影响。

总的来说,游艇租赁市场是一个充满活力和潜力的市场。随着人们对奢华休闲体验的追求和旅游业的发展,游艇租赁市场有望继续增长并创造更多的商机。然而,需要注意的是,市场竞争激烈,租赁公司需要不断创新和提高服务质量,以满足不断变化的消费者需求。

(二)游艇租赁流程

游艇租赁主要包括以下几个流程。

预订:客户通过在线平台、电话或直接到游艇租赁公司预订游艇。他们可以选择不同类型和规模的游艇,根据自己的需求和预算进行选择。

协商和签订合同:在预订后,客户与游艇租赁公司进行协商,商讨租赁期限、费用、保险和其他相关事项。双方达成一致后,签订租赁合同。

支付和押金:客户需要支付租金和一定的押金作为保证金。押金通常在租赁期结束后退还给客户,前提是游艇没有受到损坏或违约行为。

游艇交付和检查:在租赁期开始时,游艇租赁公司将游艇交付给客户。客户和公司的代表一起进行游艇的检查,确保游艇在良好的状态下交付给客户。

使用和归还:客户在租赁期内可以使用游艇进行航行和休闲活动。在租赁期结束时,客户将游艇归还给租赁公司,并进行最终的检查和清算。

评价和反馈：租赁结束后，客户可以对游艇租赁服务进行评价和提供反馈，帮助租赁公司改进和提高服务质量。

总体而言，游艇租赁市场提供了一种奢华和独特的度假方式。租赁流程相对简单，但需要双方的合作和协商，以确保良好的租赁体验。随着人们对奢华旅游的需求增加，游艇租赁市场有望继续发展壮大。

（三）游艇租赁费用构成

游艇租赁费用通常由以下几个方面构成。

基础租金：基础租金是指租赁游艇的基本费用，通常根据租赁时长和游艇类型来确定。不同类型的游艇可能有不同的基础租金标准，一般来说，豪华游艇的基础租金会更高。

保险费：游艇租赁通常需要购买保险，以保障租赁期间的安全和风险。保险费用根据游艇的价值和租赁时长而定，一般来说，价值更高的游艇需要支付更高的保险费用。

燃料费：游艇租赁期间的燃料费用是由租赁者承担的。燃料费用取决于游艇的燃料消耗量和租赁时长。豪华游艇通常消耗更多的燃料，因此燃料费用也会相应增加。

食品和饮料费用：在一些游艇租赁服务中，提供食品和饮料是常见的。这些费用通常不包含在基础租金中，而是额外收费。费用的高低取决于租赁者的需求和游艇上提供的服务水平。

额外费用：在游艇租赁过程中，还可能产生一些额外费用，如停靠费、船员费用、清洁费等。这些费用根据租赁地点和服务提供商的政策而有所不同。

需要注意的是，游艇租赁费用的构成因地区和服务提供商而异。在一些高端旅游目的地，游艇租赁费用可能更高，而在一些普通旅游目的地，费用可能相对较低。此外，游艇租赁费用还可能受到季节、节假日和市场供需等因素的影响。因此，在选择游艇租赁服务时，租赁者应该综合考虑以上因素，并与不同的服务提供商进行比较，以获得最具性价比的租赁方案。

二、游艇分销

（一）游艇分销的界定

游艇分销可以被定义为游艇制造商或供应商通过不同的渠道将游艇产品销售给最终消费者的过程。这个过程涉及游艇的销售、分销、物流和售后服务等环节。

游艇分销的定义可以进一步细分为以下几个方面。

渠道选择：游艇制造商需要选择适合的渠道来销售他们的产品。这些渠道可以包括直接销售给消费者、通过经销商或代理商进行销售，或者通过在线平台进行销售。选择合适的渠道可以帮助制造商更好地触达目标市场，并提供更好的销售和售后服务。

渠道管理：游艇制造商需要与经销商或代理商建立合作关系，并进行渠道管理。这包括制定合同、价格政策、销售目标和销售培训等方面。通过有效的渠道管理，制造商可以确保产品在市场上的广泛分销，并提供一致的品牌形象和服务质量。

物流和配送：游艇是一种大型和昂贵的产品，因此物流和配送是游艇分销过程中的重要环节。制造商需要确保游艇能够安全地运送到目的地，并提供必要的保险和跟踪服务。同时，制造商还需要考虑到游艇的组装、安装和售后服务等方面，以确保消费者能够获得完整的购买体验。

市场营销和推广：游艇分销还需要进行市场营销和推广活动，以吸引消费者的注意并促成他们购买。这包括通过广告、展览、社交媒体和公关活动等方式来提高品牌知名度和产品认知度。制造商还可以与相关的旅游机构、度假村和游艇俱乐部等合作，以扩大市场份额和增加销售量。

总之，游艇分销是一个复杂的过程，涉及渠道选择、渠道管理、物流配送和市场营销等多个方面。制造商需要通过有效的分销策略和合作关系，将游艇产品成功地推向市场，并提供优质的销售和售后服务，以满足消费者的需求。

（二）游艇分销的渠道选择

游艇分销的渠道选择是指游艇制造商或供应商将游艇产品分销给最终用户的过程和方式。游艇分销渠道的选择包括以下几个方面。

制造商直销：游艇制造商可以选择直接向最终用户销售游艇产品。这种方式可以帮助制造商建立直接的联系和关系，了解用户需求并提供个性化的服务。制造商直销还可以减少中间环节，提高销售效率和利润。

经销商渠道：制造商可以选择与经销商合作，将游艇产品批发给经销商，由经销商负责销售和分销。经销商通常具有更广泛的销售网络和客户资源，能够提供更好的市场覆盖和售后服务。制造商可以通过与多个经销商合作，扩大销售范围和市场份额。

代理商渠道：制造商可以选择与代理商合作，由代理商代表制造商销售和分销游艇产品。代理商通常具有丰富的行业经验和客户资源，能够提供专业的销售和咨询服务。制造商可以通过与多个代理商合作，进一步扩大市场份额和品牌影响力。

线上渠道：随着互联网的发展，线上渠道在游艇分销中扮演着越来越重要的角色。制造商可以通过建立自己的官方网站或在线平台，直接向用户销售游艇产品。此外，制造商还可以利用电商平台、社交媒体等线上渠道进行推广和销售。

合作伙伴关系：游艇分销渠道的构成还可以包括与其他相关行业的合作伙伴建立合作关系，共同推广和销售游艇产品。例如，与旅行社、豪华酒店、度假村等合作，提供游艇租赁服务，为用户提供一站式的奢华旅游体验。

总的来说，游艇分销的渠道构成是多样化的，制造商可以根据市场需求和自身资源选择适合的渠道策略，以实现销售增长和市场份额的提升。同时，建立良好的合作关系和提供优质的售后服务也是游艇分销成功的关键因素。

（三）游艇分销的渠道管理

游艇分销的渠道管理是指对游艇销售渠道进行有效的组织、协调和控制，以实现游艇销售目标的过程。游艇分销渠道管理的目标是确保游艇能够以最佳的方式被销售出去，并且能够满足消费者的需求。

在游艇分销的渠道管理中，以下几个方面是需要考虑的。

渠道选择：选择适合游艇销售的渠道，包括直销、代理商、经销商等。需要考虑渠道的覆盖范围、市场影响力、销售能力等因素。

渠道合作：与渠道合作伙伴建立良好的合作关系，包括制定合作协议、提供培训和支持等。合作关系的稳定性和互信是渠道管理的关键。

渠道激励：通过激励措施来激发渠道合作伙伴的积极性，包括提供奖励、提供销售支持、提供市场推广资料等。激励措施需要与渠道合作伙伴的利益相结合，以实现双赢的局面。

渠道监控：对渠道合作伙伴的销售情况进行监控和评估，包括销售数据分析、市场反馈收集等。通过监控可以及时发现问题并采取相应的措施。

渠道优化：根据市场需求和销售情况，对渠道进行优化和调整。可以考虑增加新的渠道、调整渠道结构、改进渠道管理等，以提高销售效果。

总之，游艇分销的渠道管理需要综合考虑市场需求、渠道合作伙伴的特点和销售目标，通过选择合适的渠道、建立良好的合作关系、激励渠道合作伙伴、监控销售情况和优化渠道结构等手段，实现游艇销售的最佳效果。

（四）游艇分销的物流和配送

游艇分销的物流和配送是非常重要的环节。游艇作为一种高价值、大型的商品,其物流和配送过程需要精心管理,以确保顺利、高效地将游艇交付给客户。

首先,游艇的物流过程涉及从制造商或供应商处采购游艇,然后将其运送到分销商或零售商的仓库或展示中心。这个过程中需要考虑到游艇的尺寸、重量和特殊要求,选择合适的运输方式,如海运、陆运或空运。同时,还需要确保游艇在运输过程中得到适当的保护,以防止损坏或损失。

其次,游艇的配送过程涉及将游艇从分销商或零售商处交付给最终客户。这可能涉及安排专业的物流公司或运输团队,以确保游艇能够安全地运送到客户指定的地点,如海港、码头或私人码头。在配送过程中,需要考虑到路线规划、交通状况和安全措施,以确保游艇的安全和及时交付。

在游艇分销的物流和配送过程中,还需要考虑到相关的手续和文件工作,如海关清关、保险和运输合同等。这些手续和文件的处理需要专业的团队来负责,以确保合规性和顺利进行。

总的来说,游艇分销的物流和配送是一个复杂而关键的过程,需要综合考虑游艇的特殊性和高价值,选择合适的运输方式和配送方案,并确保相关的手续和文件工作得到妥善处理。只有通过有效的物流和配送管理,才能实现游艇分销的顺利进行。

（五）游艇分销的市场推广

游艇分销的市场推广,可以考虑以下几个方面。

目标市场定位:游艇是一种高端奢华的产品,因此市场推广应该针对具备一定购买力和对奢侈品有需求的消费者群体。通过市场调研和分析,确定目标市场的特征和需求,以便有针对性地进行推广活动。

品牌建设:游艇分销商应该注重品牌建设,打造独特的品牌形象和价值观。通过精心设计的品牌标识、宣传资料和网站,传达游艇的高品质、豪华和独特之处,吸引目标消费者的关注和认可。

多渠道推广:游艇分销商可以利用多种渠道进行市场推广,包括线上和线下渠道。在线上渠道方面,可以通过社交媒体平台、搜索引擎优化、电子邮件营销等方式,增加品牌曝光和推广活动的传播。在线下渠道方面,可以参加奢侈品展览会、游艇展览会等行业活动,与潜在客户进行面对面的交流和推广。

个性化营销策略:针对游艇分销的特殊性,可以采用个性化的营销策略。例如,定制化的宣传材料和礼品,针对潜在客户的需求和偏好进行定制,增加吸引力和独特性。此外,可以通过与高端旅游机构、豪华酒店等合作,提供游艇体验活动或套餐,吸引目标客户参与。

口碑营销:游艇分销商可以通过积极管理客户关系,提供优质的售后服务和维护,以及与客户的良好沟通,建立良好的口碑。满意的客户往往会成为品牌的忠实支持者,并通过口碑传播推广品牌,吸引更多的潜在客户。

总之,游艇分销的市场推广需要注重品牌建设、多渠道推广、个性化营销策略和口碑营销等方面的工作。通过有效的市场推广,可以提高品牌知名度,吸引目标客户,促进游艇的销售和分销。

第五节　游艇消费者体验

游艇消费者体验是指游艇消费者在购买、使用和享受游艇服务过程中所获得的感受、情感和满意度。游艇消费者体验主要集中在以下几个方面。

消费者需求和期望:游艇消费者对于游艇体验有着不同的需求和期望。有些消费者注重豪华和奢侈感,希望在游艇上享受高品质的服务和设施;而另一些消费者更注重自然环境和航行体验,追求与大自然的亲密接触。了解消费者的需求和期望,可以帮助游艇分销商提供更符合消费者期待的产品和服务。

服务质量和满意度:服务质量包括游艇的设施、船员的服务态度、航行安全等方面。研究发现,游艇消费者对于服务质量的满意度直接影响他们的消费决策和再次购买意愿。因此,游艇分销商应该注重提升服务质量,以提高消费者的满意度和忠诚度。

情感体验和情感价值:游艇消费者往往会在游艇上感受到豪华、放松、自由等情感体验,这些体验对于他们的满足感和快乐感具有重要作用。情感体验和情感价值的提供可以增强游艇消费者对于游艇的情感连接,进而促进消费者的忠诚度和口碑传播。

个性化定制和差异化体验:游艇消费者希望能够根据自己的喜好和需求来定制游艇的设计、航线和服务。个性化定制和差异化体验可以增加消费者的参与感和满足感,提升游艇消费者的体验价值。

综上所述,游艇消费者体验研究可以帮助游艇分销商更好地了解消费者需求和期望,提升服务质量和满意度,创造情感体验和情感价值,以及提供个性化定制和差异化体验,从而提升游艇消费者的满意度和忠诚度。

一、游艇消费者需求和期望

游艇消费者需求和期望是游艇市场研究中的重要议题之一。通过探索游艇消费者的需求和期望,使游艇制造商和经销商能够更好地满足消费者的期望,提供更好的产品和服务。

首先,游艇消费者对游艇的功能和性能有着较高的要求。他们希望游艇具有良好的航行性能、稳定性和安全性,能够满足不同水域和气候条件下的需求。此外,游艇消费者还对游艇的舒适性和便利性有着较高的期望,包括船舱空间、设施设备、娱乐系统、厨房和卫生间等方面的设计和配置。

其次,游艇消费者对游艇的外观和设计也有着较高的要求。他们希望游艇具有独特的外观设计和精美的内饰,能够展现个人品位和风格。游艇消费者还对游艇的材料和工艺有着一定的要求,追求高品质和精细的制造工艺。

此外,游艇消费者对游艇的售后服务和支持也非常重视。他们期望游艇制造商和经销商能够提供全面的售后服务,包括维修保养、配件供应、技术支持和培训等方面的支持,以确保游艇的正常运行和维护。

二、游艇服务质量和满意度

游艇消费者服务质量是指游艇公司或服务提供商在游艇购买和使用过程中提供的服务的质量水平。

服务质量维度:例如,可靠性、响应性、保证性、可信性、个性化等。这些维度可以帮助游艇公司了解消费者对服务质量的期望,并提供相应的改进措施。

服务质量与满意度关系:游艇消费者对服务质量的感知与其满意度之间存在着密切的关系。高质量的服务能够提升消费者的满意度,从而增加他们的忠诚度和口碑传播。因此,游艇公司应该注重提高服务质量,以满足消费者的需求和期望。

服务质量改进策略:例如,加强员工培训,提高服务人员的专业素养和技能;建立有效的沟通渠道,及时回应消费者的需求和投诉;优化服务流程,提高服务效率等。这些策略可以帮助游艇公司提升服务质量,提高消费者的满意度。

服务质量与忠诚度关系:游艇消费者对服务质量的感知与其忠诚度之间存在着正向关系。高质量的服务能够增强消费者对游艇公司的信任和忠诚度,使其更倾向于再次购买游艇或推荐给他人。因此,游艇公司应该注重提高服务质量,以促进消费者的忠诚度和口碑传播。

三、游艇消费者情感体验和情感价值

游艇消费者情感体验和情感价值是游艇行业中重要的研究领域之一。以下是与游艇消费者情感体验和情感价值相关的研究方向和发现。

情感体验的构成要素：游艇消费者的情感体验由多个构成要素组成，包括环境氛围、服务人员的态度和技能、游艇设施的舒适性等。消费者对这些要素的感知和评价会直接影响他们的情感体验。

情感价值的影响因素：游艇消费者的情感价值是指他们对游艇体验所感受到的情感满足程度。情感价值受到多个因素的影响，包括游艇服务的个性化程度、消费者的期望与实际体验的一致性、游艇品牌形象等。

情感体验与忠诚度的关系：游艇消费者的情感体验与他们的忠诚度之间存在着正向的关系。消费者在游艇体验中获得积极的情感体验，会增强他们对游艇品牌的忠诚度，从而促进重复购买和口碑传播。

情感体验管理策略：为了提升游艇消费者的情感体验，游艇企业可以采取一系列的管理策略。例如，提供个性化的服务，关注消费者的情感需求；培训和激励员工提供优质的服务体验；设计和改进游艇设施，提供舒适和愉悦的环境等。

总的来说，游艇消费者情感体验和情感价值的研究对于游艇行业的发展和提升消费者满意度具有重要意义。通过深入了解消费者的情感需求和期望，游艇企业可以提供更加个性化和优质的服务，从而增强消费者的情感体验和忠诚度。

四、游艇个性化定制和差异化体验

游艇个性化定制和差异化体验是游艇消费者需求和期望的重要方面，也是游艇行业发展的关键因素之一。

首先，个性化定制是游艇消费者需求的核心。游艇消费者通常希望拥有独特的、与众不同的游艇，以展示自己的品位和身份。因此，游艇制造商需要提供个性化定制的服务，满足消费者对于外观设计、内部布局、设备配置等方面的个性化需求。

其次，差异化体验是游艇消费者期望的重要方面。游艇消费者不仅仅追求游艇本身的品质和性能，更希望通过游艇的使用获得独特的体验和价值。

此外，个性化定制和差异化体验之间存在着密切的关系。个性化定制可以为游艇消费者提供独特的差异化体验，满足他们对于个性化体验的需求。游艇个性化定制和差异化体验，主要表现在以下几个方面。

消费者需求和期望：游艇消费者通常具有高度个性化的需求和期望。他们希望能够根据自己的喜好和需求来定制游艇，包括船体设计、内部布局、设备配置等。

个性化定制的实施：游艇制造商需要开展相关研究，以确定如何实施个性化定制。这包括确定定制选项的范围和种类、制定定制流程和时间表、建立与消费者的有效沟通渠道等。

差异化体验的创造：为了提供独特的游艇体验，制造商需要关注差异化体验的创造。这可以通过游艇设计的创新、舒适度的提升、服务的个性化等方式实现。

总之，游艇消费者个性化定制和差异化体验的相关研究可以帮助游艇制造商更好地理解消费者需求和期望，提供符合消费者要求的服务质量，创造独特的情感体验和情感价值，从而提升消费者满意度和忠诚度。

第六节　游艇消费者大数据分析

21世纪初，人类进入数字经济时代。随着互联网和无线互联网的发展，旅游业作为信息密集型产业，与信息技术和以互联网和信息通信为核心的数字技术自然相对应，引发了整个旅游业的第二次革命，深刻地改变了旅游业的经营、管理和运营，在旅游业的发展和繁荣中发挥着越来越重要的作用。日新月异的通信技术和网络技术正在深刻地改变着人们的生活观念和生活方式。特别是随着手机等移动终端的普及，所有的旅游需求都可以通过网络快速简单地解决，从而衍生出新的交易模式和消费者习惯。旅游企业面临着营销环境变化、多边市场竞争和从线下向线上转移的挑战。

未来游艇品牌之间的竞争是多维度的竞争。品牌需要跟上消费者的演化趋势，竞争格局变化以及数字化生态圈演变的速度，积极打造端到端的消费者价值链，真正实现"以消费者为核心"。

一、大数据时代游艇消费者的需求特点

在大数据时代，游艇消费者的需求特点发生了一些变化。主要体现在以下几个方面。

数据驱动的决策：大数据技术的发展使得游艇消费者能够更加精确地了解市场趋势、产品特点和竞争对手情况。他们可以通过分析大数据来做出更明智的购买决策，选择最适合自己需求的游艇产品。

个性化定制需求增加：消费者希望能够定制自己的游艇，使其与众不同，满足自己的独特偏好。因此，游艇制造商需要借助大数据分析，了解消费者的需求，提供个性化定制的服务。

体验导向消费：大数据时代的游艇消费者更加注重购买产品所带来的体验。他们希望通过游艇的使用，获得愉悦、放松和奢华的体验。因此，游艇制造

商需要通过提供差异化的体验,如舒适的内饰设计、高品质的服务和创新的科技应用,来吸引消费者并提升他们的满意度。

社交媒体影响力:大数据时代的游艇消费者更加依赖社交媒体来获取信息和分享体验。他们会通过社交媒体平台了解其他游艇消费者的评价和建议,从而影响自己的购买决策。游艇制造商需要重视社交媒体的影响力,积极参与和引导消费者的讨论,提升品牌形象和口碑。

总体而言,大数据时代的游艇消费者更加注重个性化定制、体验导向和社交媒体影响力。游艇制造商需要借助大数据技术,了解消费者需求,提供个性化定制的产品和差异化的体验,以满足消费者的需求并保持竞争优势。

二、大数据时代游艇消费者数据驱动决策

在大数据时代,游艇消费者的决策越来越受到数据驱动的影响。主要体现在以下几个关键方面。

市场趋势分析:通过大数据分析,可以了解游艇市场的趋势和消费者需求的变化。消费者可以通过数据分析了解游艇市场的发展方向,从而做出更明智的购买决策。

个性化推荐:大数据分析可以帮助游艇消费者获得个性化的推荐和建议。通过分析消费者的偏好、需求和行为数据,可以为他们提供符合其喜好的游艇选择,提高购买满意度。

价格优化:大数据分析可以帮助游艇消费者了解市场价格的变化和趋势。消费者可以通过数据分析找到最佳的购买时机,以获取更好的价格优势。

用户反馈分析:大数据分析可以帮助游艇消费者了解其他消费者的评价和反馈。通过分析用户的评论和评分数据,消费者可以更好地了解游艇的性能、质量和服务,从而做出更明智的购买决策。

营销策略优化:大数据分析可以帮助游艇消费者了解市场竞争情况和竞争对手的营销策略。消费者可以通过数据分析了解不同品牌的优势和劣势,从而选择最适合自己的游艇品牌。

总之,大数据时代游艇消费者的决策越来越依赖于数据分析和智能化技术。通过利用大数据分析,游艇消费者可以更好地了解市场趋势、个性化推荐、价格优化、用户反馈和营销策略,从而做出更明智的购买决策。

三、大数据时代游艇消费者个性化定制需求

在大数据时代,游艇消费者的数据驱动决策变得越来越重要。通过收集、

分析和利用大量的消费者数据,游艇制造商和销售商可以更好地了解消费者的需求和偏好,从而进行个性化定制,提供更符合消费者期望的产品和服务。

首先,大数据可以帮助游艇制造商了解消费者的偏好和需求。通过分析消费者的购买历史、行为数据和社交媒体活动,可以获得关于消费者喜好、兴趣和生活方式的深入了解。这些数据可以揭示消费者对游艇的尺寸、设计、功能和配件的偏好,以及他们对航行性能、舒适性和安全性的关注点。制造商可以利用这些数据来指导产品研发和设计,确保游艇能够满足消费者的个性化需求。

其次,大数据还可以帮助游艇制造商进行精准的市场定位和营销策略。通过分析消费者的地理位置、收入水平、购买能力和消费习惯等数据,制造商可以确定目标消费者群体,并针对其特定需求和偏好进行定制化的宣传和推广。此外,通过监测消费者的社交媒体活动和意见反馈,制造商可以实时了解消费者对产品的评价和反馈,及时调整营销策略和产品定位。

最后,大数据还可以帮助游艇制造商进行预测和预测分析。通过分析历史销售数据、市场趋势和消费者行为模式,制造商可以预测未来的市场需求和趋势,从而调整生产计划和供应链管理。此外,通过实时监测和分析消费者的数据,制造商可以及时发现市场变化和消费者需求的变化,并及时调整产品和服务,以保持竞争优势。

综上所述,大数据时代游艇消费者的数据驱动决策对于游艇制造商和销售商来说至关重要。通过利用大数据分析和应用,他们可以更好地了解消费者需求、进行个性化定制、精准市场定位和预测分析,从而提供更符合消费者期望的产品和服务。

四、大数据时代游艇消费者体验导向需求

在大数据时代,游艇消费者的体验导向消费需求呈现出以下特点。

个性化定制:大数据技术可以收集和分析大量的消费者数据,包括他们的喜好、兴趣、行为等信息。游艇消费者希望能够根据自己的个性化需求来定制游艇,例如船体设计、内部装饰、设备配置等,以满足他们对独特、个性化体验的追求。

客户参与:大数据技术可以实现与消费者的实时互动和反馈,游艇制造商可以通过在线平台、社交媒体等渠道与消费者进行沟通和交流。消费者希望能够参与到游艇的设计和决策过程中,提出自己的意见和建议,从而实现更好的个性化体验。

个性化服务:大数据分析可以帮助游艇制造商了解消费者的偏好和需求,

从而提供更加个性化的服务。例如,根据消费者的喜好推荐适合的航线、目的地、活动等,提供定制化的旅行体验。消费者希望能够享受到与众不同的、独特的服务,提升游艇旅行的舒适度和满意度。

社交互动:大数据时代的社交媒体平台为游艇消费者提供了更多的社交互动机会。他们可以通过社交媒体分享自己的游艇体验、交流心得,与其他游艇爱好者建立联系和互动。消费者希望能够通过社交媒体平台获取更多的信息和灵感,与其他游艇消费者分享自己的喜好和体验。

总之,大数据时代游艇消费者的体验导向消费需求更加注重个性化定制、客户参与、个性化服务和社交互动。游艇制造商需要通过大数据分析和社交媒体平台等手段,满足消费者对个性化体验的追求,提供更加满意的产品和服务。

五、社交媒体对游艇消费者的决策影响

在大数据时代,社交媒体对游艇消费者产生了显著的影响。主要体现在以下几个方面。

品牌推广和意识塑造:社交媒体平台成为游艇品牌推广和宣传的重要渠道。游艇制造商和经销商可以通过发布精美的图片、视频和故事来展示他们的产品和服务。这种直接的品牌宣传可以增加消费者对游艇品牌的认知和兴趣。

消费者意见和口碑传播:社交媒体平台为消费者提供了一个分享他们的游艇体验和意见的平台。消费者可以在社交媒体上发布游艇的照片、视频和评论,与其他消费者交流和分享他们的观点。这种用户生成的内容对其他潜在消费者的购买决策产生了影响,口碑传播在游艇消费者群体中起着重要的作用。

个性化推荐和定制化需求:社交媒体平台通过分析用户的兴趣和行为数据,可以提供个性化的推荐和定制化需求。游艇消费者可以根据自己的喜好和需求,通过社交媒体平台获取相关的信息和建议,从而更好地满足他们的需求。

潮流和设计趋势:社交媒体平台成为游艇消费者了解最新潮流和设计趋势的重要渠道。消费者可以通过关注游艇品牌、设计师和相关的社交媒体账号,获取最新的设计灵感和趋势信息。这种信息的获取可以帮助消费者更好地了解市场动态,做出更明智的购买决策。

总的来说,社交媒体在大数据时代对游艇消费者产生了深远的影响。它不仅改变了游艇品牌推广和消费者意见传播的方式,还为消费者提供了个性化推荐和定制化需求的服务,同时也成了游艇消费者了解潮流和设计趋势的重要渠道。

第六章

游艇俱乐部发展历程

游艇俱乐部致力于提供各种游艇相关的服务,从前期的设计到后期的维护,都需要专业的管理和操作。游艇俱乐部不仅拥有完善的停泊设施,而且还拥有丰富的水上运动培训、休闲度假、维护保养、商务会议、酒店服务等多种功能,为游客提供了更加便捷的出行方式,推动了海洋休闲活动的广泛开展,并且在推动游艇行业的经济发展中起到至关重要的作用。

本章将介绍游艇消俱乐部的发展历程。第一节将详细介绍游艇俱乐部的产生及兴起历程。第二节将介绍西方国家的游艇俱乐部历史,包括百年游艇乐部、世界著名游艇俱乐部。第三节将介绍中国的游艇俱乐部,包括中国游艇俱乐部的总体规模与大体分布、中国游艇俱乐部布局影响因素、国内大型的知名游艇俱乐部、中国发展游艇俱乐部的条件、束缚中国游艇俱乐部发展的原因及推进中国游艇俱乐部发展的对策。

第一节　游艇俱乐部的发展历程

在 18 世纪的英国,航海是国家外交、贸易、殖民的重要途径。船舶制造业也发展到相当的高度。随着财富的不断积累,上流社会贵族们的享乐需求使船只的功能也逐步多元化,从政府所有的大型运输、作战为主要船型,分化出私有的、供娱乐为主要功能的小型帆船。为了给这些贵族们的小型帆船提供停泊、补给及修缮服务,码头上建起了小船坞,这就是早期的游艇俱乐部。

随着越来越多爱好船只的上流社会贵族们的加入,船坞的数量和规模不断扩大,装修装饰的档次也逐步提高。此时,很多船坞有了专门的名字,功能也丰富起来,游艇俱乐部已成为除绅士俱乐部和社团外的另一个重要的上流社会贵族聚集地。

二战结束后,游艇俱乐部迅速崛起,20 世纪 50 年代,全球经济的繁荣及游艇技术的不断提升,使得游艇拥有者数量急剧上升,游艇活动变得更加普及,它不仅仅是一种高端的休闲娱乐项目,而且还可以与豪华汽车、私人飞机一同被视作是一种体现个性及尊贵身份的象征。

每年,全球游艇产业的经济收入高达数百亿美元,这些收入包括新旧艇的销售、发动机、拖车、附件、安全设备、燃料等,以及保险、维修保养、停靠、下水、储存、俱乐部费用等,巨额的收入为游艇业的发展提供了强有力的支撑。

进入 21 世纪以来,中国经济的迅猛发展令世界瞩目,人们对生活品质的追求也越来越高,游艇运动也成为一种时尚的潮流。它不仅吸引了一些高收入人群的关注,而且为许多城市提供了前所未有的发展机遇,推动了新型服务性产业的发展。

现代化的游艇俱乐部不仅提供了基本的服务,还提供了各种娱乐和商业活动,如餐厅、酒吧、停车场、维护中心、补给站和驾驶培训中心。人们追求时尚,游艇已经成了人们放松身心的首选。典型的游艇俱乐部通常拥有各种各样的设施,如游艇、码头、会议室、导航系统、娱乐场所和其他活动场所。

第二节 西方国家的游艇俱乐部

1. 涅瓦河游艇俱乐部(Neva Yacht Club)

这是一家临近圣彼得堡涅瓦河的帆船俱乐部,由俄国史上最热衷于水上生活的著名沙皇彼得大帝于 1718 年亲自创建。为了满足俱乐部运营需求,彼得大帝自己无偿提供了 141 艘小型船只满足俱乐部会员娱乐需要。该俱乐部目前仍在使用的会旗同样由彼得大帝本人亲自设计,其灵感来源于当时沙俄海军的军旗。目前处于运营中的涅瓦河游艇俱乐部及其设施是 1958 年在原地址上重建的,最早的俱乐部在彼得大帝去世后就已不复存在。正因为这个原因,这家俱乐部"史上最古老游艇俱乐部"的名号一直受到排名第二的皇家科克游艇俱乐部的有力挑战,后者在成立时间上仅仅落后 2 年时间而已。

2. 皇家科克游艇俱乐部(Royal Cork Yacht Club)

皇家科克游艇俱乐部成立于 1720 年,是世界上最早的游艇俱乐部之一,位于爱尔兰科克市。俱乐部原址在爱尔兰科克港豪尔波兰岛,现在则位于科克市附近的克罗斯黑文。皇家科克游艇俱乐部是一个综合性的俱乐部,提供船只停泊、修理、保养、租赁、社交活动、休闲娱乐等服务。俱乐部拥有世界一流的设施和会员服务,为会员提供最高质量的游艇体验。在俱乐部的发展历程中,它经历了几次更名和迁址。初创时叫作 The Water Club of the Harbour of Cork,后在

1831 年英国国王威廉四世赐名 "Royal"，由此正式更名为皇家科克游艇俱乐部。在 19 世纪末，俱乐部迁至现址克罗斯黑文。皇家科克游艇俱乐部的会员可以享受到各种服务和活动。同时，俱乐部也组织各种比赛和活动，如春季系列赛、年度晚宴、游艇展览等。这家 300 年历史的游艇俱乐部一直保持着很高的活跃度，目前大约有 1 600 名会员，常年承办各类世界锦标赛、欧洲锦标赛和爱尔兰锦标赛。该俱乐部提供多种小型帆船项目，包括青少年 OP 帆船、Toppers、激光级、帆板等，以满足不同年龄段的需求。在爱尔兰的大帆船界，科尔帆船周（Cork Week）是最受欢迎的比赛。

3. 皇家泰晤士游艇俱乐部（Royal Thames Yacht Club）

英国皇家泰晤士游艇俱乐部拥有悠久的历史，坐落在泰晤士河畔，与海德公园相邻。1775 年，英国国王乔治三世的兄弟坎伯兰与斯特拉森公爵亨利王子共同举办了一场盛大的帆船竞赛，随后他们组建了坎伯兰船队，从而在泰晤士河畔开启了第一个专业的游艇俱乐部，为英国游艇爱好者带来了一段难忘的经历，同时也为他们提供了一个展示英国游艇技艺的舞台。随着英国国王威廉四世的登基，"皇家" 俱乐部也随之改名，自 1830 年起，路易斯·蒙巴顿伯爵接管了 20 年。如今，安德鲁王子出任了新的主席，负责管理皇家泰晤士游艇俱乐部。菲利普亲王和查尔斯国王是这家俱乐部的两位最大投资者，他们在爱丁堡和威尔士都有着重要的影响力。

4. 皇家游艇舰队俱乐部（Royal Yacht Squadron）

皇家游艇舰队俱乐部在全球享有盛誉，成了众多游客的首选。1815 年，一群热爱航海的英国绅士联合创建了这个俱乐部，每年在伦敦和考斯两地召开两次盛大的会议，以探索未知的世界。早期要成为俱乐部会员的人必须要有一艘不小于十吨重的船，是 "对驾游艇感兴趣的绅士"，而实际上，被邀请入会的通常是英国上层人士，还得通过投票表决。而该俱乐部加入 "皇家" 称号，则是因为 1817 年，时任摄政王的乔治四世成为俱乐部会员，1820 年乔治四世继承王位之后，俱乐部更名为皇家游艇俱乐部（Royal Yacht Club）。1833 年，威廉四世国王把俱乐部改名为皇家游艇舰队俱乐部，以此来表达他对于这支舰队的重视，并且强调它们之间的密切联系。已逝的英国女王伊丽莎白二世是这家俱乐部的赞助人，其丈夫菲利普亲王曾是英国皇家赛艇舰队的队长，皇室对于皇家游艇舰队俱乐部的重视可见一斑。1826 年，考斯周帆船赛成功举行。考斯周帆船赛的知名度和影响力已经遍及全球，这不仅归功于其出众的皇室背景，而且还得益于其在帆船赛历史中的重要作用，为帆船赛的发展做出了杰出的贡献。1851 年，第一届美洲杯帆船赛在纽约游艇俱乐部和怀特岛考斯之间举行,每年夏天,超过1 000条帆船和8 000多名帆船运动员汇聚一堂,参加这场全球最盛大的帆船比赛,激发出无限的热情和活力。皇家游艇舰队俱乐部在第二次世界大战期间,为英国海军做出了重要贡献。俱乐部的不少会员参加了战争,并在其中发挥了重要作用。战后,俱乐部恢复了日常活动,并继续为会员提供高质量的服务和体验。

5. 北方皇家克莱德游艇俱乐部(Royal Northern& Clyde Yacht Club)

北方游艇俱乐部(Northern Yacht Club)历史可追溯至1824年,以当时苏格兰和爱尔兰的两条舰队为代表而成立,并于1830年获得"皇家"(Royal)殊荣。克莱德游艇俱乐部(The Clyde Model Yacht Club)成立于1856年,并于1863年获得"皇家"称谓。1886年北方游艇俱乐部的帆船Galatea号开始挑战美洲杯帆船赛,次年克莱德游艇俱乐部的Thistle也开始进军美洲杯。1937年北方游艇会搬迁至如今的Rhu地区,随后克莱德游艇会也搬至此处,并在1978年合并成为如今的北方皇家克莱德游艇俱乐部。

6. 瑞典皇家游艇俱乐部(Royal Swedish Yacht Club)

瑞典皇家游艇俱乐部创立于1830年5月15日,是瑞典历史最悠久、规模最大的游艇俱乐部,同时也是欧洲大陆上第一家游艇俱乐部。1878年,瑞典皇家游艇俱乐部诞生于一场帆船比赛之中,当时几位当地的富豪们把它当作一个象征,并将它的名称从众多的帆船俱乐部中脱颖而出,获得皇家的认可,从此它的名字便一直流传至今。瑞典皇家游艇俱乐部一直以帆船赛的盛况闻名,从1833年开始,它便不断地举办各种帆船赛,并且在1854年成功地推出了环哥特兰岛离岸帆船赛。此外,俱乐部也曾多次参与美洲杯,其中的阿特米斯队是其中的佼佼者。目前,瑞典皇家游艇俱乐部拥有超过5 000名忠实的会员。

7. 皇家游艇协会(Royal Yacht Association)

皇家游艇协会是英国最大的游艇俱乐部,成立于1835年,总部位于伦敦市。该俱乐部最初是由一群热爱航海的人士组成的,旨在促进海洋航行和航海技能的发展。在俱乐部成立初期,皇家游艇协会参与了各种海洋竞赛和活动,包括帆船比赛和沿海航行。1844年,俱乐部开始组织一年一度的皮划艇比赛,这是英国最早的皮划艇比赛之一。1851年,俱乐部开始参与国家层面的帆船比赛,并派出自己的船队参加比赛。随着时间的推移,皇家游艇协会逐渐成为英国航海界的领导者。1870年,该俱乐部开始主办"女王游艇比赛",这是英国最早的游艇比赛之一。1899年,俱乐部成立了英国海军招募中心,为国家招募海军士兵做出了巨大贡献。在 20 世纪,皇家游艇协会继续参与各种航海活动和比赛。1903 年,俱乐部组织了第一次"伊利莎白女王游艇比赛",这是一项国际性的游艇比赛,吸引了来自世界各地的选手参加。1920 年,俱乐部成立了"皇家游艇队",为国家培养优秀的航海人才。在第二次世界大战期间,皇家游艇协会积极参与救援行动,协助疏散伤员和难民。战后,该俱乐部继续致力于航海事业的发展,推动各种航海活动和比赛的开展。如今,皇家游艇协会已经成为英国航海界的重要组织和领导者,拥有约 2 000 名会员。该俱乐部在各类帆船比赛中表现优异,并拥有自己的船队和码头设施。此外,皇家游艇协会还负责组织英国的"女王游艇比赛",这项历史悠久、规模宏大的游艇比赛,吸引了来自世界各地的选手参加。

8. 爱尔兰游艇俱乐部(Irish Yacht Club)

爱尔兰游艇俱乐部位于爱尔兰共和国科克市,成立于 1836 年,是爱尔兰最早的游艇俱乐部之一。该俱乐部最初名为"科克游艇俱乐部"(Cork Yacht Club),是由一些热爱航海的人士组成的,旨在促进海洋航行和航海技能的发展。在俱乐部成立初期,爱尔兰游艇俱乐部主要参与各类帆船比赛和活动。1841 年,该俱乐部举办了第一届"科克游艇比赛",这是一项重要的帆船比赛,吸引了来自英国和爱尔兰的船队参加。此后,俱乐部继续主办此项比赛,并逐渐将其发展成为一项国际性的帆船比赛。19 世纪 50 年代,爱尔兰游艇俱乐部经历了一次重要的改组,更名为"皇家爱尔兰游艇俱乐部"(Royal Irish Yacht Club)。1921 年至 1936 年期间,由于政治原因,俱乐部暂时取消了"皇家"称号。在 19 世纪末和 20 世纪初,爱尔兰游艇俱乐部继续发展壮大,不仅增加了会员数量,还扩展了活动范围。1892 年,俱乐部成立了科克市的第一个女子帆船队。1900 年,俱乐部开始参与国际帆船比赛,包括著名的"爱尔兰杯"(Irish Cup)帆船比赛。在第二次世界大战期间,爱尔兰游艇俱乐部积极参与救援行动,协助疏散伤员和难民。战后,该俱乐部继续致力于航海事业的发展,推动各种航海活动和比赛的开展。如今,爱尔兰游艇俱乐部是爱尔兰最大的游艇俱乐部之一,拥有约 1 200 名会员。该俱乐部积极参与各类帆船比赛和活动,包括小帆船、大帆船和划艇等项目。此外,俱乐部还设有自己的码头设施,提供会员和船队使用。

9. 底特律船艇俱乐部(Detroit Boat Club)

1839 年 2 月 18 日,底特律船艇俱乐部正式成立,成为北美最古老的一家赛船俱乐部。1842 年后,在海上驾驶游艇航行迅速成为当时一种受欢迎的娱乐活动。在 1846 年,俱乐部将这座小岛命名为 Belle Isle,这一称号是俱乐部的会员刘易斯•卡斯(Lewis Cass)上将的女儿的名字。1996 年 2 月,底特律船艇俱乐部离开了小岛,但仍然坚持不懈地致力于成为一个拥有悠久历史的帆船和丰富社交活动的俱乐部。

10. 纽约游艇俱乐部(New York Yacht Club)

1844 年 7 月 30 日,纽约游艇俱乐部应运而生,由海军准将 John Cox Stevens 率领 9 位热爱航海的绅士发出号召,呼吁全体船员从纽约出发,前往纽波特,这标志着纽约和纽波特之间的航行交流正式开启。纽约游艇会俱乐部的名气在世界各地都很响亮,这要归功于其在美洲杯帆船赛上的名声。1851 年,第一届美洲杯帆船赛在纽约游艇俱乐部与英国皇家游艇舰队俱乐部之间拉开帷幕,John Cox Stevens 带领的"美洲号"船队一路披荆斩棘,最终夺得了冠军奖杯。赛事举办至今,纽约游艇会俱乐部仍然是获得冠军次数最多的俱乐部。

11. 勒阿弗尔帆船会(Societe des Regates du Havre)

1838 年,巴黎铁路和勒阿弗尔联通,使得乘坐火车两地旅行只需 6 个小时,这也是这家俱乐部成立的主要原因。而在此之后的 1839 年,在董事会成员的建议下,BAUDY 先生开始筹备一场跨越英吉利海峡的帆船比赛。1840 年 7 月 29 日,帆船赛正式举行,从此这项赛事成了传统时至今日。1863 年,勒阿弗尔帆船会被赋予了政府批准的合法地位。其最初的地址在第二次世界大战中遭到破坏,但俱乐部的支持者和成员在战后又重新将其搬到现在的新地址。

12. 谢格尔游艇俱乐部(Segel Club Rhe)

1855 年,谢格尔游艇俱乐部诞生于东普鲁士的柯尼斯堡,当时,其创立者 Ernst Burow 还是一名高中生,他收到一艘渔船,于是决定与一群志同道合的伙伴们一同出海游玩。接着这群年轻人就成立了这家俱乐部,从那时起,俱乐部迅猛发展,取得了巨大的成就。夏季,他们在波罗的海和周边海域举办各种比赛,冬季,他们又推出了一场又一场的帆船比赛。谢格尔游艇俱乐部是德国帆船协会的重要组成部分,为德国帆船业的发展做出了巨大贡献。二战结束后,谢格尔游艇俱乐部迁往汉堡郊区的布兰克内瑟,船队时常在阿尔斯特湖—易北河的宁静河道上穿梭,俱乐部代表队连续参加美洲杯帆船赛。2007 年,俱乐部成为国际游艇俱乐部协会的一员。

13. 法国戛纳游艇俱乐部(Club Nautique de Cannes)

1860 年,戛纳游艇俱乐部成立,它是法国最古老的航海俱乐部之一。I864

年，de Vallombrosa 公爵慷慨捐赠了一块 3 000 平方米的土地，用于建设俱乐部的会所，这里是戛纳滨海大道的尽头。它主办的法国皇家赛舟会，自 1929 年首次举办以来，已经成为法国传统的游艇赛事，拥有悠久的历史。每年 9 月底，在戛纳近海都要举办龙级帆船赛和古典帆船赛。同时，12 米帆船世界冠军赛也在这里举办。

14. 比利时皇家游艇俱乐部（Royal Belgium Yacht Club）

1863 年，Gaston de Buisseret 和 Steenbecque de Blarenghien 两位游艇爱好者在根特的莱厄河畔创建了这家游艇俱乐部。1873 年，俱乐部获得了皇家的冠名。时至今日，俱乐部的规模已经从拥有少数船只演变到拥有五大基地、内陆和海岸帆船的大型俱乐部。1963 年，为纪念比利时皇家俱乐部成立 100 周年，当时的比利时王子出席了一场引起轰动的海上阅兵仪式，并且担任了俱乐部的名誉会长。现在，比利时皇家俱乐部已经拥有超过 2 400 名会员，其中包括 IOC 主席雅克·罗格，以及 2012 年奥运会比利时的铜牌得主 Evi Van Acker。比利时皇家游艇俱乐部在众多具有国际影响力的帆船比赛中享有盛名，不但为比赛提供了完美的服务，还为比赛的组织提供了强大的支持。俱乐部积极投资培养优秀的青少年游艇员，为游艇运动储备新生力量。

15. 墨尔本皇家游艇会（Royal Melbourne Yacht Squadron）

墨尔本皇家游艇会是澳大利亚墨尔本排名第一的游艇会，游艇会于 1870 年成立，于 1924 年被英国皇室批准授予 "Royal"（皇家）游艇会地位与头衔。1956 年更是成为奥运会帆船比赛总部基地和颁奖典礼所在地。墨尔本皇家游艇会的新会员必须要有现任会员的邀请及推荐才能入会，而且条件苛刻，由此可见其高端属性。

16. 摩纳哥皇家游艇会（Yacht Club de Monaco）

摩纳哥皇家游艇会（YCM）成立于 1953 年，由摩纳哥公国 Albert 王子主理，拥有来自 60 个国家的 1 200 多名尊贵会员，这里的游艇码头停泊着来自全球各地的顶级私人定制游艇。YCM 的会员必须符合严格的标准，不仅仅是拥有巨额财富的富商，而且还要求拥有古典帆船或复古游艇、40 米以上的游艇，或是具有悠久航海历史的超级船主，他们都热爱游艇和帆船运动，此外，还必须有至少两位会员的推荐才能够成为 YCM 的一员。YCM 被认为是一个完美的皇室俱乐部。YCM 是一个世界性的组织，它的会员包括 Albert 国王的母亲、全球知名的摩纳哥王妃 Grace Kelly，以及英国王储、剑桥公爵威廉王子等。

17. 世界游艇联合会（The International Council of Marine Industry Associations，简称 ICOMIA）

该协会是一个国家级的非正式机构，致力于为游艇行业提供专业的指导和建议。目前，ICOMIA 已经拥有超过 40 个国家和地区的 70 个游艇协会，它们在全球范围内都拥有极高的声望，并且拥有最强的影响力，以及最高的权威性。世界游艇联合会每年举办的年会又称"世界游艇大会"，也被称为"游艇界的达沃斯"，由会员国轮流主办，主办国即为轮值主席国，届时全球游艇行业知名人士都会参加这一盛会，探讨游艇产业近期经济热点、未来世界游艇业发展方向等。2009 年，中国正式加入世界游艇联合会，成为其成员。

第三节　中国的游艇俱乐部

一、中国游艇俱乐部的总体规模与大体分布

近年来，我国游艇行业发展迅速，但与西方发达国家相比，由于起步较晚，国内市场仍处于初级阶段，分布不均，缺乏集聚区，这也是制约游艇业发展的一大障碍。中国的游艇俱乐部大多数都集中在东部沿海地区，但是这种集中程度并不十分明显。中国游艇俱乐部的发展情况近年来逐渐好转，随着国内经济和旅游业的快速发展，越来越多的人开始接触和喜爱游艇运动。一方面，中国沿海城市如三亚、深圳、广州等地，游艇产业得到了迅速发展，游艇俱乐部也得到了相应的壮大，不仅提供游艇租赁、游艇销售、驾驶培训等服务，还举办各种航海赛事和活动，吸引了大量游客和投资者。另一方面，内陆湖泊和水库也成了游艇俱乐部发展的新领域，如湖北梁子岛游艇俱乐部、云南抚仙湖游艇俱乐部等，这些俱乐部主要提供本地的游艇和划船服务。目前中国游艇俱乐部最多的省级区域分别是上海（22 家）、山东（18 家）、广东（14 家）、浙江（12 家）、江苏（11家），具体到中国的城市区域则是上海（22 家）、天津（10 家）、青岛（10 家）、厦门（8 家）、深圳（6 家）、苏州（6 家）、舟山（5 家）以及海口与三亚（各 4 家）。

二、我国游艇俱乐部布局影响因素

（一）自然资源环境

随着经济的发展，中国游艇俱乐部数量正在不断增加，其中最具代表性的是沿海地区，绵长的海岸线、广阔的海域面积以及美丽的岛屿，使其成为游艇运动的最佳场所。此外，这里还拥有丰富的生物资源，如珊瑚礁、红树林等，不

仅具有重要的生态环境价值,还具有独特的景观美学价值。根据《海水水质标准》(GB 3097—1997)的规定,海上运动或休闲娱乐区的海水水质应达到国家二类标准,海南的水质最佳,广东和山东的水质也较好,而上海和浙江的水质则较差;随着绿色生态文明指数的不断提升,海南的生态环境变得越来越完善。此外,江苏、山东、浙江、广东等省份拥有着极佳的自然风光和丰富的旅游资源,为游客提供了一个舒适的休闲度假的绝佳去处。而内陆省份的游艇俱乐部则选择如陕西安康瀛湖,重庆长江、嘉陵江及三峡库区,湖南长沙湘江、松雅湖等地,因为它们都位于具备完善的水域环境、迷人的自然风光的地方。

(二)区域经济水平

一个地区的对外经济的不断开放,将极大提升当地的消费水平,并且激励当地居民拥抱新的文化,从而促进游艇俱乐部的发展。此外,由于该地区拥有大量的高净值人群,这为游艇俱乐部的发展提供了良好的条件。

(三)游艇制造产业

游艇制造业对于游艇产业链的发展起着至关重要的作用,它不仅影响着游艇俱乐部的发展环境,还决定了它们的目标定位。一些游艇俱乐部正在努力拓展其业务范围,以本土的游艇品牌为核心,积极与游艇制造商展开合作,以提升其经济效益。

(四)游艇产业政策

中国的游艇产业目前的政策尚未得到充分的落实。首先,目前的法律法规存在许多问题,例如,游艇的检测、登记程序不够严格,游艇的适航范围有待扩大,而且俱乐部的设计、建造、验收也没有明确的标准。此外,有些地区甚至禁止夜间航行,限制游艇的最大航行里程,这些措施都阻碍了游艇的正常运营,也阻碍了俱乐部的发展和游艇旅游的普及。为了促进区域游艇产业的发展,海南、天津、上海、广东等省份推出了多项政策,如自由贸易港、滨海新区、水陆保税仓、粤港澳游客自由行等,这些政策不仅能够吸引俱乐部的选择,还能够有效地推动当地经济社会的发展。除此之外,当地政府还采取了一系列措施来加强游艇产业的安全管理,包括加强公安边防管理,开展非营业游艇驾驶员培训、考试、评估以及发证管理等,以此来体现出其宏观调控和规范管理的决心。当地的财政政策、产业规划和海滨环境建设也能够为俱乐部的活动提供有效的指导。

(五)区域海洋文化

拥抱开放、勇往直前的海洋文化,为游艇运动的推广与俱乐部的发展提供了良好的环境,9 个沿海省份的游艇展览和赛事数量占到全国的 81.82%,其中包括各种类型的帆船、帆板、赛艇、皮划艇、独木舟等,为游艇爱好者提供了更加丰富的体验。海洋文化的传播与海滨旅游景区的建设密不可分,这些景区不仅能够提供海洋观光,还能够提供海水浴场,促进海洋亲水活动的开展,从而为游艇俱乐部的发展提供了一个良好的社会文化氛围。

三、国内大型的知名游艇俱乐部

1. 香港游艇会(Royal Hong Kong Yacht Club)

香港游艇会(Royal Hong Kong Yacht Club)是香港历史最悠久的游艇俱乐部,也是中国最大的游艇会,拥有超过一万名会员。除了位于奇力岛的总部,香港游艇会还在南区熨波洲和西贡 Shelter Cove 设有分会,为游客提供更多的选择。香港游艇会的起源可以追溯到维多利亚赛舟会(Victoria Regatta Club),它于 1849 年 10 月首次举办了一系列精彩的赛事,受到了广泛的赞誉。1889 年,香港科林斯式航海会(Hong Kong Corinthian Sailing Club)成立。1893 年,会所董事会向英国海军申请将会所名称更改为香港皇家游艇会。1997 年香港回归,香港皇家游艇会将中文名称中的"皇家"名衔删除,英文名称中"Royal"不变。香港游艇会会址早期设在香港北角油街的游艇会会所。1938 年,会所迁至奇力岛。在第二次世界大战结束后,1945 年 9 月 17 日,这家会所重新开放。

2. 上海莱悦游艇俱乐部

上海莱悦游艇俱乐部,位于上海外滩中心,是一家国际化的游艇俱乐部,始建于 2006 年,由中国莱悦游艇集团旗下的精英团队精心打造,为游客提供最佳的体验。上海莱悦游艇俱乐部有限公司致力于推广和传播游艇文化,已经在中国开设多家俱乐部,并且担任澳大利亚 SUNRUNNER(圣伦娜)游艇和几家美国游艇的中国总代理,带给游艇爱好者完美的游艇体验,为游艇爱好者提供全方位的服务,包括会员服务、码头建设和运营管理、游艇销售和维护保养、码头规划、游艇俱乐部项目咨询等。俱乐部致力于将国际流行的游艇休闲方式、优质的游艇产品和先进的俱乐部管理模式引入中国,以提升国内游艇消费的品质和水平,推广游艇休闲文化。还提供停泊、牌照申请、检验、航道申请、保险、驾驶培训等一系列服务。

3. 深圳浪骑游艇会

1998 年 5 月,深圳浪骑游艇会诞生,它是中国最早的会员制海上游艇俱乐部,提供海景客房、中西餐厅、酒吧、会议室、娱乐室、观海台、露天烧烤场等多种服务,深受南中国海岸高端消费者的喜爱,被誉为"南中国海岸高端人士聚居圈",在社会上享有极高的声望。

4. 大连星海湾国际游艇俱乐部

2002年5月,大连星海湾国际游艇俱乐部在大连星海湾商务区的西部正式成立,它交通便利、地理位置极其优越,距大连火车站5千米,距大连港8千米,周水子国际机场10千米,沈大高速公路入口12千米,此外,星海湾还拥有星海公园、圣亚海洋世界、星海湾海滨浴场、百年城雕、现代博物馆、星海会展中心、世博广场等一系列精致的旅游文化设施,为游客提供了一个完美的休闲度假的好去处。随着时间的推移,俱乐部的发展日新月异,其基础设施、配套服务设施已经达到了令人瞩目的水平,停泊的游艇数量及质量更是位居国内首位,它既是大连市南部海域的一处完美的观光胜地、休闲度假胜地、垂钓场所,又是中国北方地区规模最大、设施最完善的游艇俱乐部。

5. 莱茵花园游艇会

莱茵花园游艇会坐落在广州市番禺区洛溪沙窖岛上。该游艇会的设施非常完善,中西式美食、户外露台、商务洽谈、便利店、多功能宴会厅、阅览室、健身中心、网球馆、羽毛球馆、游泳池、桑拿、豪华别墅区及最顶尖的商务套间应有尽有。此外,还设有专业的船艇停靠区、船艇展示区、船艇驾驶培训中心以及停车场,功能十分完备。

6. 三亚鸿洲国际游艇会

鸿洲国际游艇会位于三亚,依山傍水,它位于三亚河入海口处,与情人山鹿回头隔河相望,这里海域宽阔,气候宜人,四季皆可驾艇出海。鸿洲国际游艇会是一家专业的游艇运营商,专注于提供各种类型的游艇,包括出租、出售、停靠、展览、维护和保养。也为客户提供各种支持,如船舶检验和认证、游艇驾驶技能培训和船舶保险。

7. 大自然国际游艇俱乐部

大自然国际游艇会位于昆山淀山湖畔,总建筑面积高达12 000平方米,是国内首家以顶级别墅配套设施出现的游艇会,也是大自然花园别墅区的标志性建筑。这座五星级会所以其独特的建筑设计、精致的外观、华丽的内部装饰而闻名,它不仅提供餐饮、住宿、会议、休闲娱乐、游艇等多种服务,而且还拥有27间豪华客房和套房,更有完善的健身中心、室外游泳池、红酒雪茄吧、棋牌室等休闲设施。

8. 银海国际游艇俱乐部

青岛银海国际游艇俱乐部按国际标准建设,设有366个专业码头停船泊位。银海国际游艇俱乐部是国家第一个以游艇俱乐部为主体的旅游景区,由银海集团投资3亿元,于2003年3月开始建设,并于2005年正式投入使用,为奥帆赛提供了完善的服务,成为国内最具影响力的游艇俱乐部之一。这家俱乐部拥有一流的设施,包括专业的码头、游艇停泊区、帆船训练场、运动员住所、健身娱乐中心、中西餐厅和各种标准客房,为游客提供完美的旅行体验。银海海星会展中心是一个专业的游艇驾驶培训和帆船训练基地,为国内外运动员提供专业的训练服务。

四、我国发展游艇俱乐部的条件

(一)经济实力

游艇是一种高档消费品,而游艇俱乐部作为游艇消费的载体,需要有强大的经济实力作为后盾,这是游艇俱乐部得以发展的最根本动力。按国际上的惯例,一般是以人均GDP达到3 000美元作为一个国家或地区销售游艇的标准。广州、杭州、青岛、厦门等许多城市已达到4 000~6 000美元,上海、北京、深圳达到了10 000美元,这说明中国已进入了可以消费游艇的阶段。

2011年,美林全球财富管理和凯捷咨询共同发表了《亚太区财富报告》,显示中国内地的富裕阶层(净资产超过100万美元)的资产总额达到2.66万亿美元,使其成为亚洲第二大财富市场。

随着中国经济的不断发展,中国人的收入也在不断增加,购买游艇或租赁游艇已经不再是梦想。

(二)地理环境

中国的水域资源丰富,包括18 000多千米的海岸线和17万平方千米的内陆水域,为游艇行业的发展提供了极佳的外部环境,因此,政府和企业应该加大投入,以满足游艇行业的发展需求,从而为游艇俱乐部的发展提供坚实的基础。沿海城市如厦门、深圳、珠海、三亚等地拥有广阔的海域和宜人的气候,使得它们成为游艇俱乐部发展的理想之地。实践证明,深圳、三亚等城市在游艇旅游和租赁方面取得了显著的成果,为游艇俱乐部提供了更多的发展机会。

(三)基础设施配套

随着经济的不断发展,越来越多的游艇俱乐部开始进入中国,它们拥有各种各样的基本设施,如码头、会所、酒店、游艇停泊区等,以满足不同的游客的需求。尤其是那些经济繁荣的沿海城市,它们的基础设施更加完善,而且游艇俱乐部的活动也更加频繁。虽然二、三线城市的海洋资源相对匮乏,但它们仍可以作为游艇俱乐部未来发展的重点,有些城市的经济不够发达,但它们拥有良好的自然环境,交通便捷,而且还拥有完善的基础设施,如酒店、会所等,使得它们能够更加充分地利用和保护海洋、湖泊、河流等水域资源,从而更加有效地满足游艇俱乐部的需求,从而推动游艇旅游行业未来的发展。

(四)法律法规

构建一家游艇俱乐部需要考虑许多因素,从游艇的选择、购买、操作、维护到码头的布局、尺寸,都必须符合一定的标准,而完善的法律法规则是促进该行业健康发展的重要基础。虽然近年来,我国游艇俱乐部的法律法规尚未达到完美的水平,但已经采取了一系列措施来加强安全管理。例如2009年1月1日,《游艇安全管理规定》出台,为游艇的登记、操纵和航行提供了严格的标准。2010年3月18日,海口市政府积极推进游艇安全管理,组织起一个全国性的游艇俱乐部协作联盟,为全国的游艇爱好者提供一个安全、舒适的环境,促进游艇文化的传播,提升游艇安全水平。虽然中国拥有发展游艇俱乐部的基本条件,但是,游艇行业的发展并未达到预期水平,游艇的销售也远远低于豪华轿车。根据统计,一个普通游艇拥有者每年的使用时间大约只有15天,而他们却要为此付出巨额的维护、保养、停泊和登记费用,因此租赁游艇对于大多数人来说是一种吸引力,但是如果俱乐部能够有效地管理闲置的游艇,就能将它们推广到普通大众中,使它们成为一种时尚。游艇制造商与俱乐部之间存在着密切的联系,它们共同促进了游艇行业的发展。

五、束缚中国游艇俱乐部发展的原因

综观当前国内游艇俱乐部的发展状况,其受到的限制主要表现在以下几个方面。

(一)游艇登记、游艇航行与国际接轨的法规问题

尽管中国已经开始努力推进游艇管理体系的建设,但目前仍缺乏有效的政策法规,特别是针对游艇专用码头、航道、活动水域、维修和驾驶保障等方面的规定,而且,在不同行政管辖范围内,游艇之间也缺乏一个公平、公正的认可机制。

随着游艇消费水平的提升,但是由于缺少统一的管理机制,游艇驾照只能

在当地使用,导致游艇在不同地区之间的航行受到了限制,货物和游艇的航线也未能完全分开,这种状况极大地削弱了对游艇的需求,也拖累了整个游艇行业的发展。

(二)水质与环境污染问题

在欧美等游艇经济发达的国家,优美的水环境是游艇产业发展的重要因素。尽管中国拥有丰富的水资源,但其水质状况令人担忧。长三角、珠三角和渤海湾沿海地区的海洋污染程度较高,使得乘坐游艇的旅行变得艰难,而且旅游体验较差。

(三)配套设施有待进一步完善

随着技术的进步,游艇生产企业越来越多,其价格也相对降低,但仍然存在一定的挑战。为了满足游艇俱乐部的发展需求,政府应该加大对游艇港、游艇码头的投入,以提高游艇俱乐部的运营效率,并为其提供更加完善的服务。

(四)市场有待培育

随着休闲产业的发展,游艇业已经成为中国最具竞争力的高端市场之一,其发展前景令人振奋。然而,即使如此,其潜在的消费潜力仍然难以被充分利用,因此,有必要深入探究其中的可行性和可持续性。从根本上讲,中国传统文化与游艇文化之间存在着显著的差异。中国文明以农业为基础,而游艇则代表了海洋文化。中国人喜欢深厚的土地,而游艇文化则更加推崇热爱以海洋航行为代表的自由和蓝色梦想。为了推动中国游艇俱乐业的发展,市场的引领和培养显得尤为重要。

(五)游艇产业链不完善

中国的游艇业起步较晚,与世界先进国家相比,仍然存在显著的差异。这些差异体现在:首先,缺少专业的高端企业来推动产业链的建设与运作,无法满足消费者的需求,降低了消费者对游艇的兴趣;其次,经营模式单一,未能建立完善的产业链,无法实现最佳的收益,给投资者带来不小的困扰。由于这些因素的存在,游艇行业的发展受到了极大的冲击,并且对游艇俱乐部的发展产生了负面影响。

(六)缺乏高端专业人才

国内许多高校都未开设游艇专业,缺乏管理、教练和维修技术的人才是制约游艇俱乐部发展的一个重要障碍。

六、推进我国游艇俱乐部发展的对策

（一）完善游艇产业及游艇俱乐部相关法律法规

2009 年 1 月 1 日，中华人民共和国海事局颁布了《游艇安全管理条例》和《游艇法定检验暂行规定》，这标志着中国针对游艇的法规正式实施，为确保游艇行业的安全和合法性，推动其可持续发展，构筑了一个更为严谨的法治环境。随着科技的不断发展，游艇在不同海域的巡航监管已经变得可行。因此，为了推动中国游艇行业的发展，我们应该参考国际上的先进标准，制定出更加适合国情的游艇行业法律法规，以及对游艇俱乐部的有效监督，以确保其合法运营。

（二）改善我国水域的水质

根据 2006 年 2 月的统计数据，在全国 293 个近岸海域的监测点中，一类和二类海水的比例高达 67.3%，三类和四类的比例分别为 8.9% 和 23.8%。根据最新的调查结果，在 18 个海洋生态监控区，有超过 13.9 万平方千米的海域没有达到清洁海域的水质标准，而且有大量的海域受到了严重的污染。这些海湾、河口和滨海湿地的生态系统都处于不利的状况，甚至可能是濒危的。政府必须采取更有效的措施来改善水体的质量，以确保全民共享清洁的水环境，为游艇旅游业的发展提供有利的生态环境。

（三）依靠政府政策的引导和支持

为了促进游艇俱乐部的发展，政府应该提供更多的支持和帮助。例如，通过减免税收和其他优惠政策，来支持游艇俱乐部的运营和管理。这些措施可以帮助游艇俱乐部在短时间内实现快速增长。

（四）宣扬游艇文化，培育消费市场

借助游艇俱乐部这一平台，我们可以大力推广游艇文化，让"智者乐水"的理念深入人心。为此，俱乐部应该采取有效措施，提升公众对游艇的认知，营造良好的游艇消费氛围。为此，可以利用媒体、广告、展览会等多种形式，加强公众对游艇及其相关组织的了解，并通过举办各类水上活动，增进公众对海洋文化的认同感，同时也要借助社会舆论环境、通过多种渠道，如大众传媒和社会活动，让游艇文化得到推广和发展。通过引导，游艇俱乐部可以让潜在客户感受到游艇文化的魅力，并将其转化为实际商机。此外，游艇俱乐部还应该根据不同消费者的需求进行调整和改进，采取合理的经营策略，以满足他们的需求。

（五）建立游艇俱乐部的战略联盟

2010 年 3 月 18 日，海口市正式宣布成立全国游艇俱乐部协作联盟，这一举措不仅为游艇俱乐部的发展提供了一个强有力的支撑，而且还有助于推动游艇俱乐部之间的交流与合作，从而形成一个互惠互利的共赢格局。为了推动游艇行业的蓬勃发展，各地的游艇俱乐部和相关行业的企业应当紧密合作，组成一个战略性的联盟，持续改善游艇行业的整体运营模式。

（六）培育优秀的专业人才

随着时代的发展，越来越多的教育机构开设了游艇专业，以满足市场的需求。然而，由于游艇专业尚未完善，政府应该加强对其的支持，整合各大院校的教学科研资源，鼓励教育机构开设更多的游艇专业，包括游艇设计、制造技术、游艇旅游管理等，以期从根本上解决游艇行业的人才短缺问题。

（七）积极开发游艇俱乐部项目

尽管我国游艇俱乐部的规模各异，面向的消费者也有所不同，但是它们的经营模式大体相似。为了吸引更多消费者的关注，游艇俱乐部应该不断尝试新的项目，并且不断创新，以提升自身的竞争力。游艇俱乐部不仅仅是一个游艇观光的场所，它还提供海上垂钓、海上婚礼、海上高尔夫等多种项目，并定期举办各种活动，以增加游艇俱乐部的活力和多样性。

第七章
游艇码头与游艇目的地城市

第一节　游艇码头的规划布局、选址和设计

一、游艇码头布局影响因素

我们国家游艇产业的发展还处于发展初期,游艇消费以企业为主,私人为辅,与世界上游艇产业发展相对成熟的国家相比仍有很长的一段路要走。尽管目前游艇对广大普通群众仍是少部分人的消费需求,但在未来长期经济发展的趋势下,游艇的消费者将逐步转向以中产阶级为主,游艇消费的大众化将是历史的必然,这一变化的过程始终在慢慢进行。随之而来的是不断涌现的对游艇码头的建设需求,游艇码头的建设布局是为了能够给游艇消费行为提供全过程的高效、稳定、安全、便捷的商业服务,使经营者能够更好地利用游艇资源向市场化产品转化,创造更多的经济价值,下面是一些常见的规划布局考虑因素。

1. 泊位数量与类型

根据预计的需求和可用空间,确定游艇泊位的数量和类型,可以包括不同尺寸的泊位,以适应各种大小的游艇停靠需求。接入通道与交通流线:考虑码头与陆地之间的接入通道,确保艇主和工作人员能够安全进出码头区域,同时,规划合理的交通流线,确保内部交通畅通无阻。设施与配套设备:除了游艇泊位,还需要考虑其他必要的设施和配套设备,如供电设施、供水设施、照明设备、安全设备、垃圾处理设施等,这些设施应根据实际需求进行规划,并确保符合相关的安全标准和环保要求。

2. 社交与休闲区域

为游客和艇主提供社交和休闲的空间是游艇码头规划的重要组成部分,可以设置餐厅、咖啡馆、商店、休息区等,以满足人们在码头区域的各种需求。管理与服务设施:为了有效管理和运营游艇码头,需要考虑办公室、礼宾服务、停

车场以及其他必要的管理和服务设施。

3. 环境保护措施

在规划布局中应考虑环境保护措施,包括保护周围水质、土壤和生态环境,可以采用沉砂池、污水处理系统、垃圾分类设施等来减少对环境的影响。

以上是游艇码头规划布局的一些常见考虑因素,具体的规划布局应根据当地的需求、环境条件和法规要求进行定制化设计。

二、码头选址规划设计——以宁波为例

以东南沿海重要的港口城市、长江三角洲南翼经济中心的浙江省宁波市为例,根据城市经济发展情况、旅游资源分布,交通区位条件、游艇码头布局现状以及未来的研发展趋势,总体布局呈现"一带一区多点"的格局,即一带为依托象山港丰富的岸线、旅游资源,构筑象山港游艇码头核心发展带,推动两岸游艇旅游休闲发展;一区为以石浦港海洋旅游资源为支撑,构筑以石浦内湾游艇码头布局为主、周边发展为辅的三门湾游艇码头功能区,打造充满活力的宁波南部海洋旅游门户;多点为保留三江口现有的莱悦游艇俱乐部,依托现有游艇码头和海岛旅游资源等,在象山东部等区域布置多个游艇码头,兼顾游艇临时停靠或补给。

1. 开发重点

综合考虑规划岸线的自然、交通、经济条件等因素,建议优先考虑在梅山湾和象山港建设游艇码头,做大做强象山港游艇码头核心发展带,形成集聚效应;其他区域如为当地旅游服务的,可适当考虑建设,但需控制建设规模,如作为地产配套的游艇码头且不在象山港游艇码头核心发展带的,考虑到游艇码头的功能定位和管理难度,限制建设,避免岸线资源浪费。在基础设施建设之后,需要关注配套设施的开发。这包括餐饮、商店、娱乐设施、停车场、公共卫生间等。这些设施的开发将提供更好的服务体验,并吸引更多游客和艇主。在岸线开发过程中,环境保护是一个重要的方面。应该考虑采取适当的措施来保护海洋环境,例如设置沉砂池、污水处理设备、垃圾分类和回收设施等。随着科技的进步,游艇码头的开发也可以借助智能化技术来提升管理效率和用户体验。例如,使用智能停泊系统、无人机巡检、电子支付和预订系统等。在岸线开发之后,需要进行品牌建设和市场推广,以提高知名度和吸引力。这包括通过宣传、营销活动和参加相关展览会来推广游艇码头,并与旅游机构、游艇俱乐部和业界合作。

2. 开发时序

近期以现有和在建游艇码头为基础,2025 前开发梅山湾湾岸旅游区、梅山

湾水岸生活休闲区和奉化莼湖横里山至乌龟头嘴等游艇码头岸线,使象山港游艇码头核心发展带初具规模,形成约 2 000 个游艇泊位。

远期形成与宁波市经济社会发展相适应的游艇码头布局,游艇消费成为海洋旅游的经济增长点,基本建成布局合理、功能齐全、设施完善、特色突出、管理高效的长三角游艇休闲度假旅游基地。

四、码头建设保障措施

游艇码头建设与运营涉及建设、国土、交通、港航、旅游、海事、海关、海洋、经贸等多个部门,在政府管理机构中,建议由政府组织、港航局牵头成立专门的协调机构,负责统一协调游艇码头建设和运营过程中遇到的各种问题。尽快制定游艇码头规划建设及经营管理规定,通过完善的法律法规,保障游艇码头的规划用地、用海,加强环保管理要求,促进游艇码头的健康、可持续发展。公共游艇码头具有社会性、公益性的特性,政府应划拨公共游艇码头建设专项财政资金,加大对其建设的资金投入,并拓宽公共游艇码头建设的投融资渠道。搭建游艇码头综合信息服务平台,为政府、企业及个人提供游艇码头监督管理、游艇码头资源展示推广、公众信息等服务,以信息化的手段增强对游艇码头建设发展的保障。

第二节 游艇码头的建设与发展趋势

一、现代渔业产业升级带给游艇产业发展的契机

目前,国内渔港在现代渔业建设的推动下正面临着产业转型与升级问题,历史上形成的渔港产业体系与传统服务格局,已远不能满足渔港产业延伸要求,更与当今快速增长的新兴海洋休闲旅游发展需求及城市游艇公共服务设施建设未能同步。

当前是我国游艇产业发展的重要关口,尤其是加速游艇公共码头建设,对促进游艇内需的销售与游艇消费将具有不可低估的持续影响力,而利用当前渔港改造和产业提升机会,应是加快游艇公共码头建设步伐,推进地方游艇产业发展最佳的捷径选择。

(二)海洋旅游发展的契机和潜力

随着我国海洋经济发展战略被不断提升到更高的国家战略高度,这对沿海蓝色经济区、海洋经济发展带以及各种海洋、海岛开发实验区发展将会成为一

种直接动力。

以三亚为例,随着基础设施的不断完善,三亚游艇的数量开始持续增长,从最初的"一艇难求",成为现在的"千艇之都"。游艇旅游大众消费市场进入快速发展阶段,游艇租赁业也迎来了高速发展期;《海南省游艇产业发展规划纲要(2021—2025年)》提出,到2025年,全岛注册游艇数突破2 446艘,全年游艇旅游总人数将达到136万人次,产业规模突破100亿元。

截至2022年底,三亚已建成游艇码头4个,形成水上泊位约960个;新增游艇所有权登记462艘,同比增长43.03%;登记游艇总量达1 137艘,同比增长20.32%,游艇产业发展大跨步迈进,与此同时带来的是游艇码头配套市场需求的不断旺盛,鸿洲时代海岸、半山半岛帆船港等港口码头附近的免税城、连锁餐饮、大型商超如雨后春笋般席卷铺开。

2023年三亚国际游艇展暨国际酒类展在三亚国际游艇中心举行,与其相配套的南边海国际游艇码头项目建设加快推进,其中作为展会主会场的水上展区48个浮泊位将率先亮相,作为唯一以邮轮游艇产业为主导产业的海南自贸港园区,三亚中央商务区结合发展实际,结合《推进三亚游艇产业链高质量发展工作方案》,提出将三亚打造成为亚太游艇之都这一总体目标,通过多渠道进行全球精准招商,推进游艇产业全链发展。

三、游艇码头建设与发展的趋势和影响因素

游艇码头作为水上旅游和游艇产业的重要组成部分,其建设与发展呈现出以下明显的趋势。

(一)游客旅游消费观念的转变

随着人们生活水平的提高和休闲观念的转变,游艇旅游成为一种受欢迎的休闲娱乐方式。客户对于游艇码头的需求也变得更加多样化。除了传统的游艇停泊功能,客户还希望在码头周边能够享受到更多的服务和便利设施,如餐饮、购物、娱乐等,这要求游艇码头在设计和建设时考虑到全方位的客户需求。

(二)游艇码头的建设往往需要与相关部门、企业和社会资源进行合作

区域合作和协同发展模式的应用可以促进游艇码头的规模扩大和产业链的延伸,同时也能够提供更多的综合性服务,如旅游观光、度假酒店、文化娱乐等,从而吸引更多游客和投资者。随着全球游艇产业的迅速发展,国际化和海外市场拓展成为游艇码头建设与发展的重要趋势。

一些国家和地区已经采取措施吸引国际游艇旅游市场,提供有竞争力的税收政策、优质的服务和便利的入境流程,以吸引更多的游艇和游客。这也为游艇码头建设者提供了更多机会去开展国际合作和海外投资。游艇码头的建设需要充分考虑当地的文化特色和品牌形象。通过结合当地的历史、自然景观和文化元素,可以打造独具魅力的游艇码头品牌,提升其知名度和影响力。同时,也可以通过举办各类活动和赛事等方式来吸引更多的游客和参与者,促进游艇码头的发展。

(三)游艇码头建设的特点

游艇码头建设与发展呈现出多样化、环保可持续、科技创新、区域合作与协同发展、国际化与海外市场拓展以及文化特色与品牌打造等趋势。这些趋势将对游艇码头的规划、设计和运营产生重要影响,需要建设者和管理者密切关注,并根据实际情况进行相应的调整和应对。

1. 多样化

游艇码头建设与发展呈现出多样化的趋势,不仅仅是提供停靠服务,还包括餐饮、娱乐、会议等配套设施,以满足游客的多元需求。建设者和管理者需要考虑如何在有限的空间内提供多样化的服务,提升游客体验。

2. 环保可持续

随着人们对环境保护意识的增强,游艇码头的建设和运营也要注重环保可持续性。采用清洁能源供电、垃圾分类处理、水质保护等措施,减少对周边生态环境的影响,同时推动游艇产业的可持续发展。

3. 科技创新

科技创新对游艇码头的规划和运营具有重要影响。引入智能化管理系统、无人机巡检、智能停泊系统等技术,提高码头的安全性、效率和便利性。建设者和管理者需要关注最新的科技发展趋势,并将其应用到实际运营中。

4. 区域合作与协同发展

游艇码头的成功需要与周边地区的合作与协同发展。建设者和管理者应积极寻求与当地政府、旅游机构、企业等相关方的合作,共同推动区域的游艇产业发展,实现资源共享和互惠互利。

5. 国际化与海外市场拓展

随着全球游艇旅游的兴起,游艇码头也需要面向国际市场拓展。建设者和管理者应关注国际潮流和游艇旅游的需求,提供符合国际标准和服务水平的设施和服务,吸引来自世界各地的游客和游艇。

6. 文化特色与品牌打造

每个地区都有独特的文化特色和历史背景,游艇码头可以结合当地文化元素进行设计和打造,营造独特的品牌形象。通过提供与当地文化相融合的活动、展览、产品等,吸引游客并增加游艇码头的知名度和美誉度。

7. 游艇码头的发展更需要与周边地区进行合作与协同发展

通过联动旅游景点、餐饮、住宿等配套产业,形成整体的旅游目的地,提升地区竞争力和吸引力。码头运营者将积极寻求与国际游艇俱乐部、豪华游艇制造商和其他相关行业的合作,吸引国际游客和航海爱好者。

总体而言,游艇码头的发展趋势包括可持续发展、科技创新、区域合作与协同发展、国际化与海外市场拓展、文化特色与品牌打造,以及社交体验与服务升级。这些趋势将推动游艇码头行业向着更高水平发展,并提供更好的服务和体验给用户。建设者和管理者应密切关注市场需求和发展动态,并根据实际情况进行相应的调整和应对,以确保游艇码头的成功运营。

第三节 游艇码头的管理模式和运维战略

改革开放以来,中国经济飞速发展,成为世界第二大经济体,取得世界瞩目的成就,全面建成小康社会,人民群众的生活品质需求逐步提高,休闲娱乐消费游艇产业迎来蓬勃发展的大契机,游艇码头随着成为沿海沿江城市打造的重要基础设施,更是旅游城市发展的重要名片,游艇码头管理模式和运维战略已然成为地方经济发展的重要助力。

一、游艇码头发展情况

随着社会经济发展,游艇数量持续增长,游艇码头设施不断完善,部分城市从最初的"一艇难求",成为现在的"千艇之都",游艇旅游大众消费市场进入快速发展阶段,游艇租赁业也迎来高速发展期。

游艇码头主要由堤岸、浮码头、定位桩等组成,是给游艇提供泊位等服务的沿江沿海城市基础设施。游艇码头主要位于沿海沿江的大城市,旅游城市的游艇码头发展尤盛,不仅为游艇提供泊位,更是餐饮、娱乐、住宿、商务等众多功能集成的综合性商业体,为高端消费者及旅游度假爱好者或是普通消费人群提供了娱乐休闲活动。

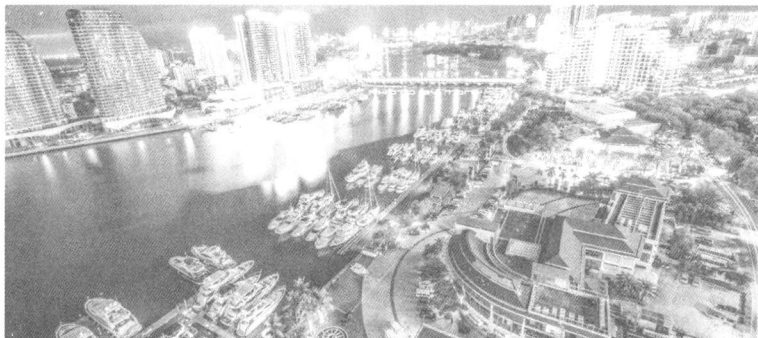

图 7-1　鸿洲国际游艇码头

（图片来源：https://www.zcool.com.cn/work/ZMjI3ODkyNDg=.html）

二、游艇码头管理的重要性

随着游艇娱乐消费数量及规模呈现快速增长的态势，游艇码头需求水涨船高，游艇码头服务要求越来越高。游艇旅游由传统的自娱自乐已发展成可从事整船租赁经营性活动。目前，国内游艇码头的管理没有较为标准规范成熟的经验和做法。我国游游艇码头市场尚处在起步发展的时期，管理运营不够规范，行业标准尚未完全建立起来，与欧美等发达国家游艇码头的发展水平存在较大的差距，已然成为限制地方游艇产业甚至是旅游城市发展的重要因素。

图 7-2　瓦班港，安提贝斯

（图片来源：https://www.sohu.com/a/320566153_1001991111）

三、游艇码头管理存在主要问题

1. 游艇码头数量相对较少

目前，我国仍为发展中国家，人均生产总值与欧美等发达国家差距甚远，虽然国内游艇码头建设已经初具规模，但是游艇码头和泊位数量依然较少，游艇码头发展数量与国外发达区域相比相对较少,与人均占用量相比,我国游艇码头更是稀少。

2. 码头硬件设施不够完善

游艇码头不仅需有得天独厚的自然条件,更需具备配套功能齐全的硬件基础设施,以便于发展集邮轮、游船、游艇等一体的经济综合体。

3. 游艇码头法规相对较少

游艇码头管理缺乏标准,管理制度文件缺少针对性。目前对游艇码头的安全与防污染管理相对落后,与实际需求不符。对于用游艇码头从事其他活动的情况没有规定。游艇码头安全管理规定、服务指南、游艇管理办法、产业促进条例等法规体系有待完善。

4. 部分游艇码头定位不明

传统游艇码头在功能方面比较落后,部分游艇码头定位不明。传统游艇码头主营业务是为游艇提供停泊等管理服务,与新兴游艇消费明需求有较大差距,传统游艇码头配备要求与实际需求不符。

5. 游艇码头开展经营不明确

游艇码头游艇旅游综合服务平台功能定位没有从法规上予以确认,主管部门处于各自为政的状态,没有充分从政策层面确认该平台的功能定位。

6. 行业自律停留在自发层面

按照共建共治共享的精神,以及结合其他行业的经验,行业自律对游艇码头的规范管理和高质量发展有着积极的意义。游艇码头的自律出于自发的状态,缺乏规范和约束机制,未能起到有效的作用。

7. 游艇码头产业链不齐全

产业链发展不平衡不充分,产业链中游发展较好,以设计、修造为代表的上游产业链和以基础设施、配套服务为代表的下游产业链薄弱,甚至某些功能缺失。

8. 游艇码头服务模式单一

大部分游艇码头仅简单提供停泊服务等主业,维修、补给等服务相对缺乏,附加值服务较少,游艇码头经营方式单一,服务功能缺失,营收来源缺乏,没有形成品牌效应,缺乏较好的盈利模式。

9. 运维战略与消费不匹配

原先游艇属于高端旅游消费,随着人民群众生活水平提高,游艇产业快速发展,游艇消费日益普及,游艇码头的运维战略与人们的消费需求不相匹配,娱乐设施难以满足人们的娱乐需求,游艇码头具备的资源和提供的服务,与普通旅游消费需求不契合。

四、游艇码头管理模式及运维战略建议

(一)优化游艇码头管理模式

1. 推进游艇码头配套设施建设

在符合相关规划和标准规范的条件下,推动在游艇制造产业集群范围内就近建设公共游艇码头并配套维修保养、安全保障、环境保护等设施,解决公共基础设施和服务设施不足问题,满足游艇经营企业普遍需求。

2. 加强码头产业要素保障

将游艇码头打造成集游艇展示、销售、培训、文化创意、高端餐饮、商务办公、会议会展等业态为一体的游艇产业综合体。配套测试水池、游艇干泊位及公共下水滑道等,建设集研究开发、创意设计、中试服务、成果推广、创业孵化、展览展示、检验检测、标准咨询、人才引进等创新资源要素于一体的新型载体,加强游艇码头服务要素保障。

3. 优化游艇码头管理制度

做好产业服务和数据统计分析工作,为游艇企业提供高效优质的通关服务,推进"智慧口岸,数字边检"建设,完成智慧游艇管控系统建设和使用,依托信息科技手段实现游艇出海、进出码头人员智能化、自动化、无感化管理和游艇出入港动态轨迹数字化管控。做好企业服务,协助解决邮轮靠泊等生产经营中的难题

4. 稳步推进游艇码头智能化

支持企业深入开展两化融合、机器换工等项目,逐步建立现代造船模式,推动数字化、绿色化、智能化升级。对符合智能化升级、集群化发展、服务化延伸、绿色化转型、安全化管控等支持方向的企业给予补贴。

5. 加强游艇码头质量品牌建设

引导游艇制造企业认真执行国际规范标准,完善产品质量保障体系。鼓励企业开展产品宣传,提高企业和品牌知名度,逐步树立游艇制造品牌良好形象。组织开展产品推介、技术研讨、设计大赛等交流活动,促进游艇企业品牌塑造,增强市场竞争力。

6. 建立游艇码头星级分级管理

党的二十大精神提出完善社会信用等市场经济基础制度,优化营商环境。在游艇码头管理方面,应该加强等级管理,按照不同的服务水平进行分级管理。以管理服务综合评价为基础,定期开展星级评价,对游艇码头实施分类分级管理。

7. 加强游艇管理人才队伍建设

引进与培养相结合,大力引进游艇企业管理人才和专业技术人才,集聚和吸引高层次人才;加强游艇码头管理人才培训基地建设,支持高校、职业技术学校定向委培,确保游艇码头智力资源和人力资源可持续发展。

8. 加强行业自律,发挥纽带作用

充分发挥各行业协会、船级社等行业组织、专业机构和相关智库的桥梁纽带作用,加强游艇行业自律,维护企业权益,及时向政府部门反映企业诉求,提出政策建议。支持游艇行业协会自律行为,赋予行业协会一定的管理权限。

9. 加大游艇码头监督管理力度

制定游艇码头管理体系的基础要求,明确制度体系要求。规范游艇码头及经营管理,完善监督检查与惩戒及退出机制。

10. 打造大数据及指挥调度中心

以打造"一站式游艇旅游服务"为重点,以体制机制创新为动力,以促进游艇旅游产业发展为重心,在创新游艇旅游监管服务机制、游艇旅游产品集中展示推广、推动游艇旅游服务体系建设上下功夫。

图 7-3　鸿洲国际游艇码头

（图片来源:http://travel.qunar.com/p-pl6055195）

（二）创新游艇码头运维战略

1. 加快培育引进市场主体

根据国家、省市给予的政策指引，推进游艇旅游产业市场主体建设。从提供游艇旅游产业有效市场供给方面，落地具体的业态、项目、产品和服务。满足人民美好旅游生活需要，提供保质、保量、保安全的游艇旅游公共服务；提供人民参与创新游艇旅游产品、提升整体旅游服务水平的通道和平台。按照"平台＋链主＋配套企业"的模式，以游艇码头为平台，引进国内外知名游艇制造企业为链主，聚集一批高附加值、低能耗的上下游配套企业，加快培育壮大市场主体，形成产业聚集。

2. 助力游艇产业链加快发展

聚焦上游创新、生产、配套，中游销售、消费，下游支持、辅助等产业全链条，建设产业链创新、公共服务、创意设计、维修和再制造平台，聚集上下游独具竞争优势的船艇配套企业，打造游艇全产业链集群。

3. 构建游艇交易平台

立足国际，结合大数据发布游艇交易指数，不断完善交易鉴证、船舶勘验、船舶评估、船舶保险等服务。通过金融手段锁定优质二手船舶，做好新艇交易、服务和管理，为产业集聚发展提供低成本、高效率的营商环境。

4. 构建产业创新发展平台

加强行业主管、研究机构、设计制造、资讯传播、金融服务等联合，共同探索制度集成创新、加速产业成果转化、制定行业标准，提高游艇码头运营能力。

5. 丰富游艇码头服务项目

增加游艇租赁、游艇销售等服务，建立游艇商业街、游艇酒店，集合游艇休闲、游艇停靠、会员专用码头、游艇租赁销售、游艇驾驶培训，游艇维修保养、游艇及设施展示厅、多功能会议厅、旅游度假、运动、商务帆船赛事及娱乐餐饮服务，增加游艇驾驶培训学校、办公和运动员公寓等配套设施海上运动休闲服务。

6. 发展大众化游艇消费

部分游艇码头适合做面向高端群体，部分适合面向精英群体，但是要打造码头盈利点，游艇不仅仅是富人的玩具，游艇码头经营的核心并不在于构筑特定圈层平台，满足会员多种需求，更要强调游艇停泊维护，发挥泊位等自然资源的溢价，针对游艇大众化消费需求，优化游艇码头服务内容，推动形成游艇批量建造能力，规范和优化平价艇、量产艇的消费。

7. 优化游艇码头营商环境

制定专门的线路和航道,带领会员进行游艇自驾游;举办各种会议游艇租赁,与海事局合作,进行培训游艇驾照的一条龙服务;游艇婚宴、滑水、滑水板、膝板、水上冲浪圈、钓鱼、游泳等个人水上运动或驾艇巡游;购买游艇后,享受维修保养一条龙服务。

8. 大力发展游艇租赁业务

游艇码头应成立租赁游艇俱乐部,自主经营游艇等相关租赁业务,借助冲浪等水上活动,充分利用个人游艇使用率较少的痛点及热点租赁游艇的兴起,优化游艇资源配置,开展游艇租赁业务。

9. 建立房地产配套模式经营理念

在周边规划房地产项目,随着游艇码头建设,地价及房价也会相应提高,同时探索建设集海钓、海洋观光、水上活动、高端餐饮、休闲娱乐、综合补给等多功能为一体的房地产项目集群,促进旅游品质升级、扩大游艇航行水域及应用场景。

10. 强化财政金融政策联动

充分利用财税优惠政策,撬动投资引导杠杆作用,以市场化方式为游艇企业提供资金支持。积极寻求地方政府奖补政策支持,促进金融机构对游艇码头发展运营模式等理解,加大金融保险支持,支持游艇码头企业获取信用、抵质押贷款,推动商业保险公司与码头码头合作,开展游艇相关保险业务试点。

11. 加强招商推进国际交流合作

积极吸引国外优质项目、资金、技术、管理、品牌和高端人才来我国发展游艇修造产业。引进战略合作伙伴,鼓励国外大型企业集团投资办厂或与国内企业合作落地。以产业链为纽带,积极开展招商引资活动,提高游艇修造产业的国际交流与合作水平,推动构建游艇码头产业集群。

12. 打造游艇活动赛事品牌

充分利用优惠政策优势,持续做大做强游艇码头品牌系列活动,释放当地游艇产业强劲发展信号,凝聚国内外游艇产业的关注,举办游艇码头节,形成独特港口文化新 IP。

13. 筑牢差异化产业发展优势

做好邮轮游艇及相关水上运动产品营销推广,打造网红消费项目。举办游艇设计大赛、新能源游艇大赛、产业创新发展研讨会,扶持打造特色赛事活动品牌,扩大产业影响力,助力"碳达峰""碳中和"等目标实现。利用相关政策,适时探索游艇夜航、进口游艇保税仓外热机试乘、外籍游艇一次性访问183天等政策落地,将政策优势转化为产业优势。

第四节　游艇码头的国际营销与游艇目的地城市推广

游艇码头是游艇旅游的重要基础设施,其国际营销和目的地城市的推广至关重要,通过研究和分析国际营销策略以及游艇目的地城市的推广实践,可以为游艇码头的发展和游艇目的地城市的提升提供有价值的参考和有效建议。

游艇旅游业在过去几十年中得到了快速发展,成为全球旅游业的重要组成部分。富裕阶层对于奢华、独特的旅游体验的需求不断增长,而游艇旅游正好满足了这一需求。作为游艇旅游的重要组成部分,游艇码头承载着游艇的停靠、维护和服务等功能。然而,光有一个优秀的游艇码头还不足以吸引游艇旅游者,国际营销和目的地城市的推广至关重要。

一、游艇旅游行业的发展概述

近年来,随着全球经济的发展和人们对奢华旅行的需求不断增长,游艇旅游行业迅速崛起并呈现出强劲的发展势头。游艇旅游不仅为富裕人群提供了独特的奢华体验,同时也成为许多目的地城市的重要经济支柱和国际形象的代表。在全球化的浪潮下,游艇旅游行业正经历着进一步的蓬勃发展,其国际营销和游艇目的地城市推广变得尤为重要。首先,游艇旅游行业的快速发展源于富裕人群对奢华旅行的追求。随着全球财富的集中和人均收入的增加,富裕人群对独特、奢华、私密的旅行方式有了更高的需求。游艇旅游正好满足了这一需求,游客可以在豪华游艇上享受到个性化的服务、奢华的设施和壮观的海上景色,尽情感受海上度假的乐趣。其次,全球化趋势推动了游艇旅游行业的迅猛发展。随着全球交通和通信的便利,游艇旅游成了一个"无国界"的行业。游艇可以自由航行于世界各地的海洋,游客可以选择将航线拓展至世界各个沿海的目的地城市。这种全球化的趋势使得游艇旅游行业更加多样化和灵活化,吸引了来自不同国家和地区的游客,促进了全球旅游业的发展。在这一背景下,游艇码头的国际营销和游艇目的地城市的推广变得至关重要。游艇码头是游艇旅游行业的重要基础设施,其位于的目的地城市是游艇旅游的起点和终点,为了吸引更多的游艇和游客,码头需要进行国际化的宣传和推广活动,包括参加国际游艇展览会、与海上运输公司合作、开展海外市场的推广等,以提高自身知名度和影响力,吸引更多的游艇和游客光临。

二、游艇码头的国际营销

游艇码头国际营销包括品牌建设与市场定位、营销渠道与合作伙伴以及服务质量与用户体验。

(一)品牌建设与市场定位

首先,游艇码头可以设计与建筑风格的独特性来突出品牌形象。独特的设计和建筑风格可以给游客留下深刻印象,并与其他码头区分开来。同时,精心规划的码头布局和先进的设施也是品牌建设的重要组成部分。通过良好的码头布局和先进的设施,游艇码头可以提供高品质的服务和舒适的体验,让游客感受到与众不同的待遇。其次,品牌形象应凸显对品质和服务的承诺。游艇码头应该追求卓越品质和出色的服务,以满足高端客户的需求。例如,提供安全可靠的停靠系统、稳定的电力供应、清洁的供水等基础设施,以及舒适的休息区、优质的餐饮服务和豪华的卫生间等增值服务,都可以彰显对品质和服务的承诺。此外,游艇码头还需要通过市场研究和分析来了解目标市场的特征和趋势。不同的目标市场可能有不同的需求和偏好,因此码头可以制定相应的营销策略,以满足不同客户群体的需求。市场研究和分析可以帮助码头了解目标市场的规模、竞争对手、目标客户的偏好和行为,从而更好地定位自己的品牌和服务。

(二)营销渠道与合作伙伴

首先,游艇码头可以利用数字营销工具和社交媒体平台来扩大品牌影响力和提高知名度。通过网站,码头可以展示其独特的魅力、高品质的服务和豪华的设施,包括码头的介绍、停靠服务、设施设备、周边景点等相关信息,同时码头可以发布吸引人的内容,包括精美的照片、视频和游艇旅游相关的资讯,吸引用户关注和互动。其次,与旅游机构合作,可以将游艇旅游作为奢华旅行的一部分进行推广。游艇码头可以提供专属的游艇旅游方案,与旅游机构合作推广,吸引高端客户。与游艇经纪人合作,可以吸引更多的游艇驶入码头,增加码头的吸引力,并带来更多潜在客户和业务机会,为码头带来更多的游艇停靠需求。

(三)服务质量与用户体验

首先,游艇码头应提供安全可靠的停靠系统、电力供应和供水等基础设施。基础设施的完善和稳定性能够保证游艇安全停泊并为顾客提供必要服务。同时,舒适的休息区、优质的餐饮服务和豪华的卫生间等增值服务也是吸引客户的关键。游艇主人和游客希望在码头停留期间能够享受到高品质的服务和舒适的环境,这将增加客户的满意度和忠诚度。其次,游艇码头应注重提供个性化的服务和定制化的活动。了解客户的独特需求和兴趣,为客户提供定制的航线规划、特色活动策划等服务,可以增强客户的参与感和满足感。例如,为客户提供私人导游或翻译服务,根据他们的喜好和需求设计特色活动,提供个性化的体验。这样的服务能够让客户感受到特别对待,增加他们的满意度和回头率。此外,游艇码头可以组织精彩的社交活动和主题派对,为游客创造难忘的体验。通过举办各种主题活动,如海上派对、主题晚宴、水上运动比赛等,码头可以为客户带来与众不同的娱乐和社交体验,活动不仅能够增加客户的忠诚度,还能够通过口碑推广吸引更多的游客。

三、游艇目的地城市推广

游艇旅游行业的快速发展为目的地城市带来了巨大的机遇。游艇目的地城市推广的关键包括地方特色与旅游资源、活动与赛事策划以及旅游合作与推广。

(一)地方特色与旅游资源

首先,游艇目的地城市应该充分展示自身的独特文化和历史遗迹,通过举办文化活动、艺术展览和传统庆典等方式,向游客展示城市的独特魅力。例如,举办当地传统音乐演出、艺术展览或历史文化讲座,让游客深入了解城市的文化底蕴,增加游客对目的地城市的兴趣和好奇心。其次,游艇目的地城市可以将游艇旅游与本地的特色产业和文化活动相结合,打造独特的旅游体验。例如,结合海洋资源,开展各种海上运动和水下探险活动,如帆船赛、潜水考察等,吸引游客感受海洋的壮丽与神秘。同时,将当地的传统节日、庆典与游艇旅游结合起来,例如在节日期间组织特色派对、游行和民俗表演,从而丰富游客的旅行内容,使游客既能享受到游艇旅游的乐趣,又能感受到目的地城市的独特文化氛围。此外,游艇目的地城市还可以推广本地的特色美食和当地特产。例如,举办美食节、推出当地特色菜品,吸引游客品尝和体验当地的美食文化。或者提供优质的餐饮服务和独特的食品体验,可以增加游客对目的地城市的满意度和口碑推广。

(二)活动与赛事策划

首先,定期组织各类游艇活动和赛事是吸引国际游艇爱好者和专业团队的有效方式。游艇目的地城市通过举办游艇巡游、帆船比赛、钓鱼比赛等赛事,不仅可以展示目的地城市的美丽风景和水域资源,还可以增加游客与当地居民的互动和交流,提升旅游体验。其次,目的地城市可以策划并打造品牌活动,以提升城市的知名度和声誉。游艇目的地城市举办国际游艇展览会、游艇文化节、游艇嘉年华等活动,可以展示游艇产业的发展水平、当地的游艇文化和专业服务,吸引更多的目光和关注。此外,目的地城市可以与游艇行业相关的组织和机构合作,共同推广游艇旅游。与国际游艇协会、游艇经纪人协会等建立合作关系,可以互相促进,共同开展推广活动和宣传,扩大目的地城市的影响力。

(三)旅游合作与推广

首先,游艇目的地城市可以与航空公司、酒店和旅行社建立合作关系。与航空公司合作,可以提供联程机票和优惠套餐,方便游客从其他城市或国家到达目的地城市;与酒店合作,可以提供住宿和停靠的优惠方案,为游艇旅游者提供舒适和便利的住宿体验;与旅行社合作,可以制定定制化的游艇旅游线路,满足不同游客的需求和偏好。以上合作关系可以为游客提供一站式的服务,增加游艇旅游的吸引力和竞争力。其次,游艇目的地城市可以利用旅游展会和国际会议等机会来推广目的地城市的旅游优势和魅力。例如,参加国际旅游展览会,可以向全球游客展示城市的旅游产品和服务,与潜在客户建立联系。此外,举办国际会议可以吸引专业人士和媒体的关注,提升目的地城市的知名度和形象。通过展示城市的旅游资源、推广独特的文化和自然景观,吸引更多游客的关注和兴趣。除了合作关系和推广活动,目的地城市还可以与其他游艇目的地城市或旅游局合作,开展联合推广活动和旅游产品开发,共同吸引更多的游客。例如,可以推出跨城市的游艇旅游套餐,让游客在多个目的地城市间畅游。这种合作可以扩大目的地城市的市场份额,提高整体竞争力。

四、游艇码头的国际营销与游艇目的地城市推广策略和实践

(一)国际知名游艇码头的营销策略和实践

圣托里尼游艇码头(Santorini Yacht Marina)位于希腊爱琴海的圣托里尼岛,以其卓越的营销策略和实践成为国际知名的游艇目的地。以下是其成功的营销策略和实践。

首先,圣托里尼游艇码头注重品牌建设和市场定位。它将自身定位为地中海地区的顶级游艇目的地,致力于打造高端、奢华的品牌形象。通过精心策划的营销活动和品牌宣传,圣托里尼游艇码头成功地将自己与奢华、独特的旅游体验联系在一起,吸引了众多游艇爱好者的关注和兴趣。其次,圣托里尼游艇码头善于利用多种营销渠道和合作伙伴来扩大品牌影响力。数字营销工具和社交媒体

平台成为其宣传和推广的重要手段,通过建立专业的网站和社交媒体账号,发布吸引人的内容,展示码头的独特魅力和服务。此外,与当地的旅游机构、游艇经纪人等建立合作关系,共同推广圣托里尼的游艇旅游产品。这些合作伙伴关系为码头带来了更多的曝光机会,扩大了目标客户群体。另外,服务质量和用户体验是圣托里尼游艇码头的关键关注点。码头提供高质量的游艇停靠服务和设施,包括安全可靠的停靠系统、高品质的服务人员以及奢华的停靠区域。通过不断改进和提升服务标准,码头赢得了游艇主人和游客的赞誉。最后,码头注重客户体验,提供个性化的服务和定制化的活动。游客可以享受定制的航线规划、特色活动策划等服务,满足自身的独特需求和兴趣。这种注重用户体验的经营理念使得圣托里尼游艇码头在竞争激烈的游艇目的地市场中脱颖而出。综上所述,圣托里尼游艇码头通过品牌建设、营销渠道和合作伙伴、服务质量和用户体验等方面的成功实践,成为备受游艇爱好者追捧的国际知名码头。其独特的品牌形象、广泛的市场推广和卓越的服务质量共同为圣托里尼岛的游艇旅游产业注入了强大的活力,为游客提供了难忘的奢华体验。

(二)游艇目的地城市的成功推广经验

美国迈阿密(Miami)作为一个独具魅力的游艇旅游目的地,在成功推广方面积累了丰富的经验。以下是其成功推广的经验总结:首先,迈阿密以其温暖的气候、美丽的海滩和独特的文化活力而著名。迈阿密成功地将这些特色与游艇旅游相结合,打造了时尚、奢华的游艇目的地形象。游客可以在迈阿密享受阳光沙滩、海上运动和豪华游艇体验,充分享受这个城市独特的魅力。其次,迈阿密精心策划和举办各类活动和赛事,迈阿密国际船展和迈阿密游艇周是迈阿密举办的两个备受瞩目的游艇活动,这些活动吸引了全球的游艇爱好者和专业团队,为迈阿密带来了极大的曝光度和声誉。通过举办这些活动,迈阿密成功地将自己定位为美洲游艇业的中心,吸引了更多的游艇爱好者和专业人士来到这个城市。此外,迈阿密与航空公司、豪华酒店和旅行社等建立了紧密的合作关系。这些合作伙伴关系使迈阿密能够通过联程机票、优惠套餐等方式提供便利和吸引力,提高游客的便捷度。综上所述,美洲游艇目的地城市迈阿密通过充分利用本地特色和旅游资源、策划举办各类活动和赛事,以及与合作伙伴建立紧密合作关系等方式,成功地推广和宣传自身作为顶级游艇目的地的形象。这些经验对其他游艇目的地城市在推广自身旅游产品和增加知名度方面提供了有益的借鉴和启示。

游艇码头的国际营销和游艇目的地城市的推广是游艇旅游业发展的关键

因素。通过采取有效的国际营销策略,游艇码头可以拓展全球市场,并吸引更多游艇旅游者的到访。同时,游艇目的地城市的推广需要注重独特性和差异化,为游艇旅游者提供独特的旅游体验。为了实现游艇旅游业的可持续发展,游艇码头和目的地城市需要共同努力,提供优质的服务和设施,以满足游艇旅游者的需求,并创造更加美好的旅游体验。

第八章

游艇产业发展促进政策

　　游艇产业被誉为是漂浮在水上的"黄金水道",在国外占据着重要市场地位。在 2021 年中国海洋经济统计公报中显示,我国滨海旅游业全年实现增加值15 297 亿元,比上年增长 12.8%。游艇属于滨海旅游中重要组成部分,是海洋经济中最具魅力的产业之一;而且随着我国经济的普遍提高,人们更倾向于多样化的旅游方式。游艇作为新兴旅游产业,它打破了旅游交通的传统模式,使人们在交通途中就能享受旅游的乐趣。

　　虽然我国游艇产业发展比国外晚,但我国在游艇方面的发展有很大的潜力,政策力度逐年加大。2008 年我国推出了第一部游艇行业相关的法规《游艇安全管理规定》;在 2009 年国务院就提出了支持有条件的地区发展邮轮、游艇等新兴旅游产业,并且要求完善游艇管理旅游以及游艇装备制造;2022 年由工信部等五部门联合发布的《加快邮轮游艇装备及产业发展的实施意见》中提出推动游艇产业创新发展,支持滨海城市鼓励和引导开展游艇赛事活动,要大力发展大众化消费游艇。可见,我国对于游艇产业的发展十分重视。

　　在本章中,我们将深入了解主要国家和地区游艇产业发展现状、各国游艇产业主要政策与历史变迁,进而了解主要游艇保有国家产业发展的动向与脉络。

第一节　各国游艇产业发展现状

(一)欧美游艇产业的发展现状

1. 美国游艇产业发展现状

美国在游艇产业的发展主要是游艇制造业,是游艇制造业的先驱者。美国游艇产业的兴起最早可追溯到 1913 年。它的游艇产业的发展过程可分为四个阶段。(图 8-1)

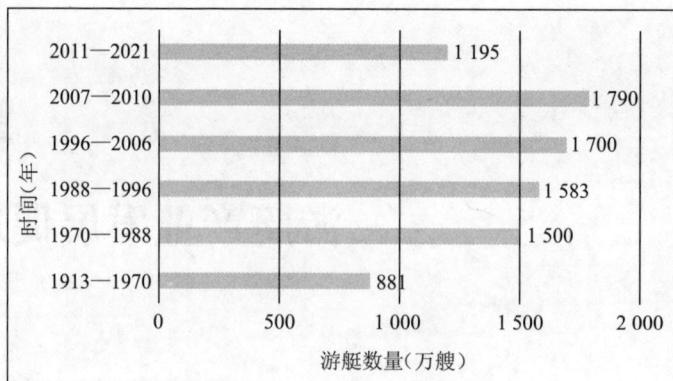

图 8-1　美国游艇数量图

资料来源:根据 2008 年世界游艇产业报告、IBI 国际游艇行业杂志等整理得来

（1）游艇产业兴起。1913—1970 年美国的游艇产业开始发展。美国在 1913 年游艇刚兴起的时候拥有 40 万艘游艇。到 1970 年游艇数量达到了 881 万艘。

（2）繁荣时期。① 1970—1988 年美国的游艇产业迎来了第一次繁荣阶段。在 1970 年美国在游艇方面的收入已经达到 34.4 亿美元。1988 年美国游艇产业销售总额达到了 179 亿美元,游艇数量大约有 1 500 万艘。在 1992 年美国的游艇产业销售总额下滑到 103 亿美元,但游艇数量在 1 583 万艘。② 1996 年—2006 年,美国游艇市场进入第二次繁荣期。在 2002 年美国的游艇产业销售总额达到了 300 亿美元。在 2004 年美国的游艇销售总额排世界第一。2006 年美国游艇产业销售总额突破至 395 亿美元,拥有游艇 1 700 万艘。

（3）较饱和阶段。在 2007—2010 年,由于受到金融危机的影响,美国游艇产业的发展也受到了宏观大环境的影响,在 2009 年仅仅只增加了 57.3 万艘游艇,并且销售总额下滑到 308 亿美元。到了 2010 年美国游艇数量大约在 1 790 万艘。这期间游艇的数量不再大幅度增加,游艇发展市场处于较饱和阶段。

（4）下降阶段。由于 2020 年起受到疫情影响,游艇产业有所下滑,但是美国游艇产业的发展与制造仍在继续。据 NMMA 的数据得到 2020 年游艇销售额近 500 亿美元。在 2022 年间,据美国海岸警卫队报道:注册在录的游艇数量为 1 195 万艘。

2. 欧洲游艇产业发展现状

欧洲游艇在全球游艇市场中约占 40% 的份额。其中意大利、法国、德国、英国等游艇产业十分发达。

（1）意大利处于领导地位。意大利在豪华游艇领域处于领导地位，在游艇生产方面仅次于美国。它的制造商 Azimut Benetti、Ferretti 和 Sanlorenzo 在游艇制造中排名前列。《Global Order Book 2019》中提到意大利的游艇制造业在全球的订单量中占超过 20% 的份额。

（2）法国是游艇生产大国。法国是一个游艇生产出口大国，游艇产业发展于 1960 年，并且它几乎将国内生产的六成游艇出口。法国经常举办游艇展会，在 2019 年的夏纳游艇展上展览了约 700 艘游艇。法国在游艇市场的收益也不断在增加，2022 年在 2021 年的基础上收益增加了 38%，并且成功打开了丹麦市场。

（3）德国是游艇消费大国。德国游艇产业的发展在欧洲地区排第四。德国属于游艇消费大国，它的游艇进口量大于出口量。

（4）英国是游艇比赛的先驱者。英国是一个游艇消费大国，是游艇比赛的先驱者。在 17 世纪，英国人十分喜爱赛艇、动力艇竞赛等活动。在 2019 年英国成为游艇租赁国，当时英国有 400 多家游艇租赁公司；在 2021 年，英国在游艇产业的收益约为 42.3 亿英镑。

由以上现状可以分析出欧美地区游艇产业发展的特征：① 发展时间较早，发展过程丰富。② 发展水平高、经济发展良好，产业技术过硬。③ 人们对于游艇的需求可观，并且海洋资源丰富。

（二）日本游艇产业的发展现状

日本虽然国土面积小，但海洋资源丰富，是游艇产业制造强国，也是亚太地区游艇产业发展的领路人，被称为"造船王国"。它的游艇产业发展分为以下几个阶段：

（1）兴起阶段。

日本游艇产业在 1950—1970 年开始兴起，随着日本国内造船技术的不断改进，游艇消费逐渐向社会渗透。

（2）随着日本经济的高速发展，国民收入的增加，日本海上游艇休闲文化开始流行，1970—1980 年发展为亚太地区游艇出口大国。日本以开发低价、经济的游艇作为发展目标。

（3）1980—2014 年日本成为游艇消费大国。日本游艇数量有 44 万艘，持有游艇执照人数超过 300 万人。同时日本政府还加强了游艇驾驶员严格培训制度并设立游艇审查机构，使游艇产业照有序的方向发展。考取游艇执照人数也在增加当中。

（三）韩国游艇产业的发展现状

韩国人开始享受休闲游艇运动得益于韩国政府将休闲游艇业定为国家繁荣战略的目标。它的发展包括以下几个方面。

（1）考游艇执照的人数增加。在发展初期，由于政府的支持，韩国游艇登记和考游艇执照的人数呈增长的趋势。2008—2013 年，韩国游艇登记共计 15 285 艘。

（2）码头的建造。由于游艇数量的增加，韩国在建造了可容纳 90 艘、最大可停 21.3 米（70 英尺）的游艇码头。韩国游艇产业发展初期，通过建造码头来吸引游艇。

（3）游艇租赁。2012 年，在首尔码头租赁游艇的人数超过 16 000 人，有 93 000 人使用过该码头覆盖的服务。游艇的租赁很大程度上满足了人们的需求并且带动了经济的发展。

（4）游艇展会的增加。韩国的经济环境为游艇业的发展提供了良好平台，随后每年都会举办大型游艇展吸引世界游艇爱好者参展。2023 年举办的首尔游艇展会已经是韩国第 16 届国际游艇展。

（四）中国游艇产业的发展现状

1. 香港游艇产业发展现状

香港特别行政区是中国最早发展游艇的地区。它在游艇方面的发展主要体现在游艇消费与游艇俱乐部上。

（1）游艇消费发展。1849 年起，香港开始大规模引入游艇消费。2021 年，根据香港游艇行业协会发布的数据显示香港共有游艇 10 269 艘，其中动力艇占 49％，舷外机驱动艇占 31％，帆船占 20％。

（2）游艇俱乐部的发展。2011 年香港的游艇俱乐部的发展十分发达，当时已经有 12 家游艇俱乐部成立，此外还有一些私人码头。

（3）游艇旅游的发展。香港游艇发展初期，发展对象只在当地。从 2018 年起，香港与广州、深圳等地展开了合作，支持发展邮轮＋游艇的水上休闲旅游。

2. 内地游艇产业发展现状

中国的游艇产业属于亚太地区的新兴力量，在游艇制造方面的地位仅次于日本和韩国。目前，我国内地的游艇产业主要集中在深圳、上海、珠海、天津、三亚等沿海城市。它的发展可分为以下三个阶段：

（1）1980—1990 年的起步阶段。因为改革开放推动了旅游业的发展，从而促进了游艇产业的起步。在江苏、山东、福建等沿海地区的企业开始引进国外技术,开始生产不同类型的游艇。在 1979 年,我国首次向国外出口游艇。

（2）1990—2008 年的加速发展阶段。随着旅游市场的升温,许多厂商看重我国的游艇市场,于是大量引进国外技术和智力,极大地提高了我国游艇产业的设计水平和生产力。在这个时期,游艇开始多样化、高档化、大众化。

（3）2008—2022 年的快速发展阶段。根据中国船舶协会数据分析,2010 年我国有 50 家销售能力强且设计出众的游艇企业。2018 年在原有基础上增加了 8 家,且从 2014—2018 年我国在游艇产业方面的产值在 55 亿左右。

国家游艇产业的发展在不断地进步,除了经济、文化、环境的影响之外,最重要的还离不开政策的扶持。游艇产业政策是为了促进游艇产业良性发展并且规范市场而诞生,它是国家调节市场和经济的重要机制。政策与产业之间的发展是相辅相成,共同成长的关系。

第二节　各国游艇政策的变迁

一、美国游艇产业政策的变迁

（1）时间上的变化:以美国 1971 年发布的《游艇法则和规范》作为起始点,以 2022 年颁布的《减少船艇撞击露脊鲸规定》为截止点,汇集了美国主要游艇相关政策,见表 8-1。从表中发现,1971 年到 1988 年是美国游艇政策的主要发展阶段。该时期内,美国的游艇政策颁布迅速,基本有几部相关政策是同一年实施的,这表示了当时美国政府对于游艇产业的重视。

表 8-1　美国部分游艇产业政策表

发文单位	时间	名称	主题
美国	1971	《游艇法则和规范》	游艇的购买登记、航道管理、驾照考核、贷款服务等方面形成了很完整的体系
美国	1971	《联邦游艇安全法案》	详细规定了游艇注册的最低标准,包括船舶编号、航行规则、个人救生、防污规则和遇险报警等要求
美国	1972	《制造商资格条例》	对制造商进行了统一的管理,明确了制造商资格标准
美国	1972	《禁止酒后驾驶游艇法》	严禁酒后驾驶游艇
加利福尼亚	1972	《船舶噪声限制》	加强对船舶噪音污染的统一管理
美国	1977	《国际海上避碰规则公约》	受美国管辖的船舶在外国领水内时,只要该外国的法律和规章不与之冲突,则国际规章应适用于该船舶,并应由该船舶遵守

发文单位	时间	名称	主题
美国	1984	《船舶安全法》	保证船舶能够安全规范有效航行
美国国防部	1988	《美国游艇设计规范》	规范了游艇码头设施设计标准
美国	2012	《美国水域船舶压载水活生物体排放标准》	确保航行在各个水域的船舶在规定期限内满足相应的排放
美国涂料协会	2015	《船舶涂料:理解美国、州和地方铜基防污法规的要求》	全面禁止使用铜基防污涂料;要求在船体清洗期间使用软垫和衬垫,以及在正常的船只维护重新油漆周期中转换为无毒防污涂料
美国	2019	《出入境游艇管理》	美国对正常的出入境游艇管理是以主动申报为主。如果没有按规定申报,会被罚金,特别严重的甚至可以没收船只
美国联邦贸易委员会	2022	《联邦贸易委员会法》	美国游艇、汽车、房车和摩托经销商将面临更严格的合规要求
美国国家海洋渔业局	2022	《减少船艇撞击露脊鲸规定》	要求游艇在东海岸的大部分地区减速,以保护濒临灭绝的北大西洋露脊鲸免受船只的撞击

资料来源:整理公开资料获得

(2)内容上的变化:美国作为一个游艇大国,游艇政策全面完备。

① 发展初期,美国政策上的重心是游艇制造与游艇的管理,因此才有了《游艇法则与规范》《游艇制造商资格条例》等政策的诞生。在游艇的管理中又分为了对游艇制造商的管理、对游艇驾驶的管理、对船舶噪声的管理以及游艇标准的管理等几个方面。从这个时期能看出,美国政府当时比较注重的是游艇制造方面产生的问题,它们希望能为公众提供符合标准的游艇。

② 发展中期,随着美国游艇市场的不断壮大,美国将游艇产业政策的重心细化到了游艇安全、关税、游艇码头建造、船舶排放标准以及船舶涂层使用标准等方面,进一步规范了当时的游艇产业与市场。这个阶段的发展,美国政府对游艇的标准有了更高的要求,它们希望游艇的发展能跟得上社会环境的变化,从而形成良性的循环,创造出更高的经济效益。

③ 现阶段,随着游艇产业的积极发展,人们对于游艇的需求不断增加。美国在游艇方面的政策在原有基础上增加了对游艇出入境的管理、对游艇经销商的管理、对游艇撞击大型海洋生物的管理等。其中增加的出入境管理表明美国的游艇产业在国际上与其他国家建立了良好的发展关系。对于经销商的管理是由于游艇的销售十分火热,为了维持市场良好的发展秩序。

二、欧洲地区游艇政策的变迁

（1）时间上的变化：表 8-2 是以英国 1894 年颁布的法令为切入点，以欧盟船舶行业协会 2023 年发布的《报废船艇循环经济实施线路图》为终点收集了欧洲主要相关政策。其中 1894 年到 1996 年为初期发展阶段、2006 年到 2015 年为中期发展阶段、2017 年到 2023 年为最新发展阶段。

表 8-2　欧洲游艇产业政策表

发文单位	时间	名称	主题
英国	1894	《1894 年法令》	第 530 至 534 条(清除沉船)赋予的权力,在没有国务大臣同意的情况下,国防部游艇不得行使,但为立即保护交通所必需的照明和浮力除外
欧盟各缔约国政府	1974	《国际海上人命安全公约》	规范商船建造和操作的标准。适用于商业游艇的其他资格标准
英国国务卿、国务院交通部	1981	《1981 年商船(轻税)规例》	(a) 在下列任何国家和领土(包括其领海)以外保存或使用的游乐游艇,即英国、马恩岛和爱尔兰共和国,每次访问 30 天或更短的时间内,每 10 吨支付 1.53 英镑;(b)本款(a)项不包括的拖船和游乐游艇,每 10 吨每年支付 18.36 英镑
巴黎	1982	《巴黎谅解备忘录》	定期检查和补充检查应包括对每艘船舶预先确定的区域进行检查
英国	1989	《1989 年商船(国防部船只)令》	国防部游艇的船长或任何受雇于该游艇的海员均不承担任何罚款、债务或损害赔偿责任
英国	1992	《1992 年商船(国防部游艇)命令》	"国防部游艇"是指为国防部服务的政府船只,其主要推进装置为帆,规定国防部游艇的注册申请应由国防部一名官员以书面形式向英国船舶注册官提出
英国	1993	《1993 年商船(用于运动或娱乐的商业用途船只)条例》	"游乐游艇"或"游乐船只"的定义,视情况而定
意大利	1996	《游艇管理条款》	规定意大利游艇登记注册,申请航海执照流程
Renato Soru	2006	《第四号地方法》	对外来游艇的停泊、第二套房子、私人飞机的降落开始征税
马耳他	2006	《马耳他商业游艇法典》	对商业游艇征收吨位税。用于国际旅客运输的商业游艇,只要在马耳他注册为商业游艇,就适用于吨位税。它们必须从事最多 12 名乘客的商业运输,并必须遵守一套严格的安全和操作标准。被认证为商业游艇的游艇被认为相当于小型客轮,因为它们可以在国际水域航行

发文单位	时间	名称	主题
欧洲会议和理事会	2009	《关于港口国管制的第2009/16/EC号指令》	确保港口国管制制度的统一和有效实施
船舶注册总署	2012	《2012年内部程序规则》	关于适用马耳他吨位税方案的资格的内部规则（2012年内部程序规则）。其中包括对定期租船的限制
马耳他	2013	《商船法》	在马耳他注册的所有船舶，包括渔船和游艇，都应缴纳吨位税
欧盟	2013	《欧盟休闲游艇指令》	评估了进一步减少休闲游艇及其燃料系统产生的废气排放的技术和经济可行性。评估现行游艇设计类别的适当性，以及这种类别对制造商和最终用户的影响
欧盟理事会	2017	《修订理事会指令98/41/EC关于在往返共同体成员国港口的客船上航行人员登记的指令，以及欧洲议会和理事会关于抵达和／或离开成员国港口的船舶报告手续的第2010/65/EU号指令》	根据欧盟个人数据保护法，在不影响符合数据保护法的其他法律义务的情况下，根据指令98/41/EC收集的个人数据不应被处理或用于任何其他目的，也不应保留超过指令98/41/EC所需的时间。因此，一旦船舶航行安全完成，个人数据应自动删除，不得无故拖延
欧盟	2020	《船舶和游艇涂层的BAT结论》	限制码头和船台的材料建造、船舶和游艇涂层挥发性有机化合物总排放量
欧盟	2023	《欧盟休闲游艇指令》	减少了休闲游艇及其燃料系统产生的废气排放。以气象标准为基础对游艇设计类别进行划分
欧洲船舶行业协会	2023	《报废船艇循环经济实施线路图》	遵循许多欧洲国家已经成功建立的拆解和回收计划，将普及可持续的回收结局方案的使用并全面解决报废游艇的问题

资料来源：https://www.legislation.gov.uk/
https://eur-lex.europa.eu/search.html

（2）内容的变化：主要选取了欧盟、英国、意大利等地方的一些政策文本。

① 发展初期，以英国为例，当时的法令中只针对国防部游艇提出政策约束，英国游艇的发展从1894—1992年政策的重心依旧是国务院游艇，这符合了当时英国的政治国情，那时游艇几乎还没对公众开放。但欧洲整体对于游艇产业的发展是更加注重游艇的规范与标准、游艇安全、游艇登记等多个方面，因为一个产业的发展，最基础的首先是有一个制造的标准和管理的体系。

② 发展中期，欧洲在游艇政策的发展上也在不断升级。这期间游艇政策的

发展主要在船舶税收规则、游艇租赁、港口的管理制度等几个方面。其中不同地区有着不同的税收标准,比如马耳他需要征收吨位费。随着环境的变化,游艇租赁行业在不断扩大,因此对于港口停泊的需求也在不断增加,所以加强对游艇租赁以及港口管理的政策是十分有必要的。

③ 现阶段,欧盟将目光放在了游艇排放问题、船舶和游艇涂层建造和使用、环保游艇的打造以及废弃游艇的回收上。同时通过加强与中国的合作以及增加成员国的方式来不断增加欧洲游艇产业的收益。关于游艇排放、船舶涂层的使用以及打造环保游艇等问题主要是为了加强游艇的性能,其次减少对海洋环境的污染,以便于能更好地可持续发展。

(二)日本游艇产业发展政策的变迁

通过梳理政府网站、文献资料、新闻等多方面来对日本游艇方面的政策进行搜集整理形成表 8-3。从中总结出日本游艇产业政策发展的变化。

(1)在时间上的变化:表 8-3 中资料时间为 1975—2022 年。其中 2019、2022 以及 2022 年的政策较多。根据时间进行划分,主要分为了 1975 年—1996 年、2002 年—2014 年以及 2018 年—2023 年三个阶段。

(2)在内容上的变化:不同时期的政策主题的变化在不断增加。

① 发展初期,由于船舶、游艇等在海域发生事故的频率较高,因此日本地方关于禁止游艇危险行为的政策在不断发布;之后,在 1979 年,日本还出台了港口和港口技术方面的世界级知识汇编的《日本港口和港口设施技术标准》,在当时属于日本游艇产业发展的里程碑。

② 发展中期,日本对游艇的等级进行划分,并且政策更注重船舶停靠、游艇救援等方面。但游艇海上安全问题仍然值得关注。其中游艇等级的划分包括类型、长度以及吨位的划分等;而海上救援的重点是易受海上事故影响的沿海地区、游艇活跃的时间和地区等。

③ 现阶段,各种游艇政策除了大阪北光码头废除了公共管理中规范的规则,将游艇码头解放为游艇和海上运动以外的船只类型外,还包括了游艇港口建造和管理、游艇安全、游艇旅游、游艇经济等。在游艇管理与建造中提到了采用新技术同时制定了新的燃放标准;在游艇旅游中鼓励超级游艇访问日本;在 2023 年日本重新对《船舶航行管理条例》进行修改,根据船舶的种类以及大小,设定与新造船舶同等水平的燃耗标准,并且由船籍所在国实施检查,对于违反标准的情况,规定必须采取满足性能的应对,包括限制速度、改良螺旋桨等。

表 8-3　日本游艇政策表

发文单位	时间	名称	主题
港口局	1975	《船舶工作人员和小型船舶经营者法》	对包括船只在内的小型船舶的危险行为和醉酒操纵规定了规定
福冈市	1975	《福冈市游艇港条例》	用户因可归责原因损坏或丢失游艇港口的设施或设备,必须将其恢复原状并照价赔偿
三重县	1975	《三重县摩托艇和四人事故预防条例》	禁止摩托艇、游艇等危险行为以及禁止醉酒操纵
日本交通和旅游部	1979	《日本港口和港口设施技术标准》	代表了日本在港口和港口技术方面的世界级知识汇编
日本内阁	1996	《市场准入申诉专员委员会第三次报告》	修订船舶、船舶发动机和推进装置等进口检查制度
日本政府	2002	《小艇等级法》	将游艇的等级进行划分
北海道	2003	《北海道防止游船事故等条例》	禁止危险速度使游船靠近游泳者
日本海洋政策研究财团	2005	《21世纪海洋政策建议书》	建议国家尽快制定海洋政策大纲,完善海洋基本法的推进体制,扩大国家管辖海洋国土加强国际合作
日本内阁	2006	《日本交通安全白皮书》	加强易受海上事故影响的沿海地区的救援能力,包括更有效地使用巡逻艇和飞机,以及采取主动行动,充分利用直升机的机动性、搜索和垂直救援能力,特别是在游船活跃的时间和地区
日本政府	2007	《海洋基本法》	将"实现海洋立国"确立为新时期日本海洋战略,并确立现行海洋体制
日本政府	2008	《在领海等区域有关外国船舶航行的法律草案》	对日本领海内可疑外国船只进行监管,规定禁止外国船只在无正当理由的情况下在日本领海内停泊
划船业公共关系部	2014	《大阪北光码头私有化》	开始接受游艇和摩托艇。接受帆板、SUP(站立式桨)、皮划艇和划独木舟。接受渔船和迷你船
国土运输省	2018	《日本观光白皮书》	利用海洋资源丰富优势,推动游艇经济的开展
总务局	2018	《第三期海洋基本计划意见书》	开展船舶检查和对外国船只的监督、自动化技术运用到码头建造和造船中
日本政府	2019	《关税定律表》	游艇无税
福津市	2019	《福津市津崎游艇港条例》	在津崎设置游艇港并设董事和必要工作人员加强管理
日本船级社	2020	《最新钢制船规则》	对发动机、电力转化器等进行分析检查修改
日本神户市	2020	《神户市港口设施条例》	禁止配备内燃机或电动机作为推进发动机的船舶航行
神户市	2020	《保护和培育须磨海上条例》	禁止在须磨海岸地区使用摩托艇、游艇、船只、帆板或喷出气体或液体对他人构成危险的设备

发文单位	时间	名称	主题
日本政府	2021	修订《外国注册超级游艇》的法规	使超级游艇在日本的巡航变得更加容易,并鼓励超级游艇访问日本
日本明石市	2022	《明石市条例》	船只等定义为用于运动或娱乐的船只、摩托艇、游艇、帆板等,船只不能进入游泳者安全区
和歌山县	2022	《小型船舶安全条例》	规范船只的航行,采取措施保护游泳者的安全
宫古岛、冲绳	2022	《宫古岛市促进安全使用船只等条例》	保障水上人命、财产安全,防止船舶造成污染,规范船舶安全监督管理
三重、福岛、长崎、兵库县等12个县	2022	《防止游艇事故》	防止用于运动和娱乐的摩托艇、游艇等船只发生事故并规定了与游船运营相关的合规和禁令
日本船级社	2022	《钢质船舶检验和建造规范》	支持使用创新技术进行更灵活的船体结构设计
日本政府	2023	《船舶航行管理条例》	根据船舶的种类以及大小,设定与新造船舶同等水平的燃耗标准。船籍国每年调查实际燃耗,对于措施不到位情况,要求船舶管理者提交改善计划

资料来源:http://www. rilg. or. jp/htdocs/,《邮轮游艇服务与管理》

(三)韩国游艇产业发展政策的变迁

韩国宏观的经济环境为游艇产业的发展提供了一个良好的平台。梳理在韩国官方网站资料汇总成表8-4,从中可以看出韩国游艇产业政策上的变化。

(1)时间上的变化:以韩国1970年—2022年的部分政策作为基础,将韩国游艇政策划分为1970—2008年、2010—2015年以及2018—2022年三个时间段。其中2018—2022年的政策为主要发展阶段。

(2)内容上的变化:受环境的发展的影响,韩国的游艇政策在与时俱进,不断更新。

① 1970年起韩国游艇产业的主要目标是通过扩大系泊能力,加固防波堤,增加游艇维修设施等方式建设世界级综合海洋休闲码头。世界级码头将吸引游艇的停泊从而带动游艇发展。在1970—2008年间,韩国主要发展码头、比赛等。而2008年,韩国国土资源部、行政安全部、海洋警察厅等联合发布了大幅放宽对海洋休闲船艇的有关限制和规定的《海洋休闲产业规定合理化方案》,韩国游艇产业正式进入发展阶段。

② 在2010年起,韩国开始制定游艇以及游艇港口的标准。之后,韩国还推出了《游艇产业发展总体规划》《海洋休闲船舶修正法案》《发展邮轮产业和扶持游艇码头产业的对策》来全面推动游艇产业的发展。并且将游艇以合理价格

对外出租。在 2015 年韩国政府和中国政府联合合作将发展高档游览船与港湾等事业作为重点"商业化",并且期待高档与友好的游艇。

③ 2018 年起,韩国的游艇发展政策在进行细化修改,特别是地方性的游艇政策体现得最为明显。其中,统营市、扶安郡、丽水市、木浦市等地方都对于游艇经营发展条例提出了政策更新,用来便于适应社会发展,以促进当地经济的振兴和游艇产业的低端扩散。蔚珍郡提出了让学校运营游艇教育,培养更多的游艇人才,为韩国未来的游艇产业发展储备人才。

表 8-4 韩国游艇产业发展政策表

发文单位	时间	名称	主题
釜山广域市厅	1970	游泳湾游艇竞技场再开发民间投资项目	扩大系泊能力,加固防波堤,增加游艇维修设施等各种设施,强化了海洋旅游竞争力
文化旅游和体育厅	2004	《2004 年度体育指导员培训及资格认定实施方案指导》	帆船、赛艇、独木舟等体育项目需向相关研修院咨询提交材料
文化观光局	2006	《2 年基金管理计划案》	游艇住宿项目费用总额为 6 亿韩元,负担率为 33%
国土资源部、行政安全部、海洋警察厅	2008	《海洋休闲产业规定合理化方案》	大幅放宽对海洋休闲船艇的有关限制和规定
韩国政府	2010	《第一次游艇港口基本规划 2010-2019》	规划游艇港口的标准,规定游艇各方面标准
海洋休闲旅游司	2013	《庆尚南道游艇系泊场及海洋休闲海滩专门开发方案》	专门开发游艇乘舶场以及冲浪景点
韩国国会	2013	《游艇产业发展总体规划》	发展游艇产业中长期政策取向相关事项、按年份分列的游艇产业培育计划、码头发展规划、其他为培育游艇产业而认为必要的事项
韩国国会	2014	《海洋休闲船舶修正法案》	所有游艇开始以合理价格正式对外出租
韩国海洋水产部	2015	《发展邮轮产业和扶持游艇码头产业的对策》	决定全面扶持游艇码头产业发展
韩国海洋水产开发院	2015	《环球日报 - 韩国力推游艇港》	发展高档游览船与港湾等事业已经作为重点"商业化"研究领域受到韩国政府高度重视。期待高档与友好的游艇来往与中韩之间的港湾
韩国海洋水产部	2018	《海洋空间规划与管理法》	海洋空间规划的编制与实施、海洋空间的口持续利用与开发等事项进行了较为全面的规定

续表

发文单位	时间	名称	主题
行政和安全部	2018	《庆尚北道游艇业培育及支援条例》	推动和支持培育游艇产业的各种措施
新安郡文化观光科、行政和安全部	2019	《关于成立和经营新安郡游艇旅游有限公司的条例》	公司应当从事下列业务:旅游观光船业、滨海旅游业、旅游住宿业、餐饮业、其他与旅游有关的业务
庆尚南道巨济市（海洋港湾科）、行政和安全部	2019	《巨济市游艇产业培育条例》	对游艇产业的系统培育和支持,促进游艇人口的扩大和游艇产业的振兴,促进巨济市向南海岸中枢性海洋旅游城市发展
海洋和渔业部（海洋休闲旅游司）	2020	《贸易港游艇停泊设施使用规定》	就贸易港口游艇停泊设施的使用和管理做出规定
蔚山广域市海洋水产科、行政和安全部	2020	《蔚山市游艇产业培育与扶持条例》	建立共识,创造和普及游艇行业需求所需的内容
韩国政府	2020	《第二次游艇港口基本规划 2020-2029》	《第二次基本规划》中,树立了受到民众喜爱的游艇、与地区相融合的游艇、促进产业成长的游艇等三大推进战略及 10 项政策课题
韩国新万金开发厅、韩国游艇协会	2020	《合作谅解备忘录》	充分利用新万金的海洋空间,引进游艇项目,建设游艇停靠位
韩国政府	2020	《第一期环保船舶基本规划》	通过 LNG、电力、混合动力等核心原材料技术的国产化和尖端化,研发出混合燃料等低碳船舶技术
庆尚南道统营市（观光科）、行政和安全部	2019 颁布 2021 修改	《统营市游艇系设施管理及营运条例》	设立统营市游艇类设施,以刺激统营市海洋休闲旅游,并规定其管理和运营的必要事项
全罗北道扶安郡、行政和安全部	2011 颁布 2021 修改	《扶安郡游艇场设施管理运营条例实施细则》	对扶安县游艇场设施的管理和运营做出必要规定,以促进当地经济的振兴和游艇产业的低端扩散
全罗南道丽水市（海洋政策科）、行政和安全部	2015 颁布 2022 修改	《丽水市游艇码头设施管理运营条例》	为促进游艇等码头产业的培育和海洋休闲运动的开展,通过开发和高效利用码头港口及相关设施,对丽水市游艇码头设施的管理和运营做出必要规定
全罗南道木浦市（海洋港湾科）、行政和安全部	2009 颁布 2022 修改	《木浦市游艇码头或设施管理经营条例》	任何希望使用游艇或设施的人必须获得木浦市场的许可,设置游艇码头每日出入境时间,游艇经营、游艇码头或者设施的使用费,应当自使用许可之日起至使用开始前全额支付
全罗南道木浦市（海洋港湾科）、行政和安全部	2009 颁布 2022 修改	《木浦市游艇码头设施管理运营条例实施细则》	游艇设施的专业保管人,须安排取得《水上休闲安全法》所订的一般驾驶执照(一级、二级)或游艇驾驶执照

发文单位	时间	名称	主题
行政和安全部	2022	《庆尚北道事务委托条例》	运营游艇教育、讲座和游艇俱乐部培养计划时,可以委托游艇学校、道内大学的继续教育学院或游艇相关组织(包括法人,下称)等部分或全部项目
行政和安全部	2012 颁布2022 修改	《蔚珍郡游艇学校运营规则》	游艇学校的开放时间为全年、游艇等海洋休闲运动感兴趣的儿童、学生、普通人等为对象招收游艇学校学员

资料来源:https://clik.nanet.go.kr/potal/search/searchList.do

(四)中国游艇产业政策的变迁

1.香港游艇产业政策的变迁

香港特别行政区是中国游艇旅游发展历史最为悠久的地区。通过香港特区政府官网、海事处以及新闻网等对香港有关游艇发展的政策进行收集。选取条例、通知、方案、规划等作为样本,整理得出表 8-5。

表 8-5　香港游艇政策表

发文单位	时间	名称	主题
香港特区政府	1978	《船舶及港口管制条例》(第 313 章)	彻底改变了香港的船舶登记制度。该条例规定所有于香港水域内的船只均须持牌
香港特区政府	1981	商船安全条例》(369 章)	一直是规管香港登记船只安全的条例
香港特区政府	2004	《保护海港条例》	减少填海工程
交通部海事局	2006	《关于加强游艇管理的通知》	积极引导公众对游艇的关注和热爱,支持游艇业的健康发展,丰富公民的水上活动,保障水上交通安全,防止游艇污染水域环境
香港特区政府	2007	《海岸公园及海岸保护区规例》	管制玻璃船底游艇在海岸公园行驶
香港特区政府	2009	《消费税暂行条例》	对游艇征收消费税
香港海事处	2009	《两级游艇海事规定》	规范游艇安全管理相关规定,规范游艇驾照的合理性
深圳市文体旅游局、香港旅游署	2018	《深港游艇旅游发展合作规划》	重点解决游艇制造规划、游艇会与游艇码头建造规划、航道设计、航线开发、人才培养、管理标准制定等合作方面的问题,提高深港游艇旅游合作层次、深化游艇业发展合作领域、共同打造深港游艇旅游大市场
海南省	2019	《中国(海南)自由贸易试验区琼港澳游艇自由行实施方案》	对港澳籍游艇推行便利化措施,形成了便于操作、规范明晰的游艇出入境政策管理体系

续表

发文单位	时间	名称	主题
香港海事处	2021	《商船(防止空气污染)规例》	加强环保管理制度,提升收集和清理海上垃圾的服务,应付溢油事故,实施防止海洋污染的国际公约,并对船舶执行相关环保法例的规定
国务院	2021	《全面深化前海深港现代服务业合作区改革开放方案》	支持香港经济社会发展、提升粤港澳合作水平、构建对外开放新格局的重要举措,推进国际船舶登记和配套制度改革。
海南海事处、交通运输部、香港特区政府海事处	2022	《关于琼港游艇便利出行的工作安排》	持有香港特别行政区政府海事处签发的游乐船只一级、二级操作人员证明书的人士,可在海南省划定与公布的游艇活动水域驾驶相应香港注册或领牌游艇
香港海事处	2022	《访港游艇/游乐船只船长须知》	规范出入境管理机制和操作指南使管理机制更加便利
香港海事处	2022	《商船(本地船只)(一般)规例》	获海事处处长允许后,香港以外地方的游艇/游乐船才能在香港水域内航行

资料来源:香港海事处、中国政府网

(1)时间上的变化:香港游艇方面的政策选取了 1978—2022 年部分为数据。随着国情和时间的变化,从 2018 年起,香港加强了与内地沿海城市的游艇产业合作。

(2)内容上的变化:香港政策发展良好。

① 香港初期在政策上对船舶登记制度进行了改变,最初该条例规定所有于香港水域内的船只均须持牌。之后在《商船(安全)条例》中也一直强调着船舶登记安全问题。

② 为了加强对游艇的管理,积极引导公众对航海的关注和热爱,支持游艇业的健康发展,交通部海事局在 2006 年提出了《关于加强游艇管理的通知》。该通知很大程度上提升了游艇在生活中的普及率。但仍然未被明确提出具体如何引导公众的方法及策略。

③ 香港在 2007—2010 年期间在游艇发展政策方面对游艇实行了消费税、规范了游艇驾照的合理性以及游艇安全的管理。

④ 在 2017—2022 年阶段,香港在游艇政策的发展上加强了与深圳、海南、广东等地区游艇出游的合作,并且规范了游艇的出入境管理。首先是国务院提出了香港与深圳、广东的合作方案,构建对外开放新格局的重要举措,推进国际船舶登记和配套制度改革。然后,逐步加强了与其他地方的合作,共同发展游

艇产业经济与旅游。同时还规范了出入境管理机制和操作指南,使管理机制更加便利。

2. 内地游艇政策的变迁

通过对中国内地游艇产业政策进行收集,访问中国政府网和广东、海南、上海等政府官方网站收集了 2008—2022 年以来中央、部分地方的游艇产业相关的部分政策,选取了法律法规、规划、意见、条例、通知等资料整理出图 8-2 和表 8-6。

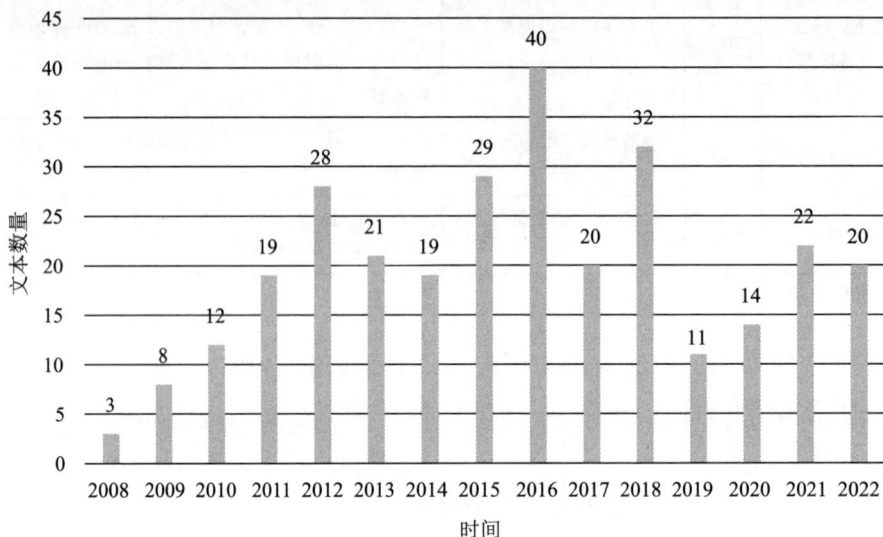

图 8-2　2008—2022 年中国游艇政策文本分布

（1）政府的支持让游艇政策数量在不断增加。从图 8-2 中看到中国内地正式打开游艇产业市场是在 2008 年。经过时间的变化,游艇政策的数量也在不断增加。在 2016 年游艇产业得到了全力的支持,于是 2016 年是游艇政策发布最多的一年。

（2）受中国环境的影响,政策的内容在细化和增加。

① 中国有关于游艇方面的政策最开始主要体现在游艇的建造、规范、游艇的安全管理、鼓励游艇发展等方面。

② 之后根据发展需求,税率、游艇旅游、游艇出入境管理以及游艇经营等方面成了游艇政策发展的核心。

③ 现阶段,在保持以前政策的基础上,游艇消费、游艇经济、海上救援、邮轮＋游艇联动、游艇产业集群创新也在一一被纳入政策发展。

表 8-6 中国游艇政策表

发文单位	发文时间	政策名称	政策主题
交通运输部	2008	《游艇安全管理规定》	我国第一部游艇方面的政策法规。为了规范游艇安全管理、促进游艇业健康发展
中国船级社	2008	《游艇建造规范 2008》	我国第一部游艇建造规范。对20米以下的非营业性机动游艇,在检验模式及技术上对20米以下的非营业游艇提出不同于商业性船舶的规定
国务院	2008	《中华人民共和国消费税暂行条例》	游艇的消费税税率为10%
国务院	2009	《国务院关于加快发展旅游业的意见》	首次提出了要支持有条件的地区开发邮轮游艇等新兴旅游产业
国务院	2009	《国务院关于推进海南国际旅游岛建设发展的若干意见》	指出要研究完善游艇管理旅游、培育发展游艇装备制造
国务院	2010	《国务院办公厅印发贯彻落实国务院关于加快发展旅游业意见重点工作分工方案的通知》	把邮轮游艇旅游装备制造业纳入国家鼓励类产业目录。支持有条件的地区发展邮轮旅游
海事局	2010	《游艇安全管理工作实施意见》	针对进口游艇的检验问题、游艇上安装的机电设备认可问题和游艇登记等方面
全国人大常委会	2011	《车船税法草案》	提出按游艇长度为计税依据征收其车船税,并且删去对"高能耗、高污染"车船加收车船税的规定
海事局	2011	《中华人民共和国游艇驾驶员培训、考试和发证办法》	保障了游艇驾驶员的安全问题
交通运输部	2011	《关于加强进口游艇管理的公告》	促进我国游艇与国际接轨
广东省人民政府	2011	落实2011两岸新兴产业合作暨经济转型升级高端论坛宣示政策分工方案	推动广东省与台湾游艇等行业协会的交流合作,从而逐步引进台资发展游艇产业
广东省人民政府	2012	广东省旅游发展规划纲要(2011—2020年)的通知	支持邮轮、游艇业发展,加快出台与国际接轨的促进广东游艇旅游发展的管理法规和办法
中山市人民政府	2013	《中山市游艇产业发展规划2012—2020》	加快壮大游艇产业集群、加快健全游艇产业链条、加快拓展游艇产业空间、加快构建游艇产业体系
海事局	2013	《游艇法定检验暂行规定》	它属于《游艇安全管理规定》配套的技术规范。该法规在适用范围、设计类别、检验类别及间隔期间、图纸审核要求等方面均有较大变化

发文单位	发文时间	政策名称	政策主题
国家质检总局	2013	《海南出入境游艇检疫管理办法》	放宽了游艇申请电讯检疫的条件,对未持有相关证书的可采取先电讯检疫,事后补证的做法
交通运输部	2014	《游艇码头设计规范》	是强制性的行业标准
广东省人民政府	2014	《广东省人民政府办公厅关于印发《实施珠三角规划纲要2014年重点工作任务》的通知》	制定省游艇管理办法,以广州、深圳、珠海、中山市为试点,推进粤港澳游艇旅游创新合作
国务院	2015	《中国(广东)自由贸易试验区总体方案》	明确提出,"制定粤港、粤澳游艇出入境便利化措施",让人们看到了粤港澳游艇"自由行"的曙光
国务院	2015	《国务院办公厅关于进一步促进旅游投资和消费的若干意见》	推动码头泊位基础建设、清理简化游艇审批手续、降低准入门槛和游艇登记、航行旅游、停泊、维护的总成本
海南省人民政府	2016	《海南省游艇管理办法》	为了加强游艇的服务与管理、维护国家安全、促进游艇经济发展
广东省自贸办、广东省旅游局、广东海事局	2016	广东自由贸易试验区粤港澳游艇"自由行"实施方案	推动港澳游艇在自贸试验区"自由行",进而推动游艇旅游业在南粤大地发展
上海市人民政府、上海文旅局	2016	《上海市旅游业改革发展"十三五"规划》	推动邮轮、游船、游艇产业集聚发展
上海市人民政府、上海市水务局	2018	《上海市海洋"十三五"规划》	做大做强海洋旅游业,加快邮轮游艇经济发展、支持邮轮游艇出入境管理等政策试点
上海市人民政府	2018	《黄浦江岸线综合利用规划－核心段(杨浦大桥－徐浦大桥)》的批复	在确保黄浦江航道航运安全、不影响滨江公共空间贯通开放的前提下,以总量控制、分散布局、适度发展为原则,规划布局11处游艇码头,后续结合地区发展需求,对游艇码头布局进行优化完善
国家质量监督检验检疫总局	2018	《海南出入境游艇检疫管理办法》	为防止疫病疫情传入传出,规范海南出入境游艇检疫
上海市人民政府	2018	《关于促进上海旅游高品质发展加快建成世界著名旅游城市的若干意见》	加快推动游艇、游船、房车、低空飞行、游乐设施等旅游装备制造业发展
国务院	2018	《关于完善促进消费体制机制进一步激发居民消费潜力的若干意见》	支持邮轮游艇等消费大众化发展,加强相关公共配套基础设施建设

续表

发文单位	发文时间	政策名称	政策主题
上海市人民政府	2018	《关于促进本市邮轮经济深化发展的若干意见》	促进邮轮、游艇、游船联动发展
广东省人民政府	2019	广东省优化口岸营商环境促进跨境贸易便利化措施	研究完善港澳游艇出入境管理机制和操作规范。推进建立完善港澳游艇出入境担保方式。研究探索创新游艇监管模式,进一步简化游艇通关手续。支持各地进一步推进完善配套设施建设,推进游艇码头对外开放、划定游艇活动水域
上海市人民政府	2020	《上海市旅游条例》	本市推进发展邮轮、游船、游艇等水上旅游,加大水上旅游公共设施的投入和建设力度,推进水上旅游航线和产品开发,加强水上旅游的宣传和推介
国务院	2020	《海南省自由贸易港建设总体方案》	设立游艇产业改革发展创新实验区
国务院	2021	《中华人民共和国国民经济和社会发展第十四个五年规划和2035年远景目标纲要》	明确提出完善游艇发展政策
上海市人民政府	2021	《关于加强本市水上搜救体系建设的实施意见》	强化邮轮游船游艇水上搜救应急保障
上海市人民政府	2021	《上海市水域治安管理办法》	游艇俱乐部或其他负责游艇管理的企业事业单位,应按照有关法律、规定,落实游艇治安安全管理措施,做好游艇航行和乘员情况记录;发现利用游艇实施违法犯罪行为的,及时报告公安机关
上海市人民政府	2021	《关于本市推进智慧气象保障城市精细化管理的实施意见》	海事部门与气象部门合作开展针对邮轮、游船、游艇、城市轮渡和崇明三岛岛际交通基于通航条件的气象监测预报预警,加强水上大雾、大风等恶劣天气的应急保障
上海市人民政府、上海市第十五届人民代表大会常务委员会	2021	《上海市水上搜寻救助条例》	根据水上搜救应急预案,搜救中心、搜救分中心应当定期组织开展水上邮轮、游艇、渡轮、游船、危险化学品船、航空器等水上搜救专项演练和综合演习
海南省交通运输厅	2021	《海南省游艇租赁管理办法实施细则》	为进一步加强海南省游艇租赁行业行为、维护游艇租赁市场秩序、培育游艇旅游消费新业态、促进游艇租赁业持续健康发展
国务院	2022	《"十四五"旅游业发展规划》	提出推动游艇消费大众化发展,支持大连、青岛、威海、珠海、厦门、三亚等滨海城市创新游艇业发展

发文单位	发文时间	政策名称	政策主题
上海市交通委员会	2022	《上海港口经营管理实施办法》的通知	从事为游艇租赁业务提供码头设施(以下简称游艇码头)的港口经营人,游艇码头设施不得用于从事面向散客的港口旅客运输服务业务
海南省交通运输厅	2022	《海南省自由贸易港游艇产业促进条例》	提出游艇产业高质量发展,游艇的检验、登记和航行,游艇的租赁,游艇服务与监管等
国务院	2022	《广州南沙深化面向世界的粤港澳全面合作总体方案》	重点在航运物流、水水中转、铁水联运、航运金融、海事服务、邮轮游艇等领域深化合作
海南省人民政府	2022	《海南游艇改革发展创新实验建设实施方案》	提出到2025年成为具有吸引力的区域游艇旅游消费目的地、活力进发的游艇新业态新模式试验场、包容开放的游艇产业体制机制改革创新先行区
交通运输部海事局	2022	《优化营商环境创新试点城市进口游艇船舶检验证书核发工作实施方案》的通知	优化进口游艇检验发证流程,持续优化营商环境,积极稳妥地在首批营商环境创新试点城市开展优化进口游艇船舶检验证书核发工作

资料来源:中国政府网、部分地方政府网

第九章
游艇产业人才培养体制机制与路径探索

随着近年来粤港澳大湾区和自由贸易港建设的快速崛起和发展,中国的游艇产业也迎来了勃勃生机,中国作为游艇产业的新兴市场,在全球发挥着越来越重要的作用。培养专业人才以满足游艇行业发展需求,是一项迫在眉睫的重要任务。本章主要从游艇产业人才的培养模式与评价机制构建、国外游艇人才培养策略与路径研究,中国游艇人才培养模式、困境与未来发展前景来梳理和总结游艇人才培养的相关问题和路径,为高校、企业和整个业态的人才培养及评价机制提供参考和借鉴。

第一节 游艇产业人才的培养模式与评价机制构建

(一)我国游艇产业的人才现状分析

进入 21 世纪,我国船舶工业迎来了新的历史发展机遇。未来十年是我国造船业全面超越日韩,跃居全球前列的关键时期。但是我国游艇产值只占全球 1%,约 40 亿元产值,但利润率高达 40%,属于典型的"三高一低"(高技术、高增长、高效益、低消耗)产业。游艇不仅是船舶制造业的重要组成部分,也是旅游产业和航海运动、海洋文化、海洋生态保护产业的重要组成部分。《国务院关于促进旅游业改革发展的若干意见》正式出台,将给处于起步阶段的中国游艇产业带来极大的发展机遇。游艇产业的发展壮大有利于我国产业结构的优化,拉动内需,满足国内外游艇消费日益增长的市场需求。中国作为游艇产业的新兴生产和消费市场,在全球发挥着越来越重要的作用。但是由于游艇行业在国内刚刚兴起,专业人才匮乏。国内游艇专业人才一般是由其他专业转行,"半路出家"的游艇人才无法满足中国游艇市场向专业化、国际化、未来化的发展趋势。因此,面向国际、面向未来、促进游艇经济可持续发展的培养模式和评价机制的构建至关重要。

（二）游艇人才培养模式、培养机制与评价机制

人才培养模式是指在一定的现代教育理论、教育思想指导下，按照特定的培养目标和人才规格，以相对稳定的教学内容和课程体系，管理制度和评估方式，实施人才教育的过程的总和。游艇人才培养模式具体包含游艇人才的培养目标和规格，为实现一定的游艇人才培养目标和规格的整个教育过程，为实现这一过程的一整套的游艇人才管理和评估制度，与之相匹配的科学的游艇人才教学方式、方法和手段。

游艇专业人才培养的机制具体是指在人才训练的系统中，对各个影响因素之间能够传递的作用与交互过程进行协调，具体的专业人才机制主要包括游艇人才发展的内在变化与未来规律、影响游轮游艇人才发展的外部因素与实现方式、外部事物因素与游轮游艇专业人才变化的相互、现有游轮游艇专业人才的衍生与发展形态。

游艇人才评价机制，是游艇人才评价工作的系统化与科学化发展形式，是一种基于评价过程的人才开发与管理的动态体系。游艇人才评价机制的特点与功能在于其社会性、结构性、循环性与联动性，在于其评价主体的多元化、评价客体的分类化、评价内容的标准化、评价手段的科学化、评价结果的客观化、评价过程的战略导向化。

构建公平公正的游艇人才评价机制，是激发干事创业激情的保证，应从"重规模、重素质、重数量"转向"重质量、重能力、重贡献"，紧扣"品德＋能力＋业绩"的评价标准，破除"唯论文、唯职称、唯学历、唯奖项"的人才评定标准，构建以创新能力、质量、实绩、贡献为导向的综合人才评价体系。同时，实施权限下放改革措施，赋予地方和企业等用人单位自主权，探索授权行业协会、领军企业和科研机构等主体进行人才评审，支持符合条件的高校、科研院所、企业、行业、协会等社会组织和单位自主开展职称评审。

游艇培养机制和评价机制的建立有利于促进游艇产业发展，完成其与经济、社会的大循环和互动，完善健康、绿色、低碳等经济生活理念，实现经济社会多维度的可持续发展。

（三）构建适应时代发展、面向未来人才培养模式和评价机制

1. 明确游艇人才的培养目标

游艇产业的海洋属性决定了该产业人才培养应朝着专业性强、安全性好、科技赋能、未来赋能等应用型人才培养目标发展。

游艇行业在我国属于新兴产业，为未来拉动内需，服务国内外大市场提供

了无限生机和活力,在全球经济正面临复苏的形势下,应该抓住良机,顺势而为。因此具备扎实的理论基础、突出的实践能力、良好的人文素养、较强的跨文化沟通能力、高度的社会责任感与创新精神是满足新兴游艇产业发展的人才培养需要。培养出适用于港口口岸、游艇俱乐部、游艇公司、酒店、旅行社、旅游景区以及等各类旅游企事业单位和各级旅游行政管理部门及教育培训部门的专业人才是游艇产业人才培养的目的。

2. 确立游艇人才的培养类型

游艇人才的业态属性决定了人才培养类型的多样性。其中,技术型人才、服务型人才、管理型人才为主要类型方式。具体细分为游艇驾驶、修理、设计、组装、教育、培训等技术型人才;游艇销售、租赁、运营、策划、餐饮、经纪等服务型人才;游艇市场开发、金融信贷、行政人力等管理型人才。

3. 制定游艇人才培养内容及方案

制定游艇人才多维度、多层次的培养体系,制定适合高职高专院校、普通高等院校、科研院所、继续教育、职业教育的人才培养体系,健全和完善课程设置、产学研结合、师资配备、职业证书、上岗证书等行业考核和晋升体制机制,丰富和健全本科生、研究生、博士生等多层次的教学层次。

4. 构建适应新形势、面向未来的游艇人才评价机制

第一,建立专业人才与管理人才双轨评价体系。专业人才有别于管理人才,在游艇产业表现尤为明显。不同的评价指标和体系决定了不同的晋升渠道。建立有区别、有步骤的评价机制利于游艇产业和游艇人才的良性发展。

第二,建立全行业、全业态的综合互评机制。由于游艇产业涉及多个行业和业态,因此行业之间的互动和联动直接影响产业经济效益,例如游艇驾驶员和游艇经纪人为客人提供的服务直接影响到游艇运营、租赁甚至销售的业绩,游艇设计师与游艇品牌也直接影响到游艇品牌和市值的表现,因此行业和业态之间的互评也应该被考虑到游艇人才评价机制中。

第三,建立灵活的产、学、研人才评价机制。支持游艇企业与科研院所、普通高等、职业院校(含技工学校)开展合作办学,共同建设游艇人才培养基地。技术操作型人才到学校授课,理论科研型人才到游艇上讲学,行业、协会和企事业单位共同举办高峰论坛,工作量可根据时间、效果、学员评价和社会反响进行量化和转化,职称和等级也可根据内容和成果实现动态晋升,总之,建立灵活的产学研人才评价机制对促进完善游艇人才培养体系,带动游艇产业经济发展具有深远意义和重大影响。

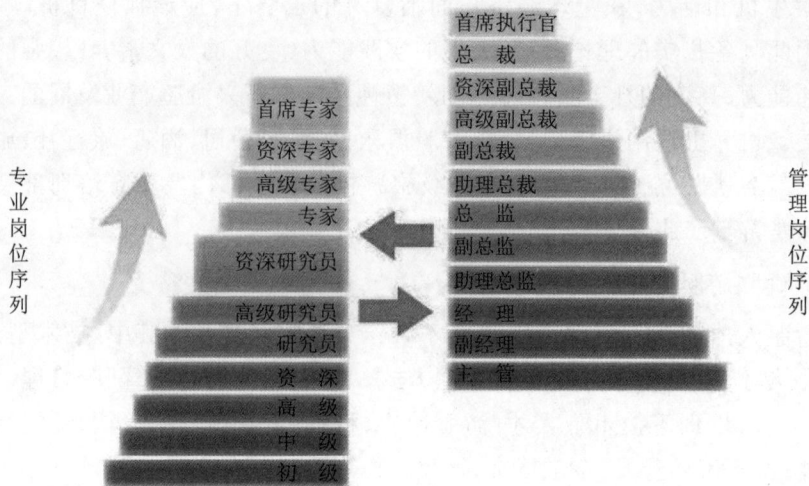

图 9-1　人才评价机制图

第二节　中国游艇人才培养模式、困境与未来发展前景

一、中国游艇人才培养模式

（一）中国游艇人才培养目标

人才培养目标是游艇人才培养的根本动力，游艇人才培养的目标是确立游艇人才培养模式、培养方法等一切的关键。游艇人才的特殊性决定了进行人才培养中，不仅要培养具备理论水平较高、科研水平较高，而且更要有较强的实操服务能力的人才。

中国游艇行业旨在培养具备坚定理想信念、全面发展的个体，具备一定的科学文化素养，扎实的人文素养，高尚的职业道德和强烈的创新意识。培养目标中多强调工匠精神，鼓励精益求精，以及对细节和质量的把握。对游艇人才的培养将不断鼓励人才职业生涯中不断发展，实现自身价值，同时也为游艇与船舶领域的可持续增长贡献力量。因此，具体目标如下：① 具备良好的道德品质、人文素养及社会责任感；② 具备优秀的海洋旅游专业素养，能够应用多学科理论和知识解决 旅游开发管理的实际问题；③ 掌握海洋旅游定性与定量分析法，具备一定的 科学研究能力；④ 具备较强的团队协作能力和跨文化交际能力；⑤ 具备创新精神和创新能力，具备终身学习提高的能力；⑥ 取得一定的技能资格证书可直接应对未来就业和市场需要。

（二）中国游艇人才培养定位

游艇人才的培养首先需要明确定义,即明确游艇人才的概念并对其进行详细分类。在培养过程中,我们要确保相关人才掌握广泛的知识,包括游艇建造、设计、检验等专业技术领域。他们将具备适应游艇及船舶制造及相关配套产业的技能,包括游艇及船舶产品加工、装配、设备工程技术、机械设备修理等多个职业领域。这将使他们能够胜任游艇产品加工及装配、游艇机电设备维修、游艇销售及相关服务、游艇及船舶设备调试等多种复合型技术技能人才的职业岗位。表9-1详细列示了这些岗位的设置和岗位能力分析。

基于对游艇人才的不同分类,我们需要横向分类培养,以满足不同人才类型和需求的培养要求。目前,中国的游艇人才培养通常被纳入旅游管理专业的一个方向,而没有独立设置专门的游艇人才培养专业。考虑到当前游艇产业对各种类型的人才需求,需要设立独立的游艇人才培养专业,再根据不同人才类型进行进一步的分支培养。这样的调整将有助于更好地满足游艇行业对多元化和专业化人才的需求,从而提高整个行业的竞争力和可持续发展性。

（三）中国游艇人才高校培养模式

目前,中国的游艇人才培养模式主要侧重于高校教育,旨在培养德智体美劳全面发展的应用型游艇复合人才。这些人才不仅需要掌握理论、管理学、经济学等基础知识,还应该熟悉法律法规,具备外语技能以便应对国际交流的需要。他们必须具备国际视野,能够从全球的角度来审视游艇产业的发展趋势。同时,创新精神和实践能力在这一领域也显得尤为重要。这些人才需要能够迎接行业内的不断变革和挑战,积极提出创新性的解决方案,并将这些方案付诸实践验证。

1. 课程设置

课程体系是人才培养计划的主要构成部分,是实现人才培养目标、塑造人才培养规格,体现人才培养特色的主要教育教学载体。传统的课程体系大多由公共基础课、专业基础课、专业知识课、选修课和实践课组成。按照"厚基础、宽口径、强能力、高素质"的指导思想,纵向注重系统性,横向注重渗透性,构建立体的、互通的专业课程体系。可分为公共基础课模块、专业必修课模块、专业选修课模块、外语语言能力模块、实践模块、"订单式"课程模块等。既兼顾知识的逻辑性,也照顾到学生的兴趣和爱好。根据用人单位和市场需求对人才培养规格的特殊要求,设置与学校课程学习不冲突的"定向式"模块,以最大程度保证学生的就业。

游艇旅游人才多样性决定了在设置培养时间上应该是多元化的,差异化的。职业教育的培养时长和培养周期与高校系统化培养存在较大差异。院校可以通过在职人员本身具备的职业素养、从业经历、从业资格证书制定较科学的培养必修 30 学分时长,再根据其完成的学分、考试通过率和技能测试来判定他们的证书性质。常规的本科、专科教学依然采取四(三)年制的培养时长,但是要控制理论教学时长、增加实践实操时长,大学第一年级到毕业年之前的那一年,每一个学年都要有两个月的企业实习,最后一年毕业实习要一直在企业度过,规定实践总时长必须达到 600 小时。表 9-1 是课程体系的具体模块设置。

表 9-1　课程体系设置

课程体系构建	要求	课程涉及内容
公共基础课模块	必修 25 学分	统计学、管理学、应用数学、应用心理学、思想道德与法律基础、毛概理论、计算机基础与应用等
海洋通识教育模块	必修 20 学分	海洋理论、海洋法规法规、海洋生态学、海洋地质学、海洋生物学等
专业必修课模块	必修 30 学分	经济学概论、旅游学概论、海洋旅游学概论、海洋旅游导游学概论、海洋旅游资源开发、海洋旅游地理学、海洋旅游美学、游艇管理学概论、海上运动概论、海洋旅游人员职业道德等
专业必修课模块	选修(最少不少于 25 学分)	市场营销、旅游经济学、酒店管理、船员驾驶技术、游艇服务管理学、潜水教练培训、海洋文化主题公园策划、海底世界文学等
公选课模块	选修 10 学分	人文、语言、艺术、社会科学、数学、自然等方面
语言能力模块	英语必修,第三外语选修(获得第三外语学分的同学优先获得出国交流机会)10 学分	俄语、泰语、法语、日语、韩语、德语、西班牙语、阿拉伯语
"订单式"课程模块	必修 15 学分	海岛景区管理、海上休闲运理与服务、海洋旅游教育、邮轮游艇管理与服务等
实践模块	必修,达到 600 小时(平铺每学年+集中毕业实习)30 学分	操作方面、管理方面

2. 实践教学

应用型本科的教育任务是培养面向生产、工程、管理和服务等一线的高级应用型专门人才,因此实践教学在人才培养方案中占有更重要的地位。实践教学的理念必须贯穿整个人才培养的过程中。确立"全方位—多层次"的实践教学新理念,全方位构建校内实训—校外实习—国外实践的多层次教学体系,以此适应社会需要、市场需求、就业需要。

实践教学是一个范围广的、开放式的教学体系，具有多元化的模式构建、功能化的模式拓展等特征，需要集思广益、广泛联系、努力为实践教学开辟新的教学体系，帮助学生在实践教学体系中循序渐进地从低级到高级、稳步地发展、螺旋地上升。高校在"全方位—多层次"实践教学理念的引领下，要改革传统实践教学的重理论轻实践的格局，把实践补充理论教学的局面改变，构建全新的实践教学体系。教学实践在这里不是充当"配角"，而是与课堂教学"平起平坐"。实践部分主要分为基础层校内实训、专业层校外实习与综合层国外实践，校内实训的主要场所为学校的实训实验室和实践基地；校外的实践教学主要依靠游艇企业、行业机构；国外实践需要校方与一些国际知名的游艇人才培养模式先进的国家建立合作，选派到他国的企业和机构开展实践。

图 9-2 所示，实践教学模块分为三个层次，即校内实训、校外实习、国外实践学习的实践教学体系，每一个实践教学模块都是有时间和空间的承接和功能上的互补。学生可以通过校内的实践体验获得兴趣点，从而选择校外实习的单位。反过来校外企业可以通过校内实践的结果选择校外实践的学生。国外实践则是对二者再次考核和筛选出的第三种以学生自愿为前提下的实践方式，每一个实践模块都是相互衔接和互相关联的。

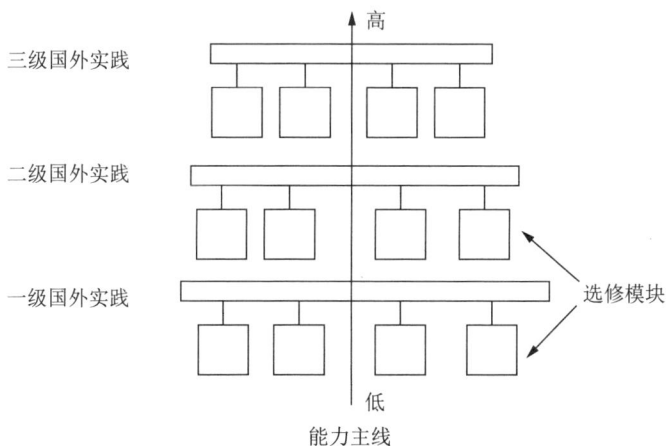

图 9-2　能力本位的实践教学体系

3. 专业技能和职业证书获取

在专业证书方面，我国游艇行业也构建了相应的职业资格类证书体系，以促进游艇人才的选拔和行业的专业化。高校培养计划中也一致强调了对专业技能证书的获取。这些专业证书涵盖了从游艇设计、制造、维护到管理等多个领域,确保人才具备全面的专业知识和技能。这些证书在游艇行业内部具有广泛的认可和重要性,成为衡量人才能力的标准之一。表9-2所示的我国游艇行业主要资格证书:

表9-2 主要游艇专业职业资格证书

类别	证书名称	证书颁发部门	等级
职业资格类	基本安全证	中国海事局	初级
	游艇驾驶证	中国海事局	24米以下
	帆船游艇养师	人力资源和社会保障部	职业资格证
	游艇经纪人	人力资源和社会保障部	职业资格证
	游艇码头管理师	人力资源和社会保障部	职业资格证

（1）游艇码头管理师:验证个体在游艇建造过程中的技术能力,包括材料选择、工艺掌握以及质量控制等方面。

（2）游艇维修师资格证书:强调维修师的实际操作技能和问题解决能力,确保游艇在使用过程中保持良好的状态。

（3）游艇经营管理师资格证书:涵盖了游艇运营、市场营销、客户服务等多个方面的知识,以培养具备全面管理能力的人才。

（4）游艇驾驶员资格证书:确认驾驶员在操控和管理游艇方面的能力,确保安全、顺利地航行和客户服务。

这些专业证书不仅有助于提升游艇人才的素质和整体水平,还能够推动整个行业的技术和服务水平的提高。通过专业证书的认证,人才能够获得权威认可,增强在就业市场中的竞争力,为游艇行业的可持续发展注入更多活力。

（五）中国游艇人才培养困境

当前中国游艇领域的人才培养面临着一系列挑战。由于游艇行业在中国相对较新,相关的专业教育和培训体系可能尚未完全健全,导致缺乏经验丰富、全面发展的专业人才。这也可能导致行业的整体水平不尽如人意。因此,中国游艇产业人才培养面临多方面的困境,这些困境可以归为以下几点。

1. 专业人才匮乏

由于游艇行业在中国相对较新,相关的专业教育和培训体系尚未完全健全,导致缺乏经验丰富、全面发展的专业人才。这也可能行业的整体技术水平不尽如人意。因此,中国游艇领域需要更加积极地投入专业人才的培养中,包括加强高校和培训机构的课程设置,鼓励学生在多个相关领域进行深入学习。同时,通过行业协会、企业和学术界的合作,可以建立更加全面的人才培养体系,吸引和培养更多优秀的游艇专业人才,提升整个行业的技术水平和竞争力。

2. 教育体系不完善

教育体系的不完善在一定程度上阻碍了中国游艇行业专业人才的培养。这是因为当前一些高校尚未建立起专门针对游艇产业的全面培养计划。这种现象可能导致学生在毕业后面临着缺乏与游艇相关的技能和知识的问题,从而难以顺利适应这一特定领域的就业需求。特别是在游艇制造领域,技术更新的速度较快,需要人才持续学习和适应新的技术。如果教育体系和培训机构无法跟上技术发展的步伐,可能会导致人才的技能逐渐过时,难以满足行业的实际需求。这也是中国游艇产业人才缺乏专业培养计划、知识结构的狭窄以及跨学科综合性的不足。

目前我国游艇管理相关专业教育,绝大多数为专科教育,而专科教育的培养层次和知识结构往往难以完全满足未来游艇经济产业发展的需要。此外,游艇行业本身涉及多个领域,需要跨学科的知识,但相关专业的培养可能不够综合和完善。课程设置仍然停留在传统的旅游英语、旅游餐饮管理、旅游市场营销以及礼仪教育等领域,与游艇运营管理相关的课程开设相对较少。这导致游艇专业培养计划的知识面相对较窄,缺乏针对性。

3. 行业认可度低

中国的游艇行业相对而言是一个新兴产业,然而,由于其相对较新的发展状态,公众对于游艇行业的职业前景和发展潜力的了解可能相对有限。这种局面可能导致很多人不愿意将游艇行业作为自己的职业选择,进而产生一系列问题。

首先,缺乏对游艇行业的深入了解可能会导致人们对这一领域的职业前景存在误解。人们可能普遍认为游艇行业在中国的市场相对较小,而且相对成熟的行业领域更受青睐,从而可能忽视了游艇行业的潜力和发展机会。这种情况可能导致了人们在职业选择上的保守,不愿意冒险尝试从事游艇相关的职业。其次,职业的未知性也可能加重了人们的犹豫。由于游艇行业在中国尚未形成明确的职业发展路径和成功案例,很多人可能对于从事游艇行业缺乏信心。担心自己在游艇行业中无法找到稳定的职业机会,或者在该领域的职业发展道路不明确,都可能导致人们迟疑不决。

这种对游艇行业的职业前景了解有限的情况可能进一步导致人才流失和招聘困难。游艇行业需要吸引和培养各个领域的专业人才,包括船舶工程师、设计师、电子工程师等。然而,如果潜在人才对于这个领域的了解有限,他们可能更倾向于选择已知的领域,而不愿意进入相对陌生的游艇行业,从而导致行业中高素质人才的流失。另一方面,招聘人才也可能面临困难,因为候选人可能会对游艇行业的职业前景感到怀疑。招聘团队需要花费更多的时间和努力来向候选人解释行业的发展潜力,并吸引他们投身于游艇行业。

4. 薪资和福利待遇相对低

薪资和福利待遇相对低是初创行业面临的一大挑战,中国的游艇行业也面临着这一问题。随着社会经济的迅速发展,人们对于工作的回报和福利待遇的期望也逐渐提高,这使得行业的薪资水平和福利待遇成为影响人才流动的重要因素。由于游艇行业在国内的发展相对较新,其市场规模和发展阶段相对初级。初创行业在资源、客户基础和市场份额等方面通常面临着限制,这意味着企业在财务投入方面可能相对有限。因此,相对有限的财务资源可能会导致行业难以提供与传统产业相媲美的高薪资和福利待遇,从而造成吸引和留住高水平人才的难题。

高水平的专业人才往往会在职业选择时考虑到多方面的因素,包括职业发展的稳定性、工作环境以及薪资和福利待遇等。相对较低的薪资水平可能会让人们更倾向于选择更成熟和有竞争力的产业,从而使游艇行业难以吸引到足够数量和质量的人才。这不仅可能导致人才的稀缺,还可能影响到行业的创新能力和竞争力。另一方面,即使有潜力的人才对游艇行业抱有浓厚的兴趣,但由于薪资和福利待遇的低水平,他们可能会感到犹豫。

5. 缺乏实践机会

缺乏实践机会是中国游艇行业面临的另一个关键问题。尽管在理论培训方面取得了进展,但实际操作和实践经验的不足可能会对行业的人才培养产生负面影响。随着科技的不断进步,实际操作和实践经验已经成为各个领域中不可或缺的一部分。尽管在游艇行业的理论培训方面取得了一定进展,但实际操作能力仍然是确保专业人才具备全面素质的关键要素。

此外,缺乏行业内部的交流和合作机会可能使得专业人才无法从同行的实践经验中受益。相比于其他传统产业,中国游艇行业的规模相对较小,这可能导致行业内部的合作渠道不够畅通。专业人才很难获得来自其他企业的实践经验和成功案例,从而限制了行业整体技术水平的提升。更加广泛的交流和合作机会有助于在行业内部分享最佳实践、解决问题,并在技术创新方面取得更大突破。特别是,游艇是一个高度实践性的领域,要求专业人员具备扎实的实际操作技能。然而,一些培训机构可能面临着提供充足实践机会的难题。成本、设备、场地等因素可能限制了学生在校期间获得实际操作的机会。这意味着他们在毕业后可能缺乏足够的实际应用经验,无法快速适应实际工作环境的要求。缺乏实际操作经验可能会对专业人才的实际能力和自信心产生负面影响,从而影响其在职业生涯中的表现。

（六）未来发展目标

游艇人才的特殊性决定了在进行人才培养的过程中,要培养不仅具备较高理论和科研水平,而且更要有较强的实操服务能力的游艇人才。旨在培养德智体美劳全面发展,具有游艇科学理论、管理学、经济学基础知识、海洋法律法规、掌握外语技能,具有国际视野、创新精神和实践能力的应用型游艇复合人才。因此,游艇人才的培养需要满足以下几个发展目标。

1. 按岗位要求,构建"教、学、做"一体化课程体系

游艇作为一门新兴而又交叉性强的学科,在其发展初期面临着多方面的挑战和发展前景。游艇专业需要广泛而专业化的背景,涵盖了船舶工程、材料科学、设计等多个领域的知识。因此,在设计游艇学科课程时,需要更为综合和前瞻性的视野,从船舶技术到旅游运营都要得到适当的涵盖。高校要时刻关注游艇业的发展,不能闭门造车,细化专业的设置,要紧跟国际游艇业的发展潮流和趋势,积极面向社会培养满足时代需求的适用型行业人才。其次要设计合理的游艇专业课程体系。建立起以游艇业理论研究和应用为一体的跨学科特色专业。形成门类齐全而又相互紧密关联的模块课程设置,包括"游艇设施模块""游艇知识模块""游艇服务模块""餐饮服务模块"等主要模块。

高校和培训机构在培养游艇人才时,应根据行业实际需求对课程进行筛选和优化。此外,还应强调实践操作,以便培养学生在毕业后能够迅速适应实际工作环境。通过整合专业知识、实际技能和行业规范,教育机构可以为学生提供更具竞争力和适应性的教育,为游艇行业的未来培养出优秀的人才队伍,为中国游艇产业的可持续发展奠定坚实基础。

2. 以游艇产业需求为中心,以就业为导向,拓展人才培养路径

除了旅游院校之外,在游轮产业中,企业在人才培养的后续阶段扮演着至关重要的角色,需要积极发挥主导作用。为此,游轮企业需要持续拓展从业者的继续教育渠道和方式。这可以包括开设内部培训课程、组织专业讲座和研讨会等,以确保从业人员不断更新知识和技能,适应行业发展的需要。

3. 建设与完善行业认证体系,提升游艇行业认可度

建立行业认证体系是中国游艇产业人才培养的一项重要举措,可以为整个行业注入更高水平的人才素质和专业能力。这一体系不仅能够为个人提供权威的认可,也对整个行业的技术水平和服务质量产生积极的影响。认证体系的制定需要考虑行业的多样性和复杂性,涵盖从游艇的设计和制造到维护和管理等各个环节。认证的引入将为从业人员提供更清晰的职业发展路径,激励他们不断提升自身的知识和技能。同时,认证也将成为企业招聘和人才选拔的重要依据,提高人才市场的透明度和效率。认证制度有助于构建人才培养的长效机制,鼓励人才持续学习和创新,为行业的可持续发展提供有力支持。

除了建立认证体系,通过积极地宣传和教育活动也能够有效地提升人们对游艇行业的认知。通过举办行业展览、专题讲座、媒体报道等方式,可以展示游艇产业的潜力和前景,同时介绍丰富的职业机会,从而改变人们对游艇行业的看法。这样的宣传活动不仅能够吸引更多年轻人投身游艇行业,也有助于扩大行业的影响力和知名度。政府在这一过程中扮演着重要角色,可以通过出台政策来鼓励企业参与人才培养和认证体系的建设。政府可以为企业提供培训资金、科研经费等支持,激励企业积极投入到人才培养中。同时,政府还可以与高校和培训机构合作,共同开展研究和课程开发,以确保培养出更符合行业需求的专业人才。

4. 促进激励制度,完善企业人才培养模式

游艇产业快速发展的背景下,游艇企业可以通过提高员工的薪资水平和福利待遇,积极吸引更多高水平人才加入该行业。高薪资和丰厚的福利政策不仅可以成为优秀人才的重要诱因,还能够增强员工对企业的忠诚度和归属感。在制定薪资政策时,企业可以参考行业内的薪资水平和市场标准,确保薪资具有竞争力。此外,企业也可以考虑设立绩效奖金制度,根据员工的表现进行激励,促进员工的积极性和创造力。而丰富的福利待遇,如健康保险、年假、培训机会等,不仅能够满足员工的基本需求,还能够提升员工对企业的满意度和认同感。

除了薪资和福利,游艇企业还应该提供广阔的职业发展空间和晋升机会,为员工构建一个有潜力的职业道路。员工可以通过不断学习、积累经验和努力工作,逐步从基层岗位晋升到更高级别的管理层职位,甚至成为行业内的专家。为员工规划清晰的职业发展路径,设立明确的晋升途径,能够激励他们积极投入工作,并不断提升自身的专业素质和领导能力。这种员工的职业成长也为企业带来更加稳定和高效的人才队伍,进一步提升企业的整体素质和竞争力。

5. 建设与完善校内外实训课程,实现学生与职业技术岗位"零距离"

为实现游艇人才的有效培养,有必要结合行业企业的实际生产和管理需求,建设专业化且高水平的游艇实训基地,以改善实践教学条件。首先,行业协会和企业在推动人才培养方面起到关键作用。他们可以与高校紧密合作,为学生提供实习和培训机会,帮助他们深入了解游艇行业的发展潜力和吸引力。行业协会可以组织各种交流和合作活动,如工作坊、培训班、研讨会等,为专业人才提供分享经验和知识的平台。与此同时,高校可以与企业合作,开设实践性课程和实习项目,让学生能够在真实的工作环境中获得实际操作经验。这样的协作模式有助于提升学生的实践能力,增强他们在就业市场上的竞争力,同时也能为游艇行业培养更加符合实际需求的专业人才。

其次,为了提高教学质量,可以优化游艇专业的教学师资结构,逐步提高游艇"双师型"教师的比重。所谓"双师型"教师,是指不仅具备教师资格,还具备相关行业实际工作经验或丰富的从业经历。通过多种途径培养"双师型"教师,可以进一步提升学生的实际应用能力和专业素质。开展院校之间的学术交流,可以促进教师之间的互相学习和经验分享。选派优秀教师参与游艇行业的实际工作实践,可以让他们更好地理解行业的实际情况,从而将更多实际案例引入教学中。此外,对于有条件的情况,可以选派教师出国进修深造,获取更多国际领域的最新知识和技能,为学生提供更丰富的学术资源。

在整个人才培养过程中,产业界和教育界的合作与协同是关键。通过紧密合作,将理论与实践相结合,为学生提供更加实用的培训和教育,从而培养出适应游艇产业需求的高素质人才。这样的合作有助于推动游艇行业的发展,增强企业的创新能力,提升整个行业的竞争力。

第十章
游艇安全与管理法律法规政策体系

本章将梳理我国游艇相关法律法规与政策,并从国家与地方两个层面对游艇管理法律法规与政策进行简要介绍。同时,本章还将重点介绍游艇日常使用过程中需要注意的管理事项,主要包括游艇安全管理、游艇出入境管理以及游艇经营管理,以便游艇消费者以及游艇行业相关从业者掌握相关管理要求。

第一节　游艇法律法规与政策体系

我国游艇相关法律法规与政策较为庞杂,总体以船舶、港口相关法律法规与政策为主。在这些法律法规与政策中,针对游艇的法律法规与政策相对有限,具体可以划分为国家及地方两个层面。其中,《游艇安全管理规定》是国家层面针对游艇印发最早、层级最高的制度文件,其他文件主要是对其相关内容的细化。海南一直是我国游艇发展的前沿阵地,不仅海关总署从国家层面给予了制度支持,海南省作为地方层面也积极出台相关政策制度鼓励游艇发展。本节将围绕游艇管理所涉及的相关法律法规与政策、国家层面游艇管理法律法规与政策、地方层面游艇管理法律法规与政策三个方面做简要介绍(均以海南为例)。

一、游艇管理所涉及的相关法律法规与政策

游艇管理所涉及的相关法律法规与政策众多,这与其本身的属性有关。具体而言,可大致分为如下几个方面:国家相关法律法规以及游艇码头规划、建设与经营管理,游艇安全管理,游艇经营管理,游艇进出境管理等。

(一)国家相关法律法规

游艇相关法律主要包括《中华人民共和国港口法》《中华人民共和国出境入境管理法》《中华人民共和国环境保护法》《中华人民共和国海上交通安全法》《中华人民共和国海关法》《中华人民共和国海洋环境保护法》《中华人民共

和国水污染防治法》《中华人民共和国国境卫生检疫法》《中华人民共和国进出口商品检验法》《中华人民共和国旅游法》等。

游艇相关国家法规主要包括《国内水路运输管理条例》《中华人民共和国国际海运条例》《中华人民共和国船员条例》《中华人民共和国船舶登记办法》《中华人民共和国对外国籍船舶管理规则》《中华人民共和国出境入境边防检查条例》《中华人民共和国外国人入境出境管理条例》《中华人民共和国海洋倾废管理条例》《中华人民共和国内河交通安全管理条例》《防治船舶污染海洋环境管理条例》《中华人民共和国船舶和海上设施检验条例》《国际航行船舶进出中华人民共和国口岸检查办法》《中华人民共和国国境卫生检疫法实施细则》《中华人民共和国公民出境入境管理法实施细则》《中华人民共和国车船税法实施条例》等。

（二）游艇码头规划、建设与经营管理

游艇码头规划、建设与经营管理相关规定主要包括《港口经营管理规定》《港口规划管理规定》《港口工程建设管理规定》《港口基础设施维护管理规定》《港口危险货物安全管理规定》《港口和船舶岸电管理办法》《外国籍船舶在中国领海、内水和港口使用国际海事卫星船舶地球站规定》《港口岸线使用审批管理办法》《航道工程建设管理规定》等。

（三）游艇安全管理

游艇安全管理相关规定主要包括《游艇安全管理规定》《中华人民共和国游艇操作人员培训、考证和发证办法》《中华人民共和国高速客船安全管理规则》《中华人民共和国内河避碰规则》《中华人民共和国防治船舶污染内河水域环境管理规定》《中华人民共和国海船船员适任考试和发证规则》《长江干线水上交通安全管理特别规定》《交通运输突发事件应急管理规定》《中华人民共和国船舶最低安全配员规则》《中华人民共和国水上水下作业和活动通航安全管理规定》《中华人民共和国国际船舶保安规则》《中华人民共和国船舶安全监督规则》《水路旅客运输实名制管理规定》《中华人民共和国船舶及其有关作业活动污染海洋环境防治管理规定》《中华人民共和国船舶污染海洋环境应急防备和应急处置管理规定》等。

（四）游艇经营管理

游艇安全管理相关规定主要包括《国内水路运输管理规定》《中华人民共和国国际海运条例实施细则》等。

（五）游艇进出境管理

游艇进出境管理相关规定主要包括《中华人民共和国海关暂时进出境货物管理办法》《中华人民共和国海关进出境运输工具监管办法》《国际航行船舶出入境检验检疫管理办法》《船舶引航管理规定》《沿海船舶边防治安管理规定》《出入境特殊物品卫生检疫管理规定》等。

二、国家层面游艇管理法律法规与政策

国家层面游艇法律法规与政策最早可追溯到 2008 年交通运输部颁布的《游艇安全管理规定》，其后出台的法律法规与政策也主要以游艇安全管理为主。同时，海南省作为我国游艇产业发展的主阵地之一，一直以来受到国家层面的重视，国家相关部委为规范并引导海南游艇产业发展也出台了一系列具有针对性的政策。

（一）全行业管理

1.《游艇安全管理规定》

交通运输部于 2008 年颁布《游艇安全管理规定》，这是我国第一部针对游艇的国家级管理规定，旨在打破我国水上交通安全监管的法规主要针对营运船舶制定这一盲区，提升我国游艇安全监管水平，促进游艇业的健康发展。《游艇安全管理规定》中首次提出了游艇的概念，制定了包括游艇的登记、检验、航行规则和游艇驾驶员的培训、考试以及游艇俱乐部的运作模式等内容的管理制度，是我国开展游艇安全管理的指导性文件。

2.《游艇法定检验暂行规定》

为落实《游艇安全管理规定》中游艇检验相关要求，中华人民共和国海事局于 2008 年配套颁布了技术规范《游艇法定检验暂行规定（2009）》，并规定自 2009 年 1 月 1 日起实施。2013 年 3 月 11 日，中华人民共和国海事局对原技术规范进行修订后公布了《游艇法定检验暂行规定（2013）》，并规定自 2013 年 9 月 1 日起实施。《游艇法定检验暂行规定（2013）》将游艇按长度分为 24 米以下游艇和 24 米以上游艇，其中 24 米以下游艇部分的规定包括通则，舱室布置，乘员定额与脱险措施，消防，干舷、稳性和吨位，安全设备和环保要求，帆船操作要求。24 米以上游艇部分的规定包括通则，构造，浮力与稳性，干舷与人员保护，消防，安全设备和环保要求。

3.《游艇安全管理工作实施意见》

为进一步提高游艇法规、规范实施的适用性,促进游艇业以及水上旅游经济的健康发展,中华人民共和国海事局于 2010 年 8 月 18 日印发《游艇安全管理工作实施意见》,对游艇的检验、游艇机电设备的认可、游艇的登记、游艇驾驶员的考试发证、外籍游艇的航行及监督管理、境内制造游艇的出口查验六大方面实现了政策宽松。

4.《关于加强进口游艇管理的公告》

为促进游艇产业健康发展,提高全国游艇整体技术水平,保护水域环境,保障人民生命财产安全,交通运输部于 2011 年 9 月 15 日印发《关于加强进口游艇管理的公告》,规定禁止从境外进口船龄在一年以上的游艇;申请从境外进口游艇的,应当到交通运输部办理备案手续;对不符合公告要求的进口游艇不予办理进口船舶登记和检验手续。

5.《中华人民共和国游艇操作手人员培训、考试和发证办法》

为落实《游艇安全管理规定》中游艇操作相关管理要求,规范游艇操作人员管理,提高游艇操作人员的技术水平,中华人民共和国海事局于 2011 年首次印发实施《中华人民共和国游艇操作手人员培训、考试和发证办法》,并于 2021 年 9 月进行修订。《中华人民共和国游艇操作手人员培训、考试和发证办法》将游艇操作人员分为海上和内河两类,每类根据游艇的长度又分为两个等级,并对《游艇驾驶证》申请条件、所需材料、到期换证等进行了明确。在 2021 年的修订版本中,主要对年龄要求、培训大纲、考试大纲、成绩有效期、境外游艇驾驶证换发等相关规定进行了调整。

6.《工业和信息化部等五部委关于加快邮轮游艇装备及产业发展的实施意见》

以满足邮轮游艇消费大众化发展为主导,实施邮轮游艇产业链提升工程,加快形成邮轮游艇装备产业体系,带动国内旅游客船品质升级,培育完善产业生态,打造发展新优势,加快构建产业发展新格局,工业和信息化部、国家发展和改革委员会、财政部、交通运输部、文化和旅游部共五部委于 2022 年 8 月 17 日联合印发《关于加快邮轮游艇装备及产业发展的实施意见》。其中,重点提出大力发展大众化消费游艇、推进游艇基础设施建设、加强公共信息服务、推动游艇产业创新发展、打造专业品牌展会、完善政策法规标准等多项重点任务。

（二）国家层面海南游艇管理相关法律法规

1.《中华人民共和国海关对海南省进出境游艇及其所载物品监管暂行办法》

为规范海关对海南省进出境游艇的管理，明确游艇及其所载物品通关手续，海关总署专门为海南制定了《中华人民共和国海关对海南省进出境游艇及其所载物品监管暂行办法》，并于 2011 年 4 月 15 日起施行。《中华人民共和国海关对海南省进出境游艇及其所载物品监管暂行办法》明确游艇除了可以在开放口岸的码头泊位停靠和进出境外，也可以在经批准的游艇监管码头进出境；规定了游艇所有人或者其委托的游艇服务企业应向海关提交相当于游艇应纳税额的保证金，并参照运输工具办理进出境申报手续；明确规定了境外游艇进境后，可在海南连续停留最长达 30 日，期满后经批准还可延期 2 次，每次不超过 30 日，且境外游艇每一公历年度在海南省内的停留期限累计不得超过 183 天。

2.《海南出入境游艇检疫管理办法》

为防止疫病疫情传入传出，规范海南出入境游艇检疫，国家质量监督检验检疫总局于 2013 年 4 月 23 日审议通过《海南出入境游艇检疫管理办法》，并规定自 2013 年 8 月 1 日起施行，其后按照 2018 年 4 月 28 日海关总署令第 238 号及 2018 年 5 月 29 日海关总署第 240 号令，先后两次对《海南出入境游艇检疫管理办法》进行了修正。《海南出入境游艇检疫管理办法》共分为总则、入境检疫、出境检疫、监督管理、法律责任和附则六章 41 条，以"先行先试""管住、便捷"为原则，在保障检疫安全的基础上，尽可能为游艇提供快捷便利的通关环境。其中，重点放宽了电讯检疫条件及简化了检疫手续。

3.《海关总署关于调整海南进出境游艇有关管理事项的公告》

根据《国务院关于在中国（海南）自由贸易试验区暂时调整实施有关行政法规规定的通知》（国函〔2020〕88 号）要求，海关总署于 2020 年 7 月 9 日印发《海关总署关于调整海南进出境游艇有关管理事项的公告》，明确对中国（海南）自由贸易试验区内自驾游进境游艇，游艇所有人或其委托的代理人免于为游艇向海关提供担保。海关总署此前发布的公告规定与该公告不一致的，以该公告为准。

4.《海南自由贸易港交通工具及游艇"零关税"政策海关实施办法（试行）》

为贯彻落实《海南自由贸易港建设总体方案》要求，根据《财政部 海关总署 税务总局关于海南自由贸易港交通工具及游艇"零关税"政策的通知》，海关总署于 2021 年 1 月 5 日公布《海南自由贸易港交通工具及游艇"零关税"政策海关实施办法（试行）》，指出全岛封关运作前，对海南自由贸易港注册登记并具有独立法人资格，从事交通运输、旅游业的企业（航空企业须以海南自由贸易港为主营运基地），进口用于交通运输、旅游业的船舶、航空器、车辆等营运用交通工具及游艇，免征进口关税、进口环节增值税和消费税。

表 10-1　国家层面游艇法律法规与政策梳理

序号	分类	文件名称	文号	印发机关	印发日期
1	全行业管理	《游艇安全管理规定》	中华人民共和国交通运输部令2008年第7号	交通运输部	2008年7月22日
2		《游艇安全管理工作实施意见》	海事〔2010〕352号	中华人民共和国海事局	2010年8月18日
3		《关于加强进口游艇管理的公告》	交通运输部公告2011年第55号	交通运输部	2011年9月15日
4		《游艇法定检验暂行规定（2013）》		中华人民共和国海事局	2013年3月11日
5		《中华人民共和国游艇操作人员培训、考试和发证办法》	海船员〔2021〕163号	中华人民共和国海事局	2021年9月3日
6		《工业和信息化部等五部委关于加快邮轮游艇装备及产业发展的实施意见》	工信部联重装〔2022〕101号	工业和信息化部、国家发展和改革委员会、财政部、交通运输部、文化和旅游部	2022年8月17日
7	海南游艇管理	《中华人民共和国海关对海南省进出境游艇及其所载物品监管暂行办法》	海关总署公告2011年第15号	海关总署	2011年3月11日
8		《海南出入境游艇检疫管理办法》	国家质量监督检验检疫总局令第153号	国家质量监督检验检疫总局	2013年4月23日审议通过，2018年二次修正
9		《海关总署关于调整海南进出境游艇有关管理事项的公告》	海关总署公告2020年第80号	海关总署	2020年7月9日
10		关于发布《海南自由贸易港交通工具及游艇"零关税"政策海关实施办法（试行）》的公告	海关总署公告2021年第1号	海关总署	2021年1月5日

三、地方层面（以海南为例）游艇管理法律法规与政策

游艇作为水上旅游消费的重要组成部分，一直以来备受我国沿海省市的重视。近年来，诸如海南、天津、厦门、深圳、珠海、三亚等省市纷纷出台法律法规

与政策引导游艇发展。其中,海南省更是将游艇产业列为本省重点发展的产业之一,积极出台了一系列法律法规与政策用以规范和引导产业发展,对于其他省市游艇产业发展具有重要参考和借鉴意义。

海南省游艇管理相关法律法规与政策可分为六个方面,即游艇产业管理、游艇综合管理、游艇租赁管理、游艇俱乐部管理、游艇通行管理以及游艇税收管理。其中,海南作为自由贸易港拥有独立立法权,率先出台了国内第一部针对游艇产业的地方性立法,填补了游艇产业的空白,为游艇产业发展扫清了制度障碍,同时也为游艇相关法规与政策的出台提供了支撑。因此,海南游艇管理法律法规与政策相对完善,也更成体系。

(一)游艇产业管理

1.《海南自由贸易港游艇产业促进条例》

为促进海南自由贸易港游艇产业高质量发展,提升游艇产业的服务和保障水平,建设海南游艇产业改革发展创新试验区,海南省第六届人民代表大会常务委员会第三十五次会议于 2022 年 3 月 25 日审议通过《海南自由贸易港游艇产业促进条例》,自 2022 年 7 月 1 日起施行。《海南自由贸易港游艇产业促进条例》是海南自由贸易港法规体系中的一项重要法规,是国内第一部针对游艇产业的地方性立法,也是海南省第一部以促进产业发展为主要出发点的创制性立法,设有总则、产业发展、检验登记和航行、游艇租赁、服务与监管、法律责任和附则共 7 章 56 条。

2.《海南游艇产业改革发展创新试验区建设实施方案》

为贯彻落实《海南自由贸易港建设总体方案》,充分借鉴国际经验,抢抓战略机遇,积极探索符合中国国情、发挥海南独特优势的游艇产业发展新路径,全面推进海南游艇产业改革发展创新试验区建设,支持海南自由贸易港建设发展,海南省交通运输厅于 2022 年 6 月 28 日印发《海南游艇产业改革发展创新试验区建设实施方案》,提出优化游艇产业发展布局,构建现代游艇产业体系;加强游艇基础设施建设,夯实游艇产业发展基础;创新游艇旅游消费模式,拓展游艇旅游消费空间;创新游艇政策法规体系,优化游艇产业发展环境;完善游艇社会治理体系,提高游艇社会治理能力;加快技术创新应用,促进智慧安全绿色发展共六个方面 21 项具体任务。

3.《海南省游艇产业发展规划纲要(2021—2025 年)》

为贯彻落实中共中央、国务院关于打造海南国际旅游消费中心的战略部署,落实《海南自由贸易港建设总体方案》等文件精神,促进海南省游艇产业高质量发展,当好海南自由贸易港建设的先行官和排头兵,海南省交通运输厅于2022年7月1日印发《海南省游艇产业发展规划纲要(2021—2025年)》。《海南省游艇产业发展规划纲要(2021—2025年)》包括规划背景、总体要求、产业布局、主要任务、保障措施以及附件等六部分,为"十四五"时期和未来一段时期海南游艇产业发展提供规划引领。

(二)游艇综合管理

1.《海南省游艇管理办法》

为了加强游艇的服务与管理,维护国家安全,促进游艇经济发展,根据国家法律法规和相关规定,结合海南省实际,海南省人民政府于2016年2月5日颁布《海南省游艇管理办法》,同日,《海南省游艇管理试行办法》废止。《海南省游艇管理办法》是对《海南省游艇管理试行办法》的继承与深化,内容包括游艇的检验、登记、安全保障、出入境管理、码头管理、俱乐部(游艇会)管理等方面,为海南游艇管理提供了重要依据,有力促进了海南游艇的规范性管理。

2.《海南省游艇安全管理暂行办法》

为落实交通运输部印发的《游艇安全管理规定》文件精神,海南海事局于2010年12月29日印发实施《海南省游艇安全管理暂行办法》。《海南省游艇安全管理暂行办法》内容覆盖游艇检验、登记、驾驶人员、进出口岸、航行和停泊、游艇俱乐部、安全保障、防止污染、监督管理九个方面,并在进口游艇的检验手续、游艇登记户籍和外资比例限制、实行全国通用的游艇驾驶员证书制度、境外人士在海南考取游艇驾照、认可境外游艇驾驶员证书、境外游艇进出口岸查验手续、对外国籍游艇不实行强制引航、境外游艇入境后适航八个方面实现了管理政策上的突破。

3.《海南自由贸易港游艇操作人员培训、考试和发证办法》

为促进海南自由贸易港游艇产业发展,规范游艇操作人员管理,提高游艇操作人员技术水平,保障水上人命和财产安全,保护海洋环境,海南海事局于2021年10月29日公布《海南自由贸易港游艇操作人员培训、考试和发证办法》,并自2021年11月1日起施行。《海南自由贸易港游艇操作人员培训、考试和发证办法》共七章37条,内容包括总则、游艇驾驶证、游艇操作人员培训、游艇操作人员考试、游艇驾驶证签发、监督管理、附则等。

4.《关于明确进口游艇管理有关措施的通知》

为加快推动允许5年(含)以下船龄游艇进口政策落地实施,促进海南自贸港游艇产业高质量发展,海南省交通运输厅、海南省商务厅、海口海关、海南海事局于2022年12月22日联合印发《关于明确进口游艇管理有关措施的通知》,就包括进口游艇范围;船龄认定;实行机电产品进口许可证管理范围;通关手续、初次检验、初次登记等内容进行明确。

(三)游艇租赁管理

1.《海南省游艇租赁管理办法(试行)》

为规范游艇租赁行为,维护游艇租赁业务经营人和承租人双方合法权益,保障水上交通安全,促进游艇租赁业健康有序发展,根据《中华人民共和国安全生产法》等有关法律、法规,结合海南省实际,海南省人民政府于2019年12月8日颁布《海南省游艇租赁管理办法(试行)》,并于2020年1月1日起施行,有效期为3年,这是国内首部针对游艇租赁的管理办法。《海南省游艇租赁管理办法(试行)》对交通运输、海事、公安、市场监督和旅游等行政管理部门、行业协会的应负职责作出了规定,也对从事游艇租赁业务的经营人开展游艇租赁业务作出了规定,同时规定租赁游艇乘客实行实名制管理、游艇租赁业务实行信用管理制度。

2.《海南省游艇租赁管理办法(试行)实施细则》

为进一步加强海南游艇租赁行业管理,规范游艇租赁经营行为,根据《海南省游艇租赁管理办法(试行)》,海南省交通运输厅经商海南海事局同意,制定了《海南省游艇租赁管理办法(试行)实施细则》,并于2021年12月1日起施行。《海南省游艇租赁管理办法(试行)实施细则》在《海南省游艇租赁管理办法(试行)》的基础上,对租赁经营人市场准入条件统一、游艇租赁服务规范制定、安全和防污染责任落实、租赁游艇夜航管理、市场诚信体系建设、加强事中事后监管等方面进行了明确和细化,并在适当放宽市场准入门槛、明确游艇租赁夜航条件、强化市场安全主体责任、强化新型监管机制、推进租赁游艇标识化等方面进行了创新。

3.《海南省游艇租赁检验暂行规定》

为进一步做好租赁游艇检验工作,促进游艇租赁产业健康有序发展,海南省交通运输厅于2021年11月4日公布了《海南省租赁游艇检验暂行规定》,并自2021年12月1日起实施。《海南省租赁游艇检验暂行规定》共分三大部分,即一般规定、检验与证书、检验技术标准。其中,重点明确了帆艇帆、稳性、航行及通导设备、消防安全、救生设备及布置、乘员定额和舱室设备、防污染等检验技术标准。

（四）游艇俱乐部管理

1.《海南省游艇俱乐部（游艇会）审核注册登记备案管理办法》

为加快推进海南省游艇产业发展，进一步规范游艇俱乐部（游艇会）的管理，根据《海南省游艇管理试行办法》（现已废止）有关要求，结合海南实际，海南省海防与口岸办公室、海南省交通运输厅、海南省商务厅、海南省工商行政管理局于 2012 年 1 月 21 日联合印发《海南省游艇俱乐部（游艇会）审核注册登记备案管理办法》。《海南省游艇俱乐部（游艇会）审核注册登记备案管理办法》共分总则、审核、注册登记、备案、附则共 5 章 16 条，重点对游艇俱乐部的注册登记及备案手续予以明确。

2.《海南海事局关于进一步加强游艇俱乐部备案管理的意见》

为进一步规范游艇俱乐部的备案管理，充分发挥游艇俱乐部在游艇安全与防污染管理工作中的作用，海南海事局于 2020 年 9 月印发《海南海事局关于进一步加强游艇俱乐部备案管理的意见》。意见分为建立实施游艇安全与防污染制度体系、提高安全与防污染管理能力、提升安全与防污染保障能力、加强应急处置能力建设、切实履行安全与防污染管理主体责任五个部分，共计 23 项具体标准和要求。

（五）游艇通行管理

1.《中国（海南）自由贸易试验区琼港澳游艇自由行实施方案》

为贯彻落实《国务院关于印发中国（海南）自由贸易试验区总体方案》（国发〔2018〕34 号），加快推进琼港澳游艇自由行，根据《交通运输部印发贯彻落实〈中共中央 国务院关于支持海南全面深化改革开放的指导意见〉实施方案的通知》（交规划发〔2018〕89 号）、《国家发展改革委关于印发〈海南省建设国际旅游消费中心的实施方案〉的通知》（发改社会〔2018〕1826 号）要求，海南省人民政府办公厅于 2019 年 6 月 18 日印发《中国（海南）自由贸易试验区琼港澳游艇自由行实施方案》。《中国（海南）自由贸易试验区琼港澳游艇自由行实施方案》中明确对港澳游艇在海南自贸区进出、航行、停泊、旅游等方面推行便利化监管措施。其中，创新提出"将游艇入境手续纳入单一窗口"；实施"定点停靠，就近联检"的口岸管理模式；取消开行前向海事管理机构报告的要求等。该项政策为全国首创。

2.《关于实施琼港游艇便利出行安排的公告》

为进一步落实《中国(海南)自由贸易试验区琼港澳游艇自由行实施方案》，促进海南自由贸易港游艇产业对外开放，按照中华人民共和国海事局(交通运输部海事局)和香港特别行政区政府海事处的工作部署，中华人民共和国海南海事局于 2022 年 9 月 9 日发布《关于实施琼港游艇便利出行安排的公告》，提出持有香港特别行政区政府海事处签发的游乐船只一级、二级操作人员证明书的人士，可在海南省划定与公布的游艇活动水域驾驶相应香港注册或领牌游艇。

(六)游艇税收管理

为贯彻落实《海南自由贸易港建设总体方案》，做好海南自由贸易港"零关税"进口交通工具及游艇的管理工作，根据《关于海南自由贸易港交通工具及游艇"零关税"政策的通知》要求，海南省人民政府办公厅于 2020 年 12 月 30日印发《海南自由贸易港"零关税"进口交通工具及游艇管理办法(试行)》。《海南自由贸易港"零关税"进口交通工具及游艇管理办法(试行)》共 7 章 31条，主要从进口主体、登记注册、使用运营、监督管理及法律责任五个方面，对"零关税"交通工具及游艇的进口、使用、监管及处理等环节进行了全面规定，明确了各主管部门的具体管理职责和边界，便于企业明晰享受政策的认定标准、使用范围和操作流程。同时，配套印发了《关于海南自由贸易港"零关税"交通工具及游艇进口企业资格认定有关事宜的公告》以及《关于明确"零关税"进口船舶及游艇管理有关问题的通知》。

表 10-2　地方层面(以海南为例)游艇法律法规与政策梳理

序号	分类	文件名称	文号	印发机关	印发日期
1	游艇产业管理	《海南自由贸易港游艇产业促进条例》	海南省人民代表大会常务委员会公告第 116 号	海南省人民代表大会常务委员会	2022 年 3 月 25 日
2		《海南游艇产业改革发展创新试验区建设实施方案》		海南省交通运输厅	2022 年 6 月 28 日
3		《海南省游艇产业发展规划纲要(2021—2025 年)》		海南省交通运输厅	2022 年 7 月 1 日

序号	分类	文件名称	文号	印发机关	印发日期
4	游艇综合管理	《海南省游艇安全管理暂行办法》		海南海事局	2010 年 12 月 29 日
5		《海南省游艇管理办法》	琼府〔2016〕19 号	海南省人民政府	2016 年 2 月 5 日
6		《海南自由贸易港游艇操作人员培训、考试和发证办法》		海南海事局	2021 年 10 月 29 日
7		《关于明确进口游艇管理有关措施的通知》		海南省交通运输厅、海南省商务厅、海口海关、海南海事局	2022 年 12 月 22 日
8	游艇租赁管理	《海南省游艇租赁管理办法(试行)》	琼府办〔2019〕35 号	海南省人民政府办公厅	2019 年 12 月 8 日
9		《海南省游艇租赁管理办法(试行)实施细则》		海南省交通运输厅	2021 年 11 月 4 日
10		《海南省游艇租赁检验暂行规定》		海南省交通运输厅	2021 年 11 月 4 日
11	游艇俱乐部管理	《海南省游艇俱乐部(游艇会)审核注册登记备案管理办法》		海南省海防与口岸办公室、海南省交通运输厅、海南省商务厅、海南省工商行政管理局	2012 年 1 月 21 日
12		《海南海事局关于进一步加强游艇俱乐部备案管理的意见》		海南海事局	2020 年 9 月 30 日
13	游艇通行管理	《中国(海南)自由贸易试验区琼港澳游艇自由行实施方案》	琼府办〔2019〕16 号	海南省人民政府办公厅	2019 年 6 月 18 日
14		《关于实施琼港游艇便利出行安排的公告》	2022 年第 1 号	海南海事局	2022 年 9 月 9 日
15	游艇税收管理	《海南自由贸易港"零关税"进口交通工具及游艇管理办法(试行)》	琼府〔2020〕60 号	海南省人民政府	2020 年 12 月 30 日
16		《关于海南自由贸易港"零关税"交通工具及游艇进口企业资格认定有关事宜的公告》		海南省交通运输厅	2021 年 2 月 8 日
17		《关于明确"零关税"进口船舶及游艇管理有关问题的通知》		海南省交通运输厅	2021 年 7 月 23 日

第二节　游艇安全管理

游艇作为一种私人性质的、非营运用途的休闲船舶,主要用于游览观光、休闲娱乐、商务接待,不参与公共交通运输,有其自身的特点。正因为游艇的非营运属性,导致难以使用运营船舶相关法律法规及制度对其进行约束。为此,2008 年交通运输部颁布了我国第一部国家层面的游艇安全管理法规(即《游艇安全管理规定》),用以规范我国游艇行业的管理。结合该法规内容,本节将重点就游艇检验、登记,游艇操作人员培训、考试和发证,游艇航行和停泊以及游艇安全保障等内容予以介绍。

一、游艇检验、登记

游艇作为非公约船舶,没有专门针对它的统一安全和防污染要求,其检验管理由各国国内法规定。有些国家和地区对游艇管理比较严格,如欧盟和英国。有些国家和地区对游艇管理比较宽松,如加拿大、新西兰和中国香港。实际上,游艇检验的宽严是各国对本国游艇业管理方针的体现,游艇检验的项目和程度与本国国情相适应,游艇登记亦如此。

(一)游艇检验

《游艇安全管理规定》在游艇检验方面包括两个方面的内容,一是游艇应当经船舶检验机构按照交通运输部批准或者认可的游艇检验规定和规范进行检验,并取得相应的船舶检验证书后方可使用;二是游艇应当申请附加检验。

作为《游艇安全管理规定》中游艇检验的配套政策,中华人民共和国海事局颁布了《游艇法定检验暂行规定 2009》,中国船级社编制了《游艇建造规范2008》等技术规范作为游艇检验的基本依据。其中,《游艇法定检验暂行规定2009》对艇长 20 米以下的非营业性小型游艇(不含帆船)给出了法定检验要求。该规定确定以 20 米为界限,与国内其他船舶法规及规范对大小船舶的界限(20米)相协调。但当时这一划分标准与国际上的通用标准存在差异;对乘员超过12 人的游艇,应满足海事局对客船的法定检验要求;对持有海事局承认的机构签发的相关有效文件资料及证书的游艇,在申请初次检验时可免除相关图纸资料的审批及备查。

2010 年 8 月 20 日,中华人民共和国海事局印发《游艇安全管理工作实施意见》中进一步明确了进口游艇的检验规定,对持有 CE 和 ABYC 认证证书和标志的进口游艇,在初次检验时可免除图纸资料的审核。需要特别说明的是,该通知中免除图纸资料的审核是依附于《游艇法定检验暂行规定 2009》的,《游艇法定检验暂行规定 2009》被《游艇法定检验暂行规定 2013》替代后,该通知此部分内容也就一同失效了。

2013 年 3 月 11 日,中华人民共和国海事局发布了《游艇法定检验暂行规定 2013》,并自 2013 年 9 月 1 日起实施。《游艇法定检验暂行规定 2013》在适用范围、设计类别、检验类别及间隔期、图纸审核要求等方面与《游艇法定检验暂行规定 2009》均有较大变化。其中,《游艇法定检验暂行规定 2013》以艇长 24 米为界划分游艇,并有不同的检验要求。

2012 年为满足游艇业的快速发展需求,同时配合中华人民共和国海事局颁布的《游艇法定检验暂行规定 2013》的相关技术要求,中国船级社及时编制发布了《游艇入级与建造规范 2012》及《帆艇检验指南 2012》。该规范以 24 米为界限对游艇进行了划分,对设计类别等要求结合国内外研究成果进行了调整,并对 24 米及以上游艇提出了入级服务,对 24 米以下游艇中国船级社也出台了相应入级标准,为其提供相应的入级服务。针对帆艇具有压载龙骨、风帆及索具等特点,中国船级社在《游艇入级与建造规范 2012》的基础上,结合国内调研情况和国际相关标准,编制了《帆艇检验指南 2012》,使游艇规范更加趋于完善。

中国船级社结合游艇技术的发展,通过对比分析国外先进游艇标准,结合业界使用反馈意见、国内游艇使用特点和大型化发展趋势等,对《游艇入级与建造规范 2012》进行了升级换版,编制了《游艇入级与建造规范 2020》,并于 2020 年 7 月 1 日生效。相比《游艇入级与建造规范 2012》,《游艇入级与建造规范 2020》新增舒适性(噪声与振动);明确稳性与消防作为入级条件;新增锂离子蓄电池组相关要求;新增纯电池电力推进游艇的相关要求;明确多体艇的相关要求。

(二)游艇登记

我国对游艇登记采用基本等同于商船的管理制度。根据《游艇安全管理规定》第五条,游艇需取得相应的船舶检验证书后方可使用。但是,实际上游艇取得检验证书后并不能马上在我国管辖水域航行。根据《游艇安全管理规定》第六条,在我国管辖水域航行、停泊的游艇应取得船舶国籍证书。需要注意的是,办理船舶国籍证书的前提是拥有船舶检验证书和所有权证书。(通常所说的"三证",即船舶检验证书、所有权证书和船舶国籍证书。)根据《游艇安全管理规定》中对游艇的定于,游艇不属于营业性运输船舶,因此不受《中华人民共和国船舶登记条例》中中方出资限制比例限制。

二、游艇操作人员培训、考试和发证

游艇的检验和登记制度主要针对游艇本身是否适航,游艇的操作人员培训、考试和发证则主要涉及人员操作,如果游艇操作人员不具备游艇操作及安全应急能力也将给游艇航行埋下安全隐患。《游艇安全管理规定》对游艇操作人员的主体资格和业务素质分别提出了要求,《中华人民共和国游艇操作人员培训、考试和发证办法》则对实施细则进行明确。

(一)游艇操作人员培训、考试和发证管理

为了规范游艇操作人员的管理,促进游艇业的健康发展,根据《游艇安全管理规定》有关要求,2011 年 5 月,中华人民共和国海事局印发《中华人民共和国游艇操作人员培训、考试和发证办法》,文件旨在对《游艇安全管理规定》中提出的"游艇操作人员培训、考试和发证"相关内容予以细化,进一步明晰管理要求。2021 年 9 月,中华人民共和国海事局修订印发了新版《中华人民共和国游艇操作人员培训、考试和发证办法》。此次修订未对整体框架进行较大改动,主要修订了游艇操作人员的年龄要求,游艇驾驶证的申领、换证和补发,境外游艇驾驶证的换发,游艇操作人员培训考试和实操评估大纲等内容。

(二)游艇驾驶证等级划分

游艇操作人员在我国管辖水域内驾驶游艇,应持有海事管理机构签发的有效《中华人民共和国游艇操作人员适任证书》或等效的电子证件(以下简称"游艇驾驶证")并接受海事管理机构的监督检查。游艇操作人员共分为两类四个等级。其中,两类即海上游艇操作人员和内河游艇操作人员。四个等级则是在上述两类的基础上,每一类又划分一等和二等两个等级,共计 4 个等级。具体而言,海上游艇操作人员根据游艇长度划分为两个等级。其中,一等游艇操作人员可以驾驶所有长度的海上游艇;二等游艇操作人员仅限于驾驶 20 米及以下长度的海上游艇。内河游艇操作人员根据是否为封闭水域划分为两个等级。其中,一等游艇操作人员可以驾驶内河任何适航水域的游艇;二等游艇操作人员仅限于驾驶内河封闭水域的游艇。因此,游艇操作人员应在"游艇驾驶证"载明的适用范围内驾驶游艇。

(三)游艇操作人员培训与考试

针对游艇驾驶证培训与考试,《中华人民共和国游艇操作人员培训、考试和发证办法》进行了详细的规定。其中,提供游艇操作人员培训的机构需具备一定的条件,并经过中华人民共和国海事局的批准;游艇操作人员考试则由中华

人民共和国海事局授权的海事管理机构组织。因此,并非所有培训机构及海事管理机构均能开展游艇操作人员培训和考试。

2019 年和 2021 年,《内河船舶船员适任培训和考试大纲》《海船船员培训大纲》先后修订并实施,上述培训大纲中均加入了游艇操作人员培训大纲。因此,上述两个文件也成为游艇操作人员培训的重要学习材料,以及游艇操作人员考试的重要标准。

游艇操作人员考试分为理论考试和实际操作评估两部分。其中,理论考试总分为 100 分,70 分为及格线,采用全国联网机考形式。实际操作评估分为合格和不合格,内容包括靠离码头、绕标、落水者施救以及海图识别等。

另外,由于游艇操作人员不是职业船员,因此不需按照《中华人民共和国船员条例》的规定进行注册管理,只需要取得"游艇驾驶证"即可。

三、游艇航行、停泊

（一）游艇航行

游艇航行过程中,游艇操作人员是安全管理的主要责任人,并承担相关的法律后果。为此,《游艇安全管理规定》第十四条明确,游艇操作人员应当在游艇在开航之前做好安全检查,确保游艇适航。

游艇航行过程中,需要接受海事部门的监管。其中,除了需要随船携带相关航行资料外,还需携带无线电通信工具,确保可与海事管理机构以及游艇俱乐部等进行联系。同时,游艇操作人员驾驶游艇时应当携带游艇操作人员适任证书。

游艇受自身尺寸、续航能力等多方面因素影响,游艇适航范围存在差异。因此,《游艇安全管理规定》第十七条规定,游艇应当在其检验证书所确定的适航范围内航行。同时,首次航行前,游艇所有人或者游艇俱乐部应当将航行水域向当地海事管理机构备案;后续航行中若出现航行水域超出备案范围的情况,需提前向海事管理机构报告。上述要求主要出于安全方面的考虑,一方面可以在备案中掌握游艇的航行范围利于日常监管,另一方面实施超范围报告可提升应急处置能力。

游艇航行中的进出境管理将在本章第三节中予以专题介绍。

（二）游艇停泊

游艇应停泊在海事管理机构公布的专用停泊水域或者停泊点,这样一方面有利于日常监管,另一方面有利于游艇的航行安全。对于游艇航行过程中的临时性停泊,需停泊在不妨碍其他船舶航行、停泊、作业的水域。同时,不得在主航道、锚地、禁航区、安全作业区、渡口附近以及海事管理机构公布的禁止停泊的水域内停泊。对于未按要求进行停泊的,游艇所有人将承担相应责任。

游艇停泊点的建设主要分为两类,一类是现在在国内占主体地位的游艇俱乐部码头,另一类则是数量偏少的公共游艇码头。两者的区别主要在于建设的初衷和服务主体不同。其中,游艇俱乐部码头一般是房地产开发的附属产品,为俱乐部会员提供停泊服务,停泊收费相对较贵(或者停泊费用已包含在昂贵的会费中);公共游艇码头则与公共停车场类似,一般由政府出资建设,具有公共服务属性,停泊收费也更亲民。

此外,游艇码头建设也存在两种情况,即游艇码头处于港口水域和非港口水域。其中,根据《游艇安全管理规定》第二十二条,在港口水域内建设游艇停泊码头、防波堤、系泊设施的,应当按照《中华人民共和国港口法》的规定申请办理相应许可手续。而在非港口水域建设游艇停靠码头并无统一要求。

四、游艇安全保障

游艇的安全和防污染应由游艇所有人负责,具体而言,游艇所有人应当负责游艇的日常安全管理和维护保养,确保游艇处于良好的安全、技术状态,保证游艇航行、停泊以及游艇上人员的安全。但是,当游艇委托给游艇俱乐部保管时,游艇所有人应当与游艇俱乐部签订协议,明确双方在游艇航行、停泊安全以及游艇的日常维护、保养及安全与防污染管理方面的责任。

因此,游艇俱乐部实际上需要承担两个方面的职责,一方面是来自与游艇管理委托人的约定,另一方面则来自海事管理机构的相关规定。但是当前者与后者存在矛盾时,应以后者为准,即游艇俱乐部的责任和义务不会以其与游艇所有人签订的协议而转移。

针对游艇使用过程中可能遇到的险情或发展水上交通、污染事故,《游艇安全管理规定》第三十条明确采用报告制,其中报告主体分为三类,一是游艇操作人员及其他乘员;二是游艇俱乐部;三是发现险情或者事故的船舶、人员。同时,游艇俱乐部应当立即启动应急预案,而游艇上的人员则应积极采取自救。

游艇安全保障中涉及游艇俱乐部经营管理的相关内容将在本章第四节进行介绍。

第三节　游艇出入境管理

在游艇出入境管理中,游艇实际上具有双重属性,即商品货物属性以及运输工具属性。因此,游艇出入境管理需遵守《中华人民共和国海关法》《中华人民共和国国境卫生检疫法》《中华人民共和国进出境动植物检疫法》等多部法律法规以及《中华人民共和国海关暂时进出境货物管理办法》《中华人民共和国海关进出境运输工具监管办法》《国际航行船舶进出中华人民共和国口岸检查办法》等有关规定,内容涵盖非常广泛。本节将结合相关法律法规以及有关规定,重点就报关与备案管理、担保政策、检验检疫、境内外期间管理四个方面予以介绍。

一、报关与备案管理

根据《中华人民共和国海关暂时进出境货物管理办法》,游艇作为旅游用自驾交通工具及其用品属于暂时进出境货物,需要向主管地海关提交《暂时进出境货物确认申请书》,申请对有关货物是否属于暂时进出境货物进行审核确认,并且办理相关手续。同时,非货物暂准进口单证册项下暂时进出境货物收发货人应当按照有关规定向主管地海关提供担保。

根据《中华人民共和国海关进出境运输工具监管办法》,进出境游艇、进出境游艇负责人和进出境游艇服务企业应当在所在地的直属海关或者经直属海关授权的隶属海关备案。备案时需提交《进出境国际航行船舶备案表》《运输工具负责人备案表》《运输工具服务企业备案表》,并提交上述备案表随附单证栏中列明的材料。海关对上述备案实行全国海关联网管理。当备案信息发生变更时,游艇持有人和游艇服务企业应当在海关规定的时限内持《备案变更表》和有关文件到备案海关办理备案变更手续。

二、担保政策

根据《中华人民共和国海关事务担保条例》有关规定,境外籍游艇进境前需向海关办理海关事务担保手续。由于担保金办理手续较为繁杂且数额相对较大,一定程度上抑制了境外游艇入境我国旅游消费的需求。近年来,广东省、海南省先后探索实施制度创新,积极开展入境免担保政策,并取得了一定成效。

(一)游艇入境担保

由于游艇具有双重属性,即商品货物属性和运输工具属性。游艇出入境又涉及人员查验和船舶定性。为了更好地前置监管和避免逃税漏税,我国海关根据《中华人民共和国海关事务担保条例》第五条第一款第二项和《中华人民共和国进出口关税条例》第四十二条的有关规定,按照一定的关税比例设立了游艇入境担保金制度。其中,担保金与游艇价格、游艇折旧以及汇率等因素相关,并可使用人民币、可自由兑换货币、境内金融机构出具的保函以及其他担保方式进行担保。

（二）游艇入境免担保

2017 年 6 月 28 日，交通运输部、公安部、海关总署、质检总局四部委联合发函，原则同意《中国（广东）自由贸易试验区粤港澳游艇自由行实施方案》。根据实施方案，将探索实施以行业协会或其他第三方组织为主体向海关提供总担保的形式为进出境游艇办理担保手续，并承担相应的法律责任。该实施方案成为国内首份探索性提出自由行游艇免担保的政策文件。2019 年 6 月 18 日，海南省人民政府办公厅印发《中国（海南）自由贸易试验区琼港澳游艇自由行实施方案》，提出"对通过自由行方式办理入境手续的港澳游艇实行关税免担保入境政策"。2020 年 7 月 9 日，结合中国（海南）自由贸易试验区建设，海关总署发布《关于调整海南进出境游艇有关管理事项的公告》，提出对中国（海南）自由贸易试验区内自驾游进境游艇，游艇所有人或其委托的代理人免于为游艇向海关提供担保。至此，海南率先实现入境免担保政策的全覆盖。

自驾游免担保意味着自驾游游艇不需要再向海关缴纳高昂的担保金，这不仅可以缩短出入境手续办理所花费的时间，更重要的是可以减少入境游艇担保金给游艇所有人带来的大量资金占用，减少入境游艇因担保而产生的成本，为入境自驾游增添了发展活力。

三、检验检疫

进出我国国境口岸的外籍游艇和航行国际航线的中国籍游艇均属国际航行船舶，需遵守我国《国际航行船舶出入境检验检疫管理办法》的相关要求。根据相关规定，我国对进出境游艇检验检疫有着严格的要求。其中，入境游艇必须在最先抵达的口岸接受检疫。

（一）入境检验检疫

进境游艇负责人或进境游艇服务企业应当在游艇抵达口岸 24 小时前海关申报，填报入境检疫申报书。海关结合风险评估，对进境游艇实施锚地检疫、电讯检疫、靠泊检疫或者随船检疫。其中，对持有我国海关签发的有效《交通工具卫生证书》，且无重大疫病疫情发生的，游艇负责人可以向海关申请电讯检疫。但当游艇上存在来自检疫传染病疫区；来自动植物疫区，国家有明确要求的；有受染病人、疑似受染病人，或者有人非因意外伤害而死亡并死因不明的；发现有啮齿动物异常死亡的等情况时，游艇负责人应主动向海关报告，并前往锚地或指定地点接受检疫。

接受入境检疫的游艇,应当按照规定悬挂检疫信号,在海关签发《船舶入境检疫证书》后,方可解除检疫信号、登离游艇、装卸行李等物品。对于不具备悬挂检疫信号条件的游艇,进境时应该在检疫地点等候,并通知海关实施检疫。

在口岸和指定停泊码头停留期间,艇上人员不得将所载的动植物、动植物产品和其他检疫物带离游艇;确需带离的,应当向海关报检。游艇上装载有禁止进境的动植物、动植物产品和其他检疫物的,海关应当作封存或者销毁处理。对生活垃圾、泔水、动植物性废弃物及其存放场所、容器,应当在海关监督下实施必要的检疫处理。

海关对经检疫判定没有染疫的入境游艇,签发《船舶入境卫生检疫证书》;对经检疫判定染疫、染疫嫌疑或者来自传染病疫区应当实施卫生除害处理的或者有其他限制事项的入境游艇,在实施相应的卫生除害处理或者注明应当接受的卫生除害处理事项后,签发《船舶入境检疫证》。

(二)出境检验检疫

游艇出境时,应当在出境 3 小时前向出境口岸检验检疫机构申报并办理出境检疫手续。游艇在口岸停留时间不足 24 小时的,经检验检疫机构同意,游艇负责人或游艇服务企业可以在办理入境手续的同时办理出境手续。对于游艇在办结出境手续后的 24 小时内未能驶离、游艇出境后因故返航、出现人员变动等情况的,需要重新办理出境手续。

四、境内外期间管理

游艇应当通过设立海关的港口或者经批准的游艇监管码头进境或者出境,并接受海关监管。海关监管中的游艇进出境时限、外籍游艇入境后的停留监管和境内续驶监管一直备受关注,本小节主要围绕这三方面予以介绍。

(一)进出境时限管理

进出境游艇作为暂时进出境货物仍然应当遵守"暂时进境"或"暂时出境"的监管要求,但长期以来缺乏具有针对性的监管办法。2011 年 3 月 11 日,海关总署发布《中华人民共和国海关对海南省进出境游艇及其所载物品监管暂行办法》,其中首次针对游艇进出境时限进行了明确,为全国进出境游艇时限管理提供了重要参考。

根据《中华人民共和国海关对海南省进出境游艇及其所载物品监管暂行办法》,境外籍游艇进境满 30 日应当复出境,境内籍游艇出境满 30 日应当复进境。

未经海关同意,不得超期滞留境内或境外,也不得擅自转让或移作他用。因特殊情况需要延长期限的,游艇所有人或者其委托的游艇服务企业应当向进境、出境地海关提出延期申请。经核准方可延期,每次延长期限不得超过 30 日,最多可以延期 2 次。境外籍游艇每一公历年度在境内的停留期限累计不得超过 183 天。

(一)停留监管

根据《中华人民共和国海关进出境运输工具监管办法》,游艇到达口岸时应接受海关监管和检查。海关将重点对游艇船体、所载物品、艇上人员及其个人物品等基本信息进行核对,对房间、库房以及其他部位进行外观检查,对可能存在染疫风险的区域或者部位实施检疫。检查时,游艇负责人应到场配合检查、接受询问,根据海关需要提供各类材料、开启或者拆卸部分部件、配合搬移相应物品等,为海关检查提供方便。海关检查完毕后,游艇负责人经确认无误后应当在《检查记录》上签字。

(三)境内续驶监管

进出境游艇在境内从一个设立海关的地点使往另外一个设立海关的地点,进出境游艇负责人应当按照有关规定办理使离手续。未经驶离地海关同意,进出境游艇不得改驶其他目的地;未办结海关手续的,不得改驶境外。

境外籍游艇在境内期间发生意外或者机件故障,影响游艇的适航性时,可以经海关批准后自行前往船厂进行维修,由承接游艇维修的企业按照"修理物品"方式向海关办理报关手续。境外籍游艇在进境申报后办理出境手续前,由海关通过信息化系统实施监控。游艇在办理出境手续后,由海关通过信息化系统实施监控至实际离境。

第四节　游艇经营管理

游艇经济中涉及游艇经营管理的事项比较分散,从现有管理制度和政策体系角度梳理,主要分为进口游艇管理、游艇俱乐部管理以及游艇租赁管理三个方面。其中,游艇租赁在国内属于新业态,相关管理制度才刚刚开始制定且主要集中在海南省。因此,游艇经营管理将围绕海南省在进口游艇管理、游艇俱乐部管理、游艇租赁管理等方面的先行先试予以介绍。

一、进口游艇管理

由于我国游艇工业起步相对较晚,因此进口游艇在我国游艇消费中一直占据重要位置。2008年颁布的《游艇安全管理规定》为进口游艇管理作出了指引，并对进口游艇检验和船龄提出了具体要求。

（一）进口游艇检验

《游艇安全管理规定》于2008年颁布后，中华人民共和国海事局于2009年配套颁布了技术规范《游艇法定检验暂行规定》，使游艇安全管理步入了规范化轨道。为进一步提高游艇法规、规范实施的适用性，促进游艇业以及水上旅游经济的健康发展，中华人民共和国海事局于2010年印发《游艇安全管理工作实施意见》，对进口游艇的检验作出了一定程度的简化。

作为一项临时性措施，中华人民共和国海事局认可CE和ABYC认证证书和标志为《游艇法定检验暂行规定》1.1.2.4条和1.2.5.1条中所述"本局接受的其他公认标准"和"本局承认的相关有效文件、证书"。对持有上述认证证书和标志的进口游艇，检验时可不要求其提供图纸资料，但应核对其认证证书或检验证书与实船的符合性。对不持有上述认证证书和标志的进口游艇，检验时要求其提供或补绘船舶图纸和稳性计算资料，经审查合格后，可进行符合性检验。

（二）进口游艇船龄

为进一步加强进口游艇管理，交通运输部发布公告，提出禁止从境外进口船龄在一年以上的游艇，并要求各级海事管理机构和船舶检验部门严格执行公告规定，对不符合公告要求的进口游艇不予办理进口船舶登记和检验手续。

一方面公告未对进口船龄的计算方式予以明确，参考2022年海南省有关部门印发的《关于明确进口游艇管理有关措施的通知》，涉及两种情况，即游艇是否需要取得进口许可证。需要取得进口许可证的游艇，船龄是指自技术资料（建造厂出具的建造厂证明或船舶检验证书）载明的建成日期至进口许可证签发之日的年限。不需要取得进口许可证的游艇，船龄是指自技术资料（建造厂出具的建造厂证明或船舶检验证书）载明的建成日期至进口之日（报关单记载的进口日期）的年限。其中，建造厂出具的建造厂证明未载明具体建成日期的，以建造厂证明签发之日为准。

另一方面进口游艇船龄严格限制在一年以内，降低了我国消费者对境外二手游艇的购买需求，与国外繁荣的二手游艇买卖市场不符。为此，海南自由贸易港在其颁布的《海南自由贸易港游艇产业促进条例》中提出"从境外购买或者通过其他合法途径取得且拟申请办理登记的游艇，船龄可以放宽至五年"。

二、游艇俱乐部管理

游艇俱乐部作为为会员提供游艇保管及使用服务的组织,伴随着游艇经济一同发展。游艇俱乐部作为具备法人资格的实体,提供相关服务的同时承担相关责任、履行相应义务。

(一)游艇俱乐部备案

我国游艇俱乐部除了需要具备法人资格外,还需要落实备案管理相关要求,备案对象为所在地直属海事局或者省级地方海事局。备案要求在国家层面的《游艇安全管理规定》中虽未明确,但该文件指出了游艇俱乐部应具备的安全和防污染能力以及游艇俱乐部应当履行的安全义务,这也成为地方出台游艇俱乐部备案管理相关制度的重要参考。

(二)游艇俱乐部应承担的安全和防污染责任

依照《游艇安全管理规定》规定,游艇俱乐部应当具备规定的安全与防污染能力,承担游艇的安全与防污染责任。具体而言,游艇俱乐部应建立游艇安全和防污染管理制度,配备相应的专职管理人员;具有相应的游艇安全停泊水域,配备保障游艇安全和防治污染的设施,配备水上安全通信设施、设备;具有为游艇进行日常检修、维护、保养的设施和能力;具有回收游艇废弃物、残油和垃圾的能力;具有安全和防污染的措施和应急预案,并具备相应的应急救助能力。

(三)游艇俱乐部应履行的安全义务

游艇俱乐部应履行的安全义务主要包括:应对游艇操作人员和乘员开展游艇安全、防治污染环境知识和应急反应的宣传、培训和教育;督促游艇操作人员和乘员遵守水上交通安全和防治污染管理规定,落实相应的措施;保障停泊水域或者停泊点的游艇的安全;核查游艇、游艇操作人员的持证情况,保证出航游艇、游艇操作人员持有相应有效证书;向游艇提供航行所需的气象、水文情况和海事管理机构发布的航行通(警)告等信息服务;遇有恶劣气候条件等不适合出航的情况或者海事管理机构禁止出航的警示时,应当制止游艇出航并通知已经出航的游艇返航;掌握游艇的每次出航、返航以及乘员情况,并做好记录备查;保持与游艇、海事管理机构之间的通信畅通;按照向海事管理机构备案的应急预案,定期组织内部管理的应急演练和游艇成员参加的应急演习。

三、游艇租赁管理

根据《游艇安全管理规定》中对游艇的定义,游艇属于非营业性船舶。但当游艇从事营业性运输时,应当按照国家有关营运船舶的管理规定,办理船舶检验、登记和船舶营运许可等手续。但是,随着近几年游艇属性的延伸,尤其是游艇从游艇所有人自用到他用,游艇租赁作为我国游艇旅游消费市场的一个新业态,逐渐成为市场主流。由于游艇租赁存在立法空白,缺少规章制度的保障,一直处于非法经营和无序经营的状态,游客和游艇经营人之间的法律关系不清晰,服务标准和安全管理制度缺失,监管责任不明确,欺诈游客的情况时有发生,游客的合法权益难以得到保障,存在较大的安全隐患和风险。海南省依托自由贸易港政策和制度体系加快建立的政策优势,发扬敢闯敢试、敢为人先的特区精神,大胆创新,在国内率先制定出台游艇租赁的规章制度,引领游艇租赁规范化发展。

(一)游艇租赁的概念

游艇租赁是指以游览观光、休闲娱乐、商务等活动为目的,由游艇租赁业务经营人以整船租赁方式,向承租人提供游艇,并配套游艇驾驶和保障服务的一种租赁活动。不包括游艇租赁经营人为乘员安排的任何离艇水上活动。其中,根据定义,游艇租赁必须是整船租赁。若租赁游艇改变用途从事水路运输经营活动的,应当按照国家有关规定,办理船舶检验、登记和船舶营运许可等手续。

(二)游艇租赁业务经营人备案资质要求

从事游艇租赁业务的企业和游艇实行备案制度,从事游艇租赁业务的企业必须按照备案材料的具体要求,向所在地市县交通运输主管部门申请备案。各市县交通运输主管部门应通过适当方式向社会公布认可经营人名录及所属游艇清单并动态管理。具体备案材料主要包括:有与租赁服务范围相适应的游艇和泊位;游艇应当取得有效的船舶登记证书、游艇适航证书或者适航性证明文件和符合租赁游艇检验标准的检验证明或者租赁游艇入级证书;有与申请的经营服务范围和游艇数量相适应的安全管理人员和持有合格有效证书的游艇操作人员;有健全的经营管理制度、服务规程、安全管理制度和应急预案以及具备有关规定要求的安全和防污染能力。

(三)游艇租赁业务经营人主体责任

游艇租赁业务经营人应当承担安全生产和防污染责任、规范经营责任和服务质量责任,并对应建立安全生产和防污染责任制、规范经营责任制和服务质量责任制。其中,承担安全生产和防污染主体责任,需要制定落实安全操作规程、应急处置预案、企业全员安全生产责任制,保障安全生产投入,确保安全环保；承担经营主体责任，需要遵守依法经营、诚实守信、公平竞争的原则，规范经营；承担提升服务质量主体责任，需要着力推进服务设备设施规范完备，不断优化游艇旅游产品供给。

（四）游艇租赁业务经营人主体义务

游艇租赁业务经营人应当与承租人签订租赁合同，明确服务内容、服务标准、双方权利义务等。其中，游艇租赁业务经营人不能在合同中转移本该其承担的义务。游艇租赁业务经营人主体义务包括：游艇日常的维护保养，艇上相关设施设备的检修保养；开航前的检查以确保游艇适航；按照规定配备符合要求的游艇操作人员以及相关工作人员；完成相关进出港报告或报备；确保租赁游艇距岸20海里以内水域航行；按照有关规定购买保险；对每次出航的相关信息如实记录；在显著位置明示服务项目、收费标准、游艇信息等内容。

（五）租赁游艇检验

为贯彻落实《海南省游艇租赁管理办法（试行）》，保障游艇及艇上人员生命财产的安全，防止水域环境污染，海南省交通运输厅制定了《海南省租赁游艇检验暂行规定》。文件明确了帆艇帆、稳性、航行及通导设备、消防安全、救生设备及布置、乘员定额和舱室设备、防污染等租赁游艇相关检验技术标准。此外，租赁游艇除需按《游艇法定检验暂行规定》《游艇入级与建造规范》的规定进行初次、换证或特别等定期检验和临时检验外，还应进行初次检验和年度检验。

第十一章

游艇技术创新与未来发展展望

新材料、尖端设计和创新推进系统的使用改变了游艇体验,使其更加愉悦,并为更广泛的受众所接受。游艇技术创新的未来充满希望,自主游艇、绿色技术和个性化游艇设计等新兴趋势将彻底改变行业。同时,未来游艇技术创新也面临着潜在挑战和机遇,例如竞争加剧、消费者偏好变化和新的需求。

在本章中,我们将探讨游艇技术的创新成果及其对行业、经济和游客体验的影响。包括新材料、电力和混合动力推进系统、导航、通信和娱乐系统等新技术的作用,以及游艇制造商在通过专利保护知识产权方面面临的挑战。

同时,由于游艇技术创新的产业生态系统,如材料供应商、技术提供商和服务提供商,在游艇未来发展中也起着至关重要的作用,所以分析和解决这些行业面临的挑战和机遇也对游艇行业发展有着促进作用。

此外,通过分析游艇技术创新对游艇体验、行业和经济的潜在影响,以及游艇技术创新的趋势,进一步预测游艇技术的发展前景,分析该行业在未来可能面临的潜在挑战和机遇。

第一节　游艇新材料

游艇是复杂而精密的船只,需要使用多种材料进行建造、维护和操作。游艇建造所用的材料在这些船只的性能、安全性和可持续性方面起着至关重要的作用,成为游艇行业创新和发展的关键因素。

从玻璃纤维和铝到碳纤维与复合材料,游艇制造商和设计师在建造这些船只时可以选择多种材料,而新材料的开发改变了游艇设计师和爱好者的选择。材料的选择取决于多种因素,包括成本、强度、重量和耐腐蚀性等。游艇行业新材料的开发和引入有可能极大地影响游艇的设计、性能和可持续性。例如,在游艇建造中使用复合材料。与木材或钢材等传统材料相比,复合材料更轻、更坚固、更耐腐蚀,这种强度和耐用性的提高意味着游艇可以变得更轻,提高速度和性能,同时降低燃料消耗。

除了复合材料,游艇制造商还在它们的设计中加入了玻璃纤维增强塑料(玻璃钢)和高密度泡沫等新材料。与传统材料相比,这些材料更轻、更耐用,并提供更好的绝缘性,成为海洋交通工具的理想建造材料。

游艇材料的另一个具有重大意义的发展是使用 3D 打印技术。这项技术可以生产烦琐而复杂的零件,而使用传统的制造技术很难或不可能生产出来。通过使用 3D 打印不仅节省了时间,还为游艇设计开辟了新的可能性,使设计师能够创造出更轻、更坚固、更符合空气动力学的游艇。

一、游艇建造常用材料

(一)玻璃纤维

1. 玻璃纤维及其种类

玻璃纤维,是一种性能优异的无机非金属材料,是游艇制造中最常见的材料之一。它是以叶蜡石、石英砂、石灰石、白云石、硼钙石、硼镁石六种矿石为原料经高温熔制、拉丝、络纱、织布等工艺制造成的,其单丝的直径以微米记,相当于一根头发丝的 $1/20 \sim 1/5$,每束纤维原丝都由数百根甚至上千根单丝组成。

玻璃纤维种类繁多,按玻璃成分可分为无碱、耐化学、高碱、中碱、高强度、高弹性模量和耐碱玻璃纤维等。其中,无碱玻璃纤维也称 E- 玻璃,是一种硼硅酸盐玻璃。其具有良好的电气绝缘性及机械性能,是建造帆船最广泛使用的材料,特别是用于大规模生产的巡航帆船的船体。无碱玻璃纤维在游艇建造中的应用非常广泛,通常作为增强材料与树脂结合使用,形成一种轻量、坚固的复合材料。可以用于制作船体、甲板、内饰等部分,还可以在游艇维修和改装中使用。

2. 玻璃纤维的优点与不足

(1)玻璃纤维的优点。

轻质高强。玻璃纤维是一种轻质材料,但是它的强度却非常高,这使得它成为游艇建造的理想材料之一。

耐腐蚀。玻璃纤维具有很强的耐腐蚀性,可以抵御海水、阳光等自然环境的侵蚀。

易加工。玻璃纤维易于加工和成型,可以满足不同形状和尺寸的游艇需求。

低成本。相比于其他材料,玻璃纤维的成本较低,可以降低游艇建造成本。

(2)玻璃纤维的不足。

刚度较低。虽然玻璃纤维的强度很高,但它的刚度相对较低,容易受到外部冲击而产生变形。

容易受到紫外线的损伤。虽然具有一定的抗紫外线能力,但长期暴露在阳光下,玻璃纤维会逐渐老化和变黄,影响美观。

不适用于高温环境。玻璃纤维的耐热性较差,不适用于高温环境下的游艇建造。

3. 玻璃纤维的应用前景

在制造工艺方面,随着玻璃纤维的制造技术不断改进,新型的生产工艺可以改善玻璃纤维的性能、强度和耐久性。此外,新技术的应用可能会提高玻璃纤维生产的效率和可持续性。

关于玻璃纤维复合材料的发展,玻璃纤维可以与其他材料组合使用,如聚酰胺、碳纤维等。这些组合可以产生更高强度、更耐久的材料,同时保持玻璃纤维的轻量化优势。

在回收与再利用方面,由于环保和可持续发展的要求,玻璃纤维的回收与再利用已成为研究的热点。研究人员正在探索各种方法来回收废弃的玻璃纤维,并将其再利用于新的游艇建造项目中。

总而言之,随着技术的不断进步和创新设计的出现,玻璃纤维的应用将更加广泛。未来游艇设计可能会出现更多采用玻璃纤维材料的部分,从而在保持材料轻量化的同时,提供更好的性能、美观度和实用性。

(二) 铝合金

1. 铝合金及其种类

铝合金是一种以铝为基体元素,添加一定量其他合金化元素的合金,是轻金属材料之一。铝合金通常使用铜、锌、锰、硅、镁等合金元素,除具有铝的一般特性外,还因添加合金化元素的种类和数量的不同具有一些合金的具体特性。

在游艇建造行业应用的铝合金主要是铝铜合金、铝镁合金和铝硅合金。铝铜合金耐海水腐蚀性能差,限制了其在船舶行业中的广泛应用。铝镁合金主要用于船体外壳、水泵导管、泵壳体及机座支架等。铝硅合金结构强度适中,流动性好,充型能力强,易于生产致密度较高、结构复杂的零部件,如高压阀件、气缸体、泵、减速箱外壳、涡轮叶片等。

2. 铝合金的优点和缺点

轻量化:铝是一种轻质金属,用铝合金建造船体和上部建筑的船艇坚固又轻巧,可以减少油耗,提高航速,增加航行距离。

耐腐蚀:铝合金具有较好的耐腐蚀性,且能抵御零下 200 ℃的低温,可以有效抵御海水、氧化和恶劣的天气。

强度高:铝合金具有优异的强度和抗打击能力,使铝船比复合材料船更能抵抗外物的击打,可以保证游艇在高速航行和恶劣海况下的稳定性和安全性。

可塑性强:铝合金船体容易进行加工和维修,比如可以进行更高自由度的内饰定制,使用铝板进行拼接和修补船体。

不过,铝制船体也存在一些劣势。例如,相比于玻璃纤维等传统材料,铝的价格相对较高;铝制船体需要采取特殊的防护措施,以避免电解腐蚀的产生。

3. 铝合金的应用前景

在未来,铝合金材料在游艇建造中的应用将继续发展和创新。随着技术不断进步,铝合金材料的性能和工艺将得到不断改善,更高强度、更轻薄的铝合金材料将被广泛使用。同时,随着游艇消费者对环保和可持续性的关注不断增强,使用回收铝等可再生资源制造游艇也将成为未来的趋势。此外,数字化设计和制造技术的发展也将有助于提高铝合金材料的精度和效率,为游艇建造行业的发展带来更多机遇。

(三)碳纤维

1. 碳纤维及其在游艇中的应用

碳纤维指的是含碳量在 90%以上的高强度高模量纤维。它用腈纶和粘胶纤维做原料,经高温氧化碳化而成,其耐高温性居所有化学合成纤维之首。碳纤维的特性,如高硬度、高强度、重量轻、高耐化学性、耐高温和低热膨胀,使其被广泛应用在航空航天、轨道交通、军工、体育器械、医疗器械、汽车制造等领域,在游艇行业同样迅速得到普及。

碳纤维通常用于游艇桅杆、桨叶和结构部件等,能够提高游艇的速度和耐用性。同时,碳纤维也被用于游艇的内饰件,例如壁板、天花板、地板和家具等,且由于碳纤维的外观和纹理独特,使游艇外观看起来高档、时尚。

2. 碳纤维的优点和缺点

碳纤维在游艇制造中作为建造材料具有一定的优势:

强度高。碳纤维的强度比钢铁和铝合金高很多,可以保证游艇的结构坚固、稳定。

轻量化。碳纤维比传统材料更轻,可以降低游艇的重量,提高速度和燃油效率。

耐腐蚀性好。碳纤维不易腐蚀,可以延长游艇的使用寿命。

然而,碳纤维是一种昂贵的材料,使用碳纤维建造游艇的成本也很高。此外碳纤维一旦破损或损坏,修复难度较大。

总之,碳纤维在游艇建造领域的应用前景广阔。随着科技的不断发展和碳纤维制造工艺的不断改进,碳纤维的成本逐渐降低,应用范围也逐渐扩大。未来碳纤维有望成为游艇建造领域的主流材料之一。

表 11-1　游艇建造常用材料对比

材料	优点	缺点	用途	适用场景
铝合金	重量轻、坚固、耐腐蚀、耐用、易于维修	价格昂贵;与其他金属接触时容易发生化学反应;熔点低,不适合在高温环境下使用	船体、甲板、桅杆、框架、配件和其他结构成分	适用于需要高强度、轻质、耐腐蚀的游艇
玻璃纤维	重量轻,易于加工,经济实惠,抗冲击性好,绝缘性好	易渗透和吸水;强度不如其他材料;刚度低,在应力下容易开裂;不耐磨损	船体、甲板和其他非结构部件	适用于中等大小和速度的游艇
碳纤维	非常坚固和刚硬,重量轻,耐腐蚀,抗疲劳性好,抗冲击性好	昂贵,易碎,难以修复,不适合在高温环境中使用	桅杆、索具和其他高性能结构部件	适用于需要高强度、轻质、耐腐蚀、耐磨损的游艇

二、游艇建造新材料

游艇建造新材料相较于常用材料具有一定的优势,例如增加强度和耐用性、减轻重量以及提高耐腐蚀性和耐候性。除此之外,新材料的产生促进游艇各项技术的进步,许多正在开发和测试的新材料有可能改变游艇行业制造技术、设计等方面。其中一些材料包括高级复合材料、钛合金、高分子纳米复合材料、可降解的复合材料等。

(一)高级复合材料

高级复合材料是指将两种或以上不同的材料结合起来以形成新的材料,通常具有更好的性能和优点,例如更好的强度和耐用性。它们能够抵抗机械和化学损伤,并已在航空航天和汽车工业中使用多年。在游艇建造中,高级复合材料可以减轻重量并提高燃油效率,例如碳纤维增强塑料、玻璃纤维增强塑料和高密度泡沫。以下是几种新型高级复合材料在游艇建造中的应用情况。

1. 凯夫拉(Kevlar)复合材料

凯夫拉(Kevlar)是杜邦公司研发的一种高性能合成纤维材料,是一种轻质、高强度的复合材料,广泛应用于航空航天、汽车、体育器材、防弹衣等领域。Kevlar 具有非常高的拉伸强度和模量,同时还具有优异的抗冲击、抗侵蚀和耐磨损性能。与碳纤维相比,Kevlar 的弹性模量和强度相对较低,但它具有更好的抗冲击性能和能够吸收更多的能量。因此,在一些需要承受高冲击负荷的场合,Kevlar 通常是更好的选择。

在游艇建造领域,Kevlar 复合材料可以实现强度、刚度和重量的理想平衡。通常 Kevlar 复合材料用于船体增强,可令其更加轻盈、坚固且承受损伤的能力更强,同时还可以提高游艇的速度和稳定性,增强在液压动力疲劳载荷下的表现。Kevlar 复合材料也可以用于制作甲板、船桥、桅杆等部件,提高游艇的耐久性和可靠性。目前在休闲游艇以及比赛用船、帆船和快艇中使用 Kevlar 复合材料,已经成为处于激烈竞争中的企业的广泛共识。

相较于传统材料,如木材、钢铁和铝合金,Kevlar 复合材料在游艇建造中具有很多的优势。首先,Kevlar 复合材料具有较高的强度与刚度,因此可以制造更轻量化的游艇结构,降低整体重量,提高速度和燃油经济性。其次,Kevlar 复合材料具有优异的防水性能,可以防止水渗透,降低维护和修复成本。此外,Kevlar 复合材料具有较好的抗腐蚀性能,不易受到海水、阳光和气候的影响,可以延长游艇的使用寿命。但是,Kevlar 复合材料的成本较高,生产难度较大,需要采用先进的工艺和设备进行生产制造。

2. 蜂窝结构复合材料

通常我们见到的游艇都是玻璃纤维增强塑料制成,制作过程通常使用精确的阴模制造——基本上包括船壳、甲板和其他船体模块。在制作船壳时首先在涂了脱模剂的磨具上涂厚厚一层胶衣(有色、品质高、有光泽的树脂),待胶衣固化后,即可在胶衣层涂上多层玻璃纤维布,然后用催化环氧树脂、聚酯树脂或乙烯基酯树脂充分饱和。玻璃纤维强度很大,但必须多层铺设才能最有效,这无疑会增加船体重量,影响船只性能。为了解决这个问题,蜂窝结构复合材料在游艇建造中得到应用。

蜂窝结构复合材料是一种由两层面板(表皮)和中间夹层(蜂窝结构)组成的复合材料。蜂窝结构通常由蜂窝芯和面板层组成,其中蜂窝芯通常是由铝或纸板制成的轻质材料,而面板通常由高强度材料(如纤维增强塑料或金属)制成。这使得船体、甲板或其他部件更坚固,但重量却也比只使用玻璃纤维增强塑料轻。

在游艇建造中,蜂窝结构复合材料通常用于制造船体、甲板和内饰等部分。蜂窝结构的轻量化设计使得游艇更加节能、环保,并且提高了游艇的速度和操纵性能。同时,蜂窝结构的高刚度和强度使得游艇更加耐用,可以承受更大的力量和扭矩。另外,蜂窝结构复合材料还具有良好的吸能能力,在碰撞和撞击时可以吸收能量,减少游艇和乘客的损伤。此外,蜂窝结构的设计也可以提高游艇的隔音和保温效果,为乘客提供更加舒适的体验。

(二)钛合金

钛是一种既坚固又轻便的金属,非常适合用于游艇建造。它还具有高度的耐腐蚀和耐候性,使其成为在恶劣海洋环境中使用的绝佳选择。钛合金是一种由钛和其他元素(如铝、钒、镁、铁等)组成的合金材料,主要有强度高、耐腐蚀、耐高温、透声、无磁、抗弹性等优点,因此被广泛应用于航空航天、汽车、医疗、能源、海洋等领域,按照不同位置的使用可以分为可焊结构钛合金、高强度钛合金和耐热钛合金。

在世界各国中,俄罗斯在船用钛合金的实际应用上最先进,拥有大量专门的船用钛合金体系,同时已经制造出一系列强度较高的船用钛合金产品,包括船体、船机和动力装置都有专门的钛合金,强度非常大,而且在材料制造上使用的工艺也非常成熟。虽然目前我国在船用钛合金上的应用与国外有一定的差距,应用部位和用量都比较少,但已经自主研发出一系列拥有自主知识产权的船用钛合金,例如 Ti75、TiB19、Ti70、Ti80、TA5 等。

由于钛合金的高强度和轻质,使用它制造游艇部件可以减少游艇的整体重量,提高其航行速度和燃油效率。同时,钛合金良好的耐腐蚀性,可以延长游艇在海水等恶劣环境下的使用寿命。例如,如果用铜或者不锈钢来制作船舶的泵、阀和管系,一般只有 2～5 年的寿命,而用钛合金来制作,其使用寿命会远超 5 年。但因钛合金材料成本高,目前其在游艇建造中主要用于制造一些重要的部件,如螺旋桨、发动机和废水处理系统等,以及一些对强度和耐腐蚀性要求较高的部件,如锚和锚链。

随着越来越多的国家都意识到钛合金的使用价值,其优点在船舶的使用上也充分体现出来。不过,由于钛合金的性能还没有完善,而且应用在船舶上成本的消耗也比较大,各国都在开始研制更低成本且性能更高的新型钛合金,力图将钛合金应用在市场潜力大的民用工业上,这也为游艇建造广泛使用钛合金提供了机会。目前国内外在钛合金上取得的新进展主要体现在高温钛合金、钛铝化合物、高强高韧 β 型、阻燃钛合金等方面。

(三)高分子纳米材料

高分子纳米材料是由高分子材料和纳米颗粒或纳米管等纳米材料组成的复合材料。纳米颗粒或纳米管的尺寸通常在 1 到 100 纳米之间,相比于传统的材料,这种新型复合材料可以将无机材料的刚性、尺寸稳定性和热稳定性与高分子材料的韧性、可加工性及介电性质完美地结合起来,开拓了复合材料的新时代。这是因为高分子材料作为一种基础材料,具有轻量化、耐腐蚀、耐磨损、可塑性好等特点,将其与纳米材料组合起来,可以进一步提高材料的性能,拓展其应用场景。

高分子纳米材料按照形态可以分为纳米管、纳米颗粒、纳米板、纳米纤维等。按照材料可以分为无机高分子纳米材料和有机高分子纳米材料。其中,有机高分子纳米材料广泛应用于游艇建造领域。

高分子纳米材料在游艇船体制造中的应用主要体现在船体材料的选择和制造工艺上。一方面,使用高分子纳米材料可以制造更轻、更强、更耐用的船体,可以提高游艇的速度和舒适度。另一方面,使用高分子纳米涂料可以提高涂层的防腐蚀、耐磨损和耐紫外线性能,这些性能可以有效地延长游艇的使用寿命,并降低维护成本。此外,高分子纳米材料在游艇设备中的应用可以提高设备的性能和稳定性。例如,使用高分子纳米材料可以制造更轻、更强的桅杆和绳索,可以提高游艇的操纵性和安全性。

高分子纳米材料比传统材料更轻、更强,可以大幅度减轻游艇自身重量,提高游艇的航速和燃油经济,同时具有出色的耐腐蚀性,能够长期抵御海水、太阳辐射等海洋环境的侵蚀,延长游艇的使用寿命。此外,高分子纳米材料可以通过可持续发展的方法进行生产和回收,对环境友好。但是,相较于传统材料,高分子纳米材料价格较高,技术要求高,维护难度大,高温易变形。

综上所述,高分子纳米材料在游艇建造中具有很广的应用前景,主要体现在提高游艇的轻量化、美观性和安全性。此外,高分子纳米材料可以用于制造各种智能材料,如智能涂料、智能陶瓷等。这些材料可以根据不同的环境和需求,自主地改变其形态和性能,提高游艇的智能化程度和使用体验。

(四)可降解材料

可降解材料是指在特定环境下经过一定时间后能够分解成无毒无害的物质,对环境无污染的复合材料,通常由一种或多种天然或合成高分子材料与生物降解添加剂等组成。这种材料可以被微生物分解,最终转化为水、二氧化碳和其他天然成分,对环境影响较小。可生物降解的复合材料具有多种应用,例如包装材料、耐用消费品、土壤覆盖物等。

在游艇建造中,可降解材料可以减少游艇在海洋环境中对生态环境造成的影响,具有很大的潜力。其中,生物基材料、淀粉基材料、生物降解聚酯等可降解材料已经开始在游艇建造中得到应用。这些复合材料通常由天然纤维和生物基合成树脂制成,因此具有较好的环境友好性,适合于需要回收和再利用的应用场合。可生物降解的复合材料在游艇建造中的主要应用是制作内饰、装饰和轻质结构件等。

这种复合材料具有较轻的重量和较高的强度。此外,可生物降解的复合材料还可以实现可持续性和环保的目标,符合未来游艇行业的发展趋势。然而,可生物降解的复合材料也存在成本较高、使用寿命较短、耐久性较低等缺点,因此需要更频繁地进行维护和更换。

虽然目前在游艇建造中,可生物降解的复合材料应用比较有限。但在未来,随着环保意识的增强和可降解材料技术的不断发展,解决了比如材料的成本、可降解速度的控制等问题,可降解材料在游艇建造中的应用将越来越广泛。例如,可降解材料可以在游艇的涂料、防污剂等方面得到应用,进一步降低游艇对海洋环境的污染。

第二节　游艇新技术

随着游艇越来越受欢迎,对游艇设计和建造中的新技术和创新技术的需求也在增加。近年来,新材料、推进系统和船载技术的开发取得了重大进展,彻底改变了游艇行业。本节将概述目前在游艇行业中使用的一些最有前景和创新的新技术,以及这些进步可能对整个行业产生的潜在影响。

游艇技术的重点关注领域之一是开发更具可持续性和环保性的游艇设计方案。这反映在人们对混合动力和电力推进系统越来越感兴趣,以及使用比传统材料更耐用、更节能的轻质、高强度复合材料。这些新技术的开发不仅有助于减少游艇对环境的影响,而且可以降低油耗、提高性能和提高乘客舒适度。

游艇的另一个创新领域是船上越来越多地使用自动化和数字技术。从先进的导航和通信系统到完全集成的智能家居式自动化,这些技术正在改变游艇的运营和维护方式。这些技术能够更好地控制和定制机载系统,并提高安全性和效率。

此外,游艇行业也开始向组件更通用、适应性更强的游艇设计进行转变,同时可以定制以满足个人所有者的特定需求和偏好。这得益于先进的计算机辅助设计(CAD)和 3D 打印技术的使用,这些技术允许对新设计和组件进行快速原型制作和测试。这反过来又促进了更多模块化和易于互换的组件的开发,这些组件可以根据需要更换,以提供更好的灵活性和功能。

总之,在新材料技术、推进系统和船载技术发展的推动下,游艇行业正在经历一个激动人心的创新和转型时期。这些技术的持续进步有可能彻底改变行业，为游艇所有者和运营商提供更可持续、高效和可定制的设计方案。

一、电动推进技术

随着全球对环境问题和气候变化的关注不断增加，人们对更环保的技术和设备的需求也不断上升。在船舶行业，电动推进技术被视为一项重要的技术创新，可以提高船舶的燃油效率和降低碳排放。目前，电动推进技术在游艇行业中的应用已经得到了广泛的推广和应用。许多游艇制造商已经开始研发和生产电动推进系统，并将其应用于游艇的设计和制造中。其中，最具代表性的品牌是荷兰的 Silent Yachts 和德国的 Torqeedo。

Silent Yachts 是一家专门从事电动游艇制造的公司，其旗下的游艇全部采用太阳能发电和电动推进系统。除此之外，Silent Yachts 还利用可再生材料和环保材料，使得游艇的制造和使用更加环保。

Torqeedo 是一家专门从事电动推进技术研发的公司，其生产的电动推进系统可以应用于游艇、帆船、皮划艇和充气艇等不同类型的船只。Torqeedo 的电动推进系统采用高效的电机和智能控制系统，可以提高游艇的航行效率和性能，同时还可以降低游艇的噪音和振动。

除了 Silent Yachts 和 Torqeedo，许多其他游艇制造商也开始关注和应用电动推进技术，以提高其产品的竞争力和环保性。

（一）电动推进技术的基本原理

电动推进技术是利用电能驱动螺旋桨，产生推进力，实现船舶前进的技术。通常情况下，游艇的电动推进系统包括电池组、电动马达、控制器和推进器等几个主要部分。电池组是电动推进技术的核心部件，用于储存电能。现代游艇一般采用锂离子电池组，具有较高的能量密度和稳定性，能够提供长时间的电力支持。电动马达是将电能转化为机械能的核心部件，通常由多个电动马达组成，根据游艇的大小和需求进行设计和配置。控制器是电动推进系统的中枢，负责控制电动马达的转速和推力，以及对电池组进行充电和放电管理。推进器则是将电动马达的机械能转化为推进力的部件，通常采用桨叶或者水喷射等形式。

与传统的内燃机推进方式相比，电动推进技术具有以下优点：

1. 零排放

使用电动推进技术的游艇不会产生任何废气和废水排放，大大降低了对环境的影响，有利于保护海洋生态环境。

2. 航行安静

电动推进技术可以将噪声降到最低,相比传统的内燃机推进技术更为安静,给游艇乘客带来更为舒适的航行体验。

3. 维护成本低

相比传统的内燃机推进技术,电动推进技术的维护成本更低,因为电动马达没有传统内燃机那样的运转部件,无需定期更换机油和其他易损件,降低了运营成本。

4. 获得高效经济

电动推进技术的转换效率更高,能够将更多的电能转化为机械能,降低了能源浪费,也使得游艇的续航能力得到提升。

(二)电动推进技术在游艇行业中的应用

1. 游艇的电动化

随着电动推进技术的不断发展,越来越多的游艇开始采用电动推进技术,实现游艇的电动化。电动推进技术可以用于游艇的主推进系统或辅助推进系统。在主推进系统中,电动推进系统可以直接驱动船舶前进或后退,而在辅助推进系统中,电动推进系统可以通过转动侧推器或水下推进器来帮助游艇完成停靠或调整方向等动作。

鉴于电动化的诸多优点,电动推进技术被广泛应用于各种类型的游艇中,包括帆船、摩托艇和游艇等。例如:荷兰船厂伏特游艇(Vripack)设计的纯电动游艇 Silent 55,使用太阳能电池板和大型电池储存系统提供动力,最高航速可达20节,最大续航里程可达100海里。2023年5月,康和船业联合意大利船舶设计团队设计的首艘62英尺纯电动双体游艇在中国海南开建,该艇长19.27米、宽9米,可载29人,主要用于水上观光游览,与同样艇长的V字底单体船型相比,具有吃水小、动力推进阻力小、零排放、静音舒适等特点。

电动推进技术目前面临着一些发展瓶颈:电池续航能力的限制,需要在有限的时间内完成充电;电动推进系统成本高,需要投入更多的资金;传统燃油推进系统的历史和技术积累更加丰富,因此游艇设计师和用户需要接受并适应新的电动推进技术。但可以确定的是,这些伴随发展而来的问题和挑战必将通过技术的不断创新来解决。

图 11-1　62 英尺纯电动双体游艇（效果图）

（图片来源：http://hnrb. hinews. cn/html/2023-03/19/content_58464_15917733. htm）

2. 游艇的混合动力

除了全电动的游艇，还有一种混合动力的游艇。混合动力游艇结合了内燃机和电动机两种动力系统。其中，电动推进技术是混合动力游艇实现电动化的核心技术之一。

在混合动力游艇中，传统的内燃机和燃料系统与电动推进系统相结合。电动推进系统可以用来加速游艇，以及在低速巡航时提供额外的动力。在传统燃油动力系统下，电动推进系统也可以用于辅助控制游艇的位置和姿态。

混合动力游艇还可以通过能量回收技术来提高其效率。例如，在刹车或减速时，电动推进系统可以将动能转换为电能，以便以后使用或存储。这种回收能量的方式可以减少对传统燃料的依赖，降低燃料消耗和排放。

除了降低排放和提高效率，电动推进系统还可以提供更安静、更平稳的航行体验。由于电动推进系统几乎没有噪音和振动，所以游艇可以更加静音，更加舒适地巡航。例如，意大利超级游艇 WIDER 品牌率先将混合动力技术应用于超级游艇。在 2016 年摩纳哥游艇展上，第一艘将串行混合动力推进与方位推进器相结合的超级游艇——WIDER 150 全球首秀，该艘超级游艇获得众多奖项。WIDER 最新推出的 Wider 210 超级游艇长 62 米，是 Wider 系列中最大的游艇。该款游艇配备的串行混合动力推进系统能通过减少传统发动机的使用来限制消耗和排放，优化机载能源管理并消除振动和噪音。

图 11-2 WIDER 210 混合动力超级游艇

（图片来源：https://www.wider-yachts.com/wider-210/）

二、智能控制系统

智能控制系统是一种通过计算机和传感器等技术实现对游艇进行监控和控制的系统，已经在游艇设计和制造中得到广泛应用。通过智能控制系统，游艇的驾驶员可以轻松地对游艇进行监控和控制，实现自动驾驶、自动停靠等功能，提升游艇的驾驶安全性和舒适性。智能控制系统的应用不仅提升了游艇的安全性和舒适性，同时也为游艇的设计带来了更多的可能性。例如，游艇设计师可以利用智能控制系统实现自动调节船体姿态的功能，以提升游艇的稳定性和舒适性。

（一）航行控制系统

航行自动化控制系统是智能控制系统技术的核心。通过传感器、控制器和执行器等组成的控制系统，可以自动控制游艇的动力、操纵、电力、空调等多个方面。例如，自动控制系统可以自动控制游艇的速度、转向、倾斜角度等，从而使游艇更加稳定和安全。同时，自动控制系统还可以自动监测游艇的状态和环境参数，如水温、气温、湿度等，从而保障游艇的舒适性和可靠性。

（二）能源管理系统

游艇的能源管理系统是游艇智能控制系统的一个重要组成部分。智能控制系统可以通过控制发动机、电池和太阳能电池板等能源系统，实现能源的高效利用和节能。同时,它还可以根据能源系统的工作情况,为游艇提供智能的能源管理和监测功能,从而优化能源使用效率,延长游艇的续航能力。

(三)智能化娱乐系统

智能控制系统还可以将游艇上的各种娱乐设施集成起来,形成一个智能化娱乐系统。通过智能控制系统,游艇驾驶员和乘客可以通过触摸屏幕或语音控制来操作音响、电视、灯光等各种设备,从而提高游艇的舒适性和娱乐性。

(四)安全监测系统

智能控制系统还可以用于游艇的安全监测。它可以通过红外线摄像机、超声波传感器、水深传感器等多种设备,实时监测游艇周围的环境情况,从而预测可能出现的安全隐患,及时采取措施来保证游艇和乘客的安全。

总体来说,智能控制系统可以提高游艇的运行效率、安全性、舒适度和环保性,减少人工操作和人为失误,提高游艇的整体品质和价值。尤其是在大型游艇中,智能控制系统的应用更加重要,可以帮助船员快速准确地掌握游艇的运行状态和维护情况,提高船员的工作效率和工作质量,减少游艇的维护成本和维修时间,进而为游艇驾驶员和乘客带来更好的游艇体验。

三、虚拟现实技术

虚拟现实(Virtual Reality, VR)是一种模拟真实环境的计算机技术,通过人机交互实现用户沉浸式的感官体验,其应用范围十分广泛,从游戏、教育到医疗等都有涉及。在游艇设计、制造和销售领域,VR 技术也开始得到越来越广泛的应用。

(一)虚拟现实技术在游艇设计中的应用

虚拟现实技术可以利用 3D 建模技术将游艇的模型建立起来,并在虚拟环境中进行演示和模拟。通过虚拟现实技术,游艇设计师可以快速而准确地构建游艇的三维模型,同时可以快速对游艇进行修改和优化。这样可以减少制造成本,提高制造效率。

虚拟现实技术还可以帮助游艇设计师进行实时的设计和仿真。通过虚拟现实技术,游艇设计师可以在虚拟环境中进行游艇设计,包括游艇的外形、内部空间和设备布置等方面。同时,虚拟现实技术还可以模拟游艇在不同环境下的运行情况,如风浪、水流等,帮助设计师更好地了解游艇的性能和特性,从而进行更准确的设计。

（二）虚拟现实技术在游艇制造中的应用

1. 游艇制造模拟测试

虚拟现实技术可以在游艇制造的早期阶段帮助设计团队和制造商进行模拟测试和优化设计。通过使用虚拟现实技术，制造商可以在真正的物理制造之前创建和测试游艇的数字原型。这有助于发现设计缺陷、消除错误和改进游艇的性能。例如，在虚拟现实环境中，制造商可以模拟海洋环境，检查游艇的航行表现，检查游艇的船体和动力系统，并检查各个系统的操作情况。

2. 游艇制造培训

虚拟现实技术可以帮助制造商进行游艇制造的培训。通过虚拟现实技术，制造商可以在安全的虚拟环境中进行培训，学习如何安装和维护游艇的各个系统和部件。这种技术有助于提高工作安全性，减少意外事故的发生。此外，虚拟现实技术还可以帮助制造商在不同的工厂和生产线之间进行培训和知识共享，从而提高整个游艇制造行业的生产效率和质量。

3. 优化制造流程

虚拟现实技术可以帮助游艇制造商优化游艇制造的过程。通过虚拟现实技术，制造商可以在数字环境中分析生产线，并识别出生产线中的瓶颈和问题。制造商可以利用这些信息来改进生产过程，以提高生产效率和质量。例如，制造商可以在虚拟现实环境中模拟游艇装配线，以寻找和消除任何可能导致装配延迟或装配错误的问题。

总之，虚拟现实技术为游艇制造商提供了许多机会来提高生产效率和质量，降低成本和时间，并提供更好的工作安全环境和培训机会。随着虚拟现实技术的不断发展，游艇制造商可以利用这种技术来改善游艇制造过程，并设计和制造出更加先进和高质量的游艇。

（三）虚拟现实技术在游艇销售中的应用

在传统的游艇销售中，消费者需要亲自前往展厅或游艇展会，才能实际观察游艇的外观和内部装饰。而通过虚拟现实技术，消费者可以直接在家中通过头戴式虚拟现实设备来实现对游艇的观察和体验。虚拟现实技术可以创建高保真度的游艇模型，模拟游艇在不同环境下的运行情况，比如风浪、日照、月光等，让消费者获得真实的视觉和听觉体验，以及更好地了解游艇的细节和特色。

通过虚拟现实技术，游艇销售商可以在不同的地理位置和时间点上与潜在客户进行沟通，降低了营销成本和时间成本，同时也扩大了潜在客户群体。

另外,虚拟现实技术也可以用于游艇的定制和设计,客户可以在虚拟环境中尝试不同的内部装饰、材料和颜色,以及改变舱室布局等,从而得出最满意的方案。

在游艇展览会上,虚拟现实技术可以为潜在客户提供更加逼真的游艇展示体验。通过虚拟现实技术,游艇制造商可以在展厅或者网站上展示游艇的虚拟模型,并允许客户通过 VR 头盔或者其他设备进行互动体验。客户可以在虚拟环境中逼真地了解游艇的外形、内部空间和设备配置等方面,并更好地了解游艇的性能和特性,从而提高销售转化率。

总的来说,虚拟现实技术在游艇销售中的应用,不仅为消费者提供了更好的购物体验,也提高了游艇销售商的销售效率和竞争力。

四、可持续性技术

可持续性技术是当前游艇技术创新的一个热点,它可以显著改善游艇的环境影响和可持续性,在游艇行业中的应用正逐渐得到重视和推广。除了前文所提到的电动推进技术、智能控制系统、虚拟现实技术,可持续性技术在游艇技术创新中的应用表现可再生能源技术、设备微型化技术、材料轻型化技术的应用等方面。

(一)太阳能和风能技术

太阳能、风能等可再生能源技术不仅可以降低游艇使用过程中的碳排放和环境影响,还可以为游艇提供足够的能源。

太阳能技术被广泛应用于游艇的能源供应系统中,主要通过太阳能电池板的采集转换太阳能来为船舶提供电力,包括照明、通讯、导航设备等。太阳能电池板一般安装在游艇的甲板或者顶部,可以最大化地吸收阳光,从而产生足够的电力。此外,一些高端游艇还配备了太阳能光伏帆等太阳能装置,这些帆能够收集更多的太阳能,从而进一步增加游艇的能源来源。

风能技术在游艇中的应用相对较少,但也已经得到关注。风能技术一般通过安装风力涡轮机或帆来收集和利用风能,以为游艇提供动力和能源。风力涡轮机可以采集风能转换成电能,为游艇提供电力。此外,一些游艇还配备了特制的风帆,这些帆能够捕捉到更多的风能,为游艇提供动力。

总的来说,太阳能和风能技术在游艇中的应用具有很高的潜力和发展前景。随着技术的不断进步和成本的不断降低,太阳能和风能技术将成为游艇设计、建造和使用过程中不可或缺的一部分,有望实现游艇的真正绿色化。

（二）废水处理系统

废水处理系统在游艇技术创新中的应用越来越广泛,这是因为游艇的废水排放对海洋环境造成的影响越来越受到关注。废水处理系统可以有效地减少游艇排放的污染物,使游艇在行驶时对海洋环境造成的影响降到最低。

废水处理系统一般包括三个主要部分:预处理、主处理和后处理。预处理阶段主要是对废水进行筛分和沉淀,去除较大的杂质和悬浮物;主处理阶段通过生物、化学等方法对废水中的污染物进行处理和分解;后处理阶段则是对处理后的废水进行消毒和调节 pH 值等处理,确保处理后的废水符合国家和地区相关排放标准。

在游艇中,废水处理方式有两种。一是小型游艇带有污水污物的收集装置,产生的污水污物必须送到岸上,通常是和游艇会码头沟通联系接收处理;二是游艇上安装废水处理系统。废水处理系统一般采用物理和化学方法,如超滤、反渗透、臭氧氧化、紫外线消毒等。这些技术可以有效地去除废水中的悬浮物、有机物和微生物等有害物质,使废水达到规定的排放标准,并可以循环利用。

废水处理系统的应用不仅可以保护海洋环境,也能够提高游艇的舒适度和可持续性,为游艇行业的可持续发展作出贡献。

（三）微型化技术

微型化技术是指将传统的大型设备、元器件等制造成小型化或微型化的技术。在游艇技术创新中,微型化技术的应用主要是为了提高游艇的性能、减小尺寸和重量、提高能源利用效率以及改善乘坐体验。

1. 液压控制系统微型化

液压控制系统是游艇上很重要的一部分,其控制着游艇的动力、转向和停靠等,传统的液压控制系统通常需要很大的空间和重量。而采用微型化液压控制系统可以大大减小系统的体积和重量,提高游艇的性能和机动性。

2. 微型化传感器和控制器

游艇中需要大量传感器和控制器来监测和控制各种参数,传统的传感器和控制器通常比较大,使用不便。采用微型化传感器和控制器可以将其体积和重量大大减小,同时提高精度和响应速度。

3. 微型化发动机

采用微型化发动机可以减小游艇的重量和占用空间,同时提高燃油利用效率和性能。微型化发动机通常采用高温合金材料、涡轮增压等技术,使其在小体积下实现高功率输出。

4. 微型化气体涡轮发电机

气体涡轮发电机是一种新型的发电设备,它采用微型化设计可以将体积和重量减小到传统发电机的一半以下,同时提高了发电效率和可靠性。

5. 微型化空调系统

游艇在炎热的天气下需要空调系统来保持良好的室内环境,而传统的空调系统体积庞大、重量沉重。采用微型化空调系统可以将其体积和重量大大减小,同时提高效率和制冷能力。

随着微型化技术的不断发展和应用,未来游艇的体积和重量将越来越小,同时性能和能源利用效率将得到进一步提高。

第三节　游艇标准和专利

游艇标准是指针对游艇设计、建造、维护和操作过程中需要遵循的一系列规定和指南。这些标准涉及游艇的各个方面,包括但不限于材料选择、建造规程、设备安装、安全措施、环境保护、通信设备等。游艇标准的制定旨在提高游艇的质量和安全性,促进游艇产业的健康发展。

游艇标准对游艇制造商、船厂、设计师、配件制造商、经销商、船东、船员以及其他相关人员都有一定的约束和指引作用。遵守这些标准对游艇制造商来说很重要,因为这使它们能够在全球市场上销售产品。标准还为消费者提供了安全和质量的基准水平,这对于建立行业信任至关重要。同时,标准还可以促进行业创新和技术进步。通过标准的规定,游艇设计与制造商可以了解行业的最佳实践和技术发展方向,创新游艇设计和制造技术,提高游艇的性能和市场竞争力。

国际上主要的游艇标准组织包括国际海事组织和欧洲游艇标准化委员会。国际海事组织是一个联合国专门机构,负责颁布和监管海事安全、船舶设计、建造和维护的国际公约和准则。欧洲游艇标准化委员会是欧洲标准化组织之一,负责制定和发布欧洲游艇标准。此外,许多国家和地区也会制定自己的游艇标准。

专利通过保护开发新技术和创新的公司和个人的知识产权,在游艇行业发挥着重要作用。专利赋予持有人在有限时间内使用和销售专利技术的专有权。这可以激励公司投资于研发,因为他们能够保护他们的投资并从他们的创新中获益。另一方面,专利也可能为较小的公司设置进入壁垒并限制市场竞争。

总体而言,游艇标准和专利在塑造游艇行业方面发挥着重要作用。它们通过平衡对安全、质量和知识产权保护的需求与对新技术和产品的改进需求来影响创新。

一、国际化标准组织及其规范标准

国际化游艇标准组织是指全球范围内制定游艇标准的组织。这些标准包括游艇的设计、制造、测试、检验、安全和环保等方面。

(一)国际海事组织(IMO)的标准

国际海事组织(International Maritime Organization,简称:IMO)是联合国下属的专门机构,成立于 1948 年,总部位于伦敦。IMO 的职责是推广和协调国际航海和海洋事务的发展,致力于制定和推广与航运有关的国际公约、准则、标准和建议。其中,IMO 对游艇的规范标准也进行了制定和推广。

IMO 在游艇领域的规范标准主要包括:

(1)《国际游艇法规(International Code of Safety for High-speed Craft, HSC Code)》:这一规范适用于速度超过 20 节的高速船和游艇,其中包括了各种安全要求,如防火和逃生等。

(2)《游艇和船舶建造规范和建造监管指南(Guidelines for the Safe Construction and Operation of Yachts and Small Commercial Vessels)》:这个标准为小型商业船舶和游艇制定了相关的安全要求,包括建造、安装设备和操作规范等。

(3)《游艇安全规则(The International Regulations for Preventing Collisions at Sea, COLREGs)》:这一标准是国际海事组织为避免船舶相撞而制定的规则,适用于各种类型的船舶,包括游艇。

(4)《游艇设计和建造准则(Code of Practice for the Safe Operation of Small Commercial Vessels)》:这一标准适用于小型商业船舶和游艇,其中包括设计、建造和操作的相关要求和指南。

除了这些规范标准,IMO 还制定了一系列关于船舶和游艇的国际公约,如《国际船舶安全公约(International Convention for the Safety of Life at Sea, SOLAS)》和《国际反污染公约(International Convention for the Prevention of Pollution from Ships, MARPOL)》等。

此外,IMO 还发布了与游艇设计和建造相关的几个指南,以帮助游艇制造商和设计师满足 IMO 规定的要求。这些指南包括有关船舶结构设计、燃油消耗和排放控制、机械和电气系统以及排放和排污控制等方面的指南。

总的来说，IMO 规定和指南的制定和实施为游艇行业提供了一个全球标准化的框架，使游艇制造商和设计师能够遵循相同的标准，以确保游艇的安全性、环保性和性能符合国际标准。此外，这些规定还促进了游艇技术的创新和进步，使游艇制造业更具可持续性和竞争力。

这些国际标准和公约为游艇设计、建造和操作提供了统一的指南和要求，对游艇行业的发展和创新起到了积极的促进作用。

（二）国际船级社协会（IACS）的标准

国际船级社协会（International Association of Classification Societies，简称：IACS）成立于 1968 年，是一个以技术为基础的非政府组织，目前由 11 个船级社成员组成，是全球最具影响力的船级社组织之一。

IACS 被公认为国家海事组织（IMO）的主要技术顾问，通过其小组、专家组和项目团队制定了最低技术标准和要求，致力于船舶安全和海洋环境保护，通过技术支持、合规验证和研发，其成员协会制定的入级标准涵盖了全球 90% 以上的载货船舶吨位。其标准覆盖了船舶设计、建造、检验、认证、维护和航行等方面，是国际航运领域中最具权威性和公信力的标准之一。主要包括以下几个方面：

1. 游艇结构设计

包括游艇的结构设计、材料选用、加工工艺等方面的规范，以确保游艇的安全性、强度和稳定性符合相关标准和规定。

2. 游艇建造

包括游艇的建造工艺、施工质量、设备选用等方面的规范，以确保游艇的建造符合相关标准和规定。

3. 游艇检验和认证

包括游艇的船级认证、安全检查、环保认证等方面的规范，以确保游艇的安全和环保性符合相关标准和规定。

4. 游艇维护和修理

包括游艇的维护保养、修理和改装等方面的规范，以确保游艇在使用过程中保持良好的状态和性能。

5. 游艇操作和管理

包括游艇的操作规程、船员培训、航行安全等方面的规范，以确保游艇在运营过程中安全、可靠、高效。

6. 游艇环保和能效

包括游艇的污染防治、能源管理、排放限制等方面的规范,以确保游艇在环保和能效方面达到国际标准。

表 11-2 IACS 主要标准

序号	标准名称	标准内容
1	Common Structural Rules(CSR)	该标准提供了散货船和油轮的结构设计和建造要求
2	Unified Requirements(UR)	该标准提供了各种类型的船舶,包括客船、集装箱船和近海船舶的设计、建造和维护的技术要求
3	Procedural Requirements(PR)	该标准提供了船舶认证和检验的程序和指南,包括新建船舶、在役船舶和船舶拆解等
4	Classification Rules(CR)	该标准提供了船舶和近海结构物的分类技术要求,包括材料、设备和系统等
5	Environmental Notation(EN)	该标准提供了评估和认证船舶和近海结构物在环境性能方面的标准和指南
6	Quality Management System(QMS)	该标准提供了船级社实施和维护质量管理体系的要求

(三)国际标准化组织(ISO)的标准

国际标准化组织(International Organization for Standardization,简称:ISO)是一个全球性的非政府组织,总部位于瑞士日内瓦,是世界上最大的国际标准化机构,其制定的国际标准广泛应用于各个领域。ISO 也制定了一系列与游艇有关的规范标准,以确保游艇的安全、可靠性和质量。ISO 的游艇标准主要涵盖以下方面:

1. 游艇设计和建造

ISO 制定了一系列的游艇设计和建造标准,包括关于游艇船体结构、材料、建造和试验的标准。这些标准旨在确保游艇的安全和质量。

2. 游艇操作和维护

ISO 还制定的关于游艇操作和维护的标准包括有关游艇操纵员的标准和关于游艇维护的标准。这些标准旨在确保游艇在使用过程中保持良好的工作状态,减少故障和事故的发生。

3. 游艇安全

ISO 制定的游艇安全标准包括有关游艇救生设备、船用消防设备、航行信号设备和紧急通信设备的标准。这些标准旨在确保游艇在出现事故时能够提供必要的保护和救援。

4. 游艇环保

ISO 制定的游艇环保标准包括有关游艇废水、废气和噪声排放的标准。这些标准旨在减少游艇对环境的影响,保护海洋和海岸生态系统的健康。

表 11-3　有关游艇行业的 ISO 认证标准

序号	标准号	标准内容
1	ISO 8666	游艇长度和宽度的测量标准,对于游艇的尺寸进行了规定,方便游艇制造商和消费者进行统一认知
2	ISO 12215	游艇建造的结构标准,包括了船体的强度、稳定性和防水等方面的要求
3	ISO 15085	游艇的设计标准,包括游艇的外观、船内空间的设计和布局、电力系统、管道系统等方面的要求
4	ISO 6185	对充气艇的尺寸、材料、强度和稳定性等方面的要求
5	ISO 10240	游艇运输和储存的标准,规定了游艇的尺寸、重量和存放要求
6	ISO 12217—2	对帆艇的稳性及浮性的评估要求
7	ISO 12217—1 ISO 12217—3	对非帆艇的稳性及浮性的评估要求
8	ISO 21487	对游艇上永久性安装的燃油箱的检验标准和要求
9	ISO 14509	对游艇发动机噪音排放的检验标准及要求

ISO 的游艇标准在游艇制造和销售中起着重要的作用,它们为游艇制造商和业界提供了一种公认的、共同的规范和标准,使得游艇产品更具可比性、可靠性和可持续性。同时,这些标准也推动了游艇技术的创新和发展,促进了全球游艇市场的繁荣。

(四)CE 认证标准

CE(Conformite Europeenne)认证标志在欧盟市场属于强制性安全认证标志,不论是欧盟内部企业生产的产品,还是欧盟以外国家和地区生产的产品,要想在欧盟市场上自由流通,就必须加贴"CE"标志,以表明产品符合欧盟《技术协调与标准化新方法》指令的基本要求。这是欧盟法律对产品提出的一种强制性安全要求,而不是一般质量要求。

欧洲委员会于 1998 年发布了《游艇指令》,该指令规定了在欧洲经济区销售的所有游艇必须符合安全、健康和环境保护的欧洲标准。游艇制造商必须在游艇上贴上 CE 标志,并提供符合 CE 标准的游艇操作手册。CE 标准包括对游艇船身、设备和系统的要求,如船体结构、燃料系统、电气系统、防火设备、船用厕所和排放系统等。这些标准确保了游艇的安全和环保性能,并保护了消费者的利益。

在欧洲,CE 标准是欧盟游艇制造和销售的强制性标准,它规定了游艇制造商必须遵循的标准和程序,从而确保游艇产品的安全。此外,CE 标准的不断升级也促进了游艇技术的创新和进步,推动了游艇产业的发展。

二、我国的游艇标准组织及其规范标准

(一)国家标准化管理委员会

国家标准化管理委员会是由国务院授权统一管理全国标准化工作的专门机构,由该机构批准发布相关国家标准,审议并发布相关标准化政策、管理制度、规划、公告等重要文件。该机构还拥有开展强制性国家标准对外通报,协调、指导和监督行业、地方、团体、企业标准工作等权利和职责。

截至 2023 年 5 月 1 日,在全国标准信息公共服务平台以"游艇"作为关键词,查询到的国家标准情况为:全部 17 项,现行 14 项,废止 3 项。

表 11-4　国家标准化管理委员会通过的游艇行业国家标准(现行)

序号	标准号	标准中文名称	归口单位
1	GB/T 35558—2017	游艇管理服务规范	TC264(全国服务标准化技术委员会)
2	GB/T 35353—2017	大型游艇 甲板机械 锚泊设备	TC12(全国海洋船标准化技术委员会)
3	GB/T 38312—2019	大型游艇系泊、航行试验规程	TC12(全国海洋船标准化技术委员会)
4	GB/T 35384—2017	大型游艇 风雨密门 强度和风雨密要求	TC12(全国海洋船标准化技术委员会)
5	GB/T 33485—2017	大型游艇 主辅柴油机 安全要求	TC12(全国海洋船标准化技术委员会)
6	GB/T 33486—2017	船舶与海上技术 大型游艇 FRP 艇结构防火	TC12(全国海洋船标准化技术委员会)
7	GB/T 37438—2019	游艇生产企业生产条件基本要求及其评价方法	TC12(全国海洋船标准化技术委员会)
8	GB/T 31885—2015	船舶和海上技术 大型游艇 涂层外观的测量和评估	TC12(全国海洋船标准化技术委员会)
9	GB/T 35354—2017	船舶和海上技术 大型游艇 甲板起重机和登船梯强度要求	TC12(全国海洋船标准化技术委员会)
10	GB/T 40528.1—2021	多体游艇结构尺寸规定 第 1 部分:复合材料	TC12(全国海洋船标准化技术委员会)

序号	标准号	标准中文名称	归口单位
11	GB/T 19322.1—2021	小艇 机动游艇空气噪声 第1部分：通过测量程序	TC241（全国小艇标准化技术委员会）
12	GB/T 19322.2—2017	小艇 机动游艇空气噪声 第2部分：用标准艇进行噪声评估	TC241（全国小艇标准化技术委员会）
13	GB/T 19322.3—2017	小艇 机动游艇空气噪声 第3部分：用计算和测量程序进行噪声评估	TC241（全国小艇标准化技术委员会）
14	GB/T 33196.1—2016	大型游艇 可视窗强度、水密和风雨密 第1部分：独立可视窗的设计准则、材料、框架和试验	TC12（全国海洋船标准化技术委员会）

（二）中国船级社（China Classification Society）

中国船级社（China Classification Society，简称：CCS）是中国唯一具有独立法人资格、专业从事船级社工作的国家级鉴定机构，拥有船舶、海洋工程和海事技术等领域的技术骨干和高级专业技术人才。1988年，中国船级社加入国际船级社协会（IACS），直接成为该协会11家正式会员之一，CCS主要负责船舶的检验、鉴定、认证和技术咨询工作，具有较高的国际知名度和影响力。

CCS针对游艇领域的规范标准主要包括《海上游艇建造及检验规范》（2020）。该规范根据游艇规模为游艇制造和检验提供了具体的技术要求和检验方法，包括游艇的设计、建造、安装和检验等方面内容。

除此之外，CCS还制定了一系列与游艇相关的技术规范、行业标准和指南，如纤维增强塑料船建造规范（2015）、《船舶安全管理体系认证规范》（2018）、《绿色生态船舶规范》（2022）、《船舶应用电池动力规范》（2023）、《智能船舶规范》（2023）等，这些标准和规范为游艇行业的技术创新和可持续发展提供了有力的保障。

（三）全国海洋船标准化技术委员会大型游艇分技术委员会（Large Yachts）

全国海洋船标准化技术委员会大型游艇分技术委员会，是由国家标准化管理委员会筹建及进行业务指导的全国专业标准化技术委员会。其编号TC12/SC9，负责专业范围为艇长大于24米的游艇标准化工作，发布的国家标准多达300多个，示例见下表。

表 11-5 全国海洋船标准化技术委员会大型游艇分技术委员会发布的部分国家标准

序号	标准号	标准中文名称
1	GB/T 42055—2022	船舶与海上技术 船载机械设备数据格式
2	GB/T 30007—2022	船舶和海上技术 通过分析测速试航数据以确定速度和功率性能的评估导则
3	GB/T 42054—2022	船舶与海上技术 船载海上共享数据服务器
4	GB/T 41888—2022	船舶和海上技术 船舶气囊下水工艺
5	GB/T 41887.1—2022	船舶和海上技术 船上合同制(形式合约)私人武装保安人员(PCASP)的私人海上安保公司(PMSC)指南 第1部分:总则
6	GB/T 41893—2022	船体零部件制造数字化车间物流管理基本要求
7	GB/T 41892—2022	智能船舶 机械设备信息集成编码指南
8	GB/T 41517—2022	船舶和海上技术 可行驶内燃机车辆的货舱的通风 气流总需量的理论计算
9	GB/T 40788—2021	船舶与海上技术 海上风能 港口与海上作业
10	GB/T 40528.1—2021	多体游艇结构尺寸规定 第1部分:复合材料

(四)全国小艇标准化技术委员会(Small Craft)

全国小艇标准化技术委员会,是由国家标准化管理委员会筹建及进行业务指导的另一全国专业标准化技术委员会。该委员会编号 TC241,负责专业范围为艇长小于或等于 24 米的游艇和采用类似设备的其他小艇的设备和结构等专业领域标准化工作,发布的国家标准多达几十个,示例见下表。此外,其涉及的行业标准还有《船艇用高速柴油机标定功率分级》(CB/T 4369—2014)。

表 11-6 全国小艇标准化技术委员会发布的部分国家标准

序号	标准号	标准中文名称
1	GB/T 34315.1—2022	小艇 气胀式救生筏 第1部分:I型
2	GB/T 41721—2022	小艇 航行灯 LED 灯的性能
3	GB/T 40884—2021	小艇 电力推进系统
4	GB/T 19322.1—2021	小艇 机动游艇空气噪声 第1部分:通过测量程序
5	GB/T 40787—2021	小艇 航行灯 安装、布置和能见度
6	GB/T 19314.3—2019	小艇 艇体结构和构件尺寸 第3部分:材料:钢、铝合金、木材、其他材料
7	GB/T 38340—2019	小艇 往复式内燃机排放测量 气体和颗粒排放物的试验台测量
8	GB/T 19314.4—2019	小艇 艇体结构和构件尺寸 第4部分:车间和制造
9	GB/T 19314.2—2019	小艇 艇体结构和构件尺寸 第2部分:材料:夹层结构用芯材、埋置材料
10	GB/T 37419—2019	小艇 操舵、换挡和油门的电气或电子控制系统

三、游艇专利及发展

游艇专利指的是围绕游艇设计、制造、使用等方面的新技术、新方法、新装置、新材料等创新成果的专利。游艇专利涵盖了不同类型的专利,包括授权发明、实用新型和外观设计等。

在国际上,美国、欧洲和日本等国家的游艇高价值专利数量较多,一些知名的游艇制造商和设计公司也拥有许多游艇相关的专利,如 Feadship、Benetti、Lurssen 等。此外,一些国际组织也积极推动游艇技术的发展并支持游艇专利保护,如国际游艇帆船联合会(ISAF)等。

(一)游艇专利的重要性

游艇制造业在不断发展,新技术和材料不断开发,以改进游艇的设计、性能和可持续性。游艇制造商保护其创新的方法之一是获得专利。专利是一份法律文件,授予发明人在一段有限的时间内对其发明的专有权,通常是自申请之日起 20 年。

获得专利可为游艇制造商带来诸多好处。首先,它赋予制造商制造和销售其发明的专有权,防止他人未经许可复制或使用其创意。这可以提供竞争优势并有助于保持制造商的市场份额。其次,专利还可以为游艇制造商提供收入来源。制造商可以将他们的发明授权给其他公司或出售他们的专利权,从而产生额外收入。这有助于抵消与开发新技术和材料相关的成本。然而,获得专利也会给游艇制造商带来挑战。获得专利的过程可能复杂且耗时,需要大量的法律和财政资源。

此外,获得专利的过程可能具有竞争性,其他公司也在寻求保护他们的创新。这可能会导致对创意和技术所有权的争议,导致漫长而代价高昂的法律纠纷。尽管存在这些挑战,但获得专利可以为游艇制造商带来巨大利益,帮助保护他们的创新并提供收入来源。在为游艇行业开发新技术和材料时,游艇制造商必须考虑与专利相关的潜在利益和挑战。

高技术船舶已然成为全球船舶领域专利布局热点。目前国内企业差距明显,虽然国内专利申请总量高速增长,但高价值专利布局情况堪忧。近年来,随着国家知识产权战略持续深入推进,船舶行业知识产权工作逐步开展,知识产权支撑创新的作用日益体现。为充分发挥知识产权激励创新的制度功能,支撑我国游艇行业高质量发展,提升国际市场竞争力,一方面,我们要充分认识知识产权的战略意义,发挥知识产权政策引领作用。另一方面,将知识产权纳入科研主渠道,推动技术创新与产业发展。除此之外,还需要开展游艇相关重点领

域高价值专利培育,打造核心竞争力,加强知识产权国际布局,为我国游艇行业
"走出去"保驾护航。

(二)世界游艇专利申请总体趋势

基于关键词、专利权人、IPC 分类号等核心检索要素,利用布尔逻辑运算符
构建检索逻辑,在智慧芽全球专利数据库中检索,检索时间范围为 2004 年 1 月
至 2023 年 7 月。经筛选,共获得游艇设计相关专利 563 件,其中实用新型 274 件,
发明申请 200 件,授权发明 89 件;从法律状态来看,有效专利 294 件,实质审查
阶段专利 26 件。

表 11-7　核心检索要素

检索维度	检索要素
关键词	游艇客舱、中庭、雷达桅、上层建筑、客船、HVAC、空调、通风
IPC 分类号	B63 船舶或其他水上船只;与船有关的设备

从全球专利申请的总体趋势看(图 11-3),游艇专利申请数量总体呈现波动
上升的态势。自 2006 年开始,增长速度加快,这是因为游艇设计和技术持续创
新,推出更环保、节能的游艇,多个国家和地区对游艇制造业提供支持和鼓励,
推动游艇产业的发展,游艇专利申请随之增长。在 2008 年达到第一个峰值,这
是因为北京奥运会和上海世博会举办,游艇在赛事和展览中受到更多关注,中
国游艇市场逐渐扩大,对中小型游艇的需求增加,无疑加快了游艇专利申请的
进程。

图 11-3　全球游艇专利申请趋势图

2013—2015 年,全球游艇专利申请进入爆发期,这是因为:互联网和智能技术进一步融入游艇设计和管理,推动智能船舶的发展,游艇行业迎来更多的投资和合作,推动技术创新和市场拓展。同时,定制游艇市场增长迅速,对个性化游艇的需求不断增加。2013 年,我国政府出台《关于促进游艇产业发展的若干意见》,进一步支持游艇产业的发展和壮大,中国游艇市场快速增长,年销量逐渐提升。2015 年,我国游艇产业呈现多元化发展,涉及豪华游艇、休闲游艇、公务游艇等不同类型,一些游艇制造商开始出口游艇产品,拓展海外市场。

2017 年全球游艇专利申请进入顶峰期,国外专利技术进入成熟期,游艇制造商致力于提高游艇的可持续性和环保性,减少碳排放和环境影响。一方面,面向年轻一代的游艇产品和服务得到更多关注,推动行业的更新换代;另一方面,游艇租赁和共享模式逐渐兴起,满足不同用户的需求。在此阶段,我国游艇业持续扩张,国内游艇制造商推出更多新型游艇产品,游艇市场增长迅速,逐渐向中产阶级和年轻一代用户拓展,更多的人选择租赁游艇度假。

2020 年以后,全球新冠疫情暴发,对游艇业产生了一定冲击。虽然游艇制造商继续推动创新,打造更智能、环保、舒适的游艇产品,但不可否认的是,专利申请受到不小影响。

(三)世界游艇专利权人分布

图 11-4,对专利申请量前 10 专利权人进行分析,国外专利权人达到一半,包括意大利圣劳伦佐有限公司(SANLORENZO S. P. A.)、卢森堡赫尔米塔治家庭办公室公司(HERMITAGE FAMILY OFFICE SAR)、荷兰欧绅歌造船(及合伙人)有限责任公司(OCEANCO SHIPBUILDERS & PARTNERS LTD.)、美国布伦斯维克公司(BRUNSWICK CORPORATION)以及荷兰渔业捕捞企业(Cornelis Vrolijk)副总经理罗弗·科内利斯·丹尼尔(DE ROVER CORNELIS DANIEL),游艇专利申请热门技术主题集中在上层建筑、船尾、甲板、船体、方向稳定性、硬顶、飞行器等领域。

国内有福建毅宏游艇股份有限公司、辽宁锦龙超级游艇制造有限公司、浙江洛洋游艇制造有限公司、青岛赛富利船艇有限公司以及亚光科技集团股份有限公司进入前十。福建毅宏,是首个入围亚洲最佳游艇品牌的国内游艇品牌,在携手全球太阳能行业企业、打造太阳能绿色游艇的基础上,专利申请集中在联轴器、楼梯、驾驶舱等方向。辽宁锦龙,专注于建造超级游艇、现代新型复合材料游艇以及帆船,其 110 英尺铝合金双体帆船是目前国内最大的铝合金双体帆船,其在垫片、甲板、铝合金设计方面开展技术创新并布局专利。浙江洛洋以生产大中小型仿古游船、画舫、休闲船、小型快艇为主,其画舫是西湖高端夜游的常客,并承接 G20 峰会元首接待用船任务,其在实用新型上申请专利 8 件,发明申请 2 件。青岛赛富利,主要经营船艇及配件的制造、销售、维修保养及技术服务,其申请的专利集中在螺旋桨、捕鱼、舵、休闲钓鱼等技术主题。亚光科技集团股份有限公司,生产销售复合材料、金属材料及多混材料的游艇、商务艇、特种船、水上高速装备及平台、设备配件、电器设备,进行船舶与动力设备维修维护以及船舶设计领域内的技术开发与产品设计、技术咨询、技术服务、技术转让等,其申请的专利集中在污水、机舱、玻璃纤维、油箱等技术主题。

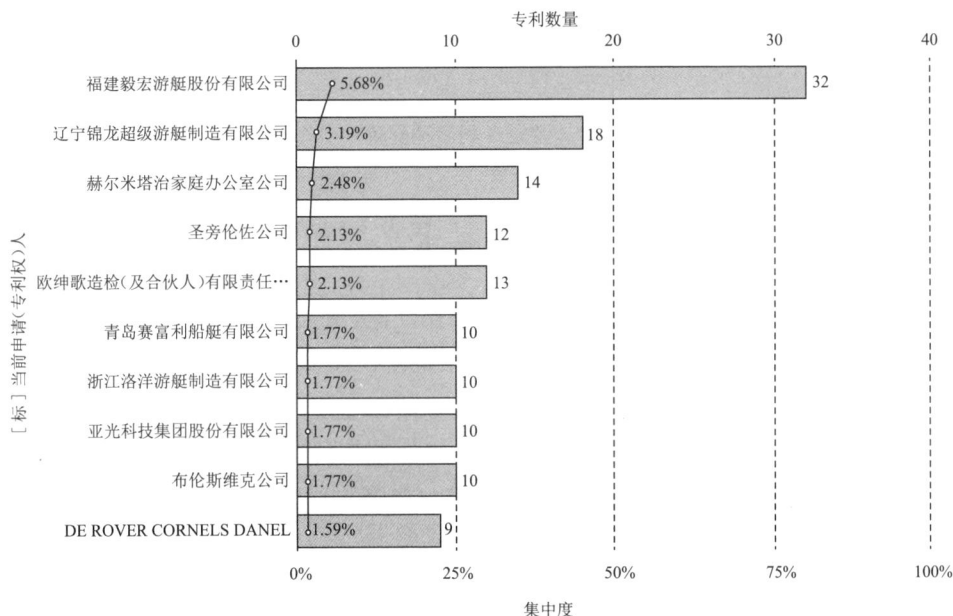

图 11-4 全球游艇主要专利权人排名

(四)世界游艇专利技术地区分布

经过多年发展,特别是党的十八大以来,我国游艇专利申请工作快速发展,游艇专利、软件著作权、知名品牌商标数量持续增加。全行业专利累计申请总量超过全球申请总量的一半,跃居全球第一(图 11-5)。但需要注意的是,虽然国内游艇专利申请总量高速增长,但专利产品或技术大多集中在常规船型和通用产品研制领域,高价值专利布局还处于起步阶段,基础性、前瞻性领域自主知识产权创造和储备有待加强。未来应充分认识知识产权的战略意义,发挥知识产权政策引领作用。开展重点领域高价值专利培育,打造核心竞争力。

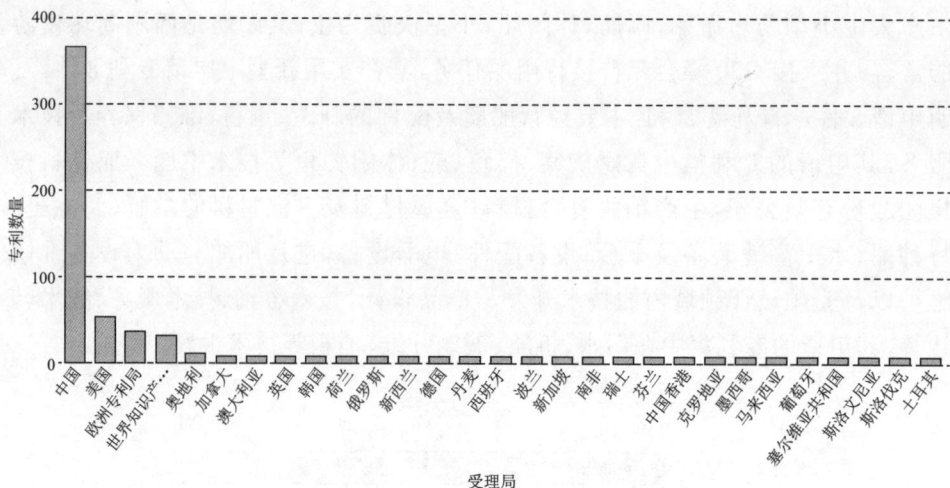

图 11-5　全球游艇专利申请受理局分布图

第四节　游艇未来展望

游艇行业面临着环境保护、可持续性、安全性、贸易政策等方面的挑战。但同时，随着技术的不断创新和应用，游艇行业也有很多机遇，如数字化技术、智能化技术、轻量化材料技术、可再生能源技术的广泛应用，以及新兴市场的不断涌现。未来，游艇行业将不断发展创新，推进绿色可持续发展，同时也需要与不断变化的全球政策和市场环境相适应，把握好机遇，迎接挑战。

一、游艇行业面临的挑战和机遇

近年来，随着消费升级和对游艇旅游的认可，游艇行业发展前景一片光明。然而，游艇行业也面临一些挑战。一个主要挑战是环境可持续性。游艇的运营和制造会产生大量的碳排放和废水，这对环境造成了负面影响。随着人们对环境的关注度不断提高，并且相关法规要求游艇行业必须满足各种安全和环保法规的要求，包括排放标准、废水处理、废弃物管理等，所以，游艇行业面临着减少对环境影响的压力。为了解决这个问题，游艇制造商需要采用更环保的技术和材料，并且游艇运营需要更多地考虑环保因素。

与此同时，更环保的技术和材料会给游艇带来经济压力。游艇的生产成本高昂，加上经济不稳定因素，游艇制造商需要寻找新的市场机会，以确保长期盈利。

此外，游艇制造商还需要应对消费者需求的变化。例如，一些消费者可能更喜欢简单、小型和经济实惠的游艇，而不是大型、豪华的游艇。制造商需要了解和适应消费者需求的变化，以保持市场竞争力。游艇行业面临着许多挑战和机遇。

总之，游艇行业面临着许多挑战，但也有着众多的发展机遇。一方面是新技术的出现，包括可持续性技术、轻量化技术、智能技术、数字化技术等，游艇制造商和服务提供商可以提高游艇的性能和舒适度，同时降低成本和对环境的影响。例如，游艇制造商可以使用虚拟现实和增强现实技术来进行设计和生产，从而减少原型制作的时间和成本。游艇维护和服务提供商可以使用物联网和传感器技术来监测船只状态，预测维护需求并提供远程支持，从而提高维护效率和客户满意度。

另外，市场需求的增长和多样化为游艇行业提供了新的机遇。一方面是中国、印度、巴西等新兴市场的增长。这些市场有着庞大的人口和不断增长的富裕阶层，对奢侈品的需求也在不断增长。另一方面是游艇租赁市场的增长。随着越来越多的人寻求独特的旅游体验，游艇租赁成为一种受欢迎的选择。这种趋势可能会在未来继续增长，尤其是在高净值人群中。这将推动游艇制造商继续创新和生产更具竞争力的产品，以满足消费者需求。最后，个性化需求的增加也给游艇行业带来了新的发展变化。随着消费者越来越重视个性化体验，游艇设计与制造商可以开发出各种不同类型和风格的游艇，以满足消费者的需求。

总之，游艇行业面临着许多挑战，但也有着广阔的发展前景。游艇制造商需要不断创新，不断适应市场的需求，才能在激烈的竞争中立于不败之地。

二、游艇未来展望

随着全球旅游业的快速发展，游艇作为高端旅游产品将会继续受到关注。因此，游艇未来的发展将会在环保、智能化和多功能化方面取得更大的突破。未来，随着可持续性和环保意识的增强，游艇行业也将更加注重绿色环保。预计在未来几年内，将会看到更多的游艇采用可再生能源技术，例如太阳能和风能技术等，以减少对化石燃料的依赖，并降低游艇使用的碳排放量。具体来说，包含以下几个方面。

第一，游艇将更环保。游艇制造商将会加大在可持续性技术方面的投入，以减少游艇对环境的负面影响。例如，更多的游艇将采用轻量化材料、生物基材料、太阳能和风能发电系统，同时，废水处理和垃圾处理等方面的技术也将不断提高，以保护海洋生态系统。

第二,游艇将更高效。一方面是更高效的游艇设计,未来游艇设计将更加注重舒适性和效率,如采用更流线型的设计和更高效的推进系统等,以提高游艇的航行速度和燃油效率。另一方面是更高效地生产游艇,船舶 3D 打印技术正在逐渐应用到船舶制造中,而游艇材料也已开始使用 3D 打印技术,这将大幅缩短制造周期并降低成本。

第三,游艇将更数字化和智能化。游艇制造商将会致力于生产更数字化和智能化的游艇,提供更加个性化、智能化的产品。例如,随着人工智能和物联网技术的发展,游艇将采用更多的数字化和智能化技术,以提高效率和便利性,如智能化导航、自动控制、虚拟现实等。这些技术将使得游艇的控制更加方便,同时也提供更多的娱乐和安全功能。同时智能港口也是值得期待的变化。未来的港口将更加智能化,为游艇提供更多的服务和便利,如智能停车、智能充电、智能维护等,使得游艇的管理更加方便。

总的来说,未来游艇行业将继续深入应用新技术、新材料和新设计,这些技术和设计将使游艇更加安全、环保和智能化,也将为游艇行业带来更多的机遇和挑战。未来游艇行业将不断发展和创新,会更加智能、环保、高效和舒适,提供更多的便利和体验,不断满足人们对高品质海上生活的需求。

参考文献

[1] Cho W J. Analyses of Consumer Preferences and Perceptions Regarding Activation of Yacht Tourism Industry[J]. Journal of Navigation and Port Research, 2012, 36(5): 401-407. DOI: 10. 5394/KINPR. 2012. 36. 5. 401.

[2] Favro S, Kovac M. Construction of marinas in the Croatian coastal cities of Split and Rijeka as attractive nautical destina-tions[J]. Coastal Cities, 2015: 137-147.

[3] Figen SEVINÇ, Tülay GÜZEL. Sustainable Yacht Tourism Practices[J]. Management and Marketing Journal, 2017, xv.

[4] Guner S I, Guler N. The Conditions And Problems Of Turkish YachtTourism[J]. WIT Press, 2000. DOI: 10. 2495/PORTS000201.

[5] Han W, Liang T. The Development of Hong Kong Yacht Tourism Industry Chain and its Enlightenment on Hainan[J]. Tourism Forum, 2013.

[6] Heron R, Juju W. The marina-sustainable solutions for a profit-able business[M]. Create Space Independent Publishing Plat-form, 2012.

[7] Kim, Jong-Back, Choi, et al. Analysis of Demand and Expenditure Determinants in Yacht Tourism[J]. Journal of Sport and Leisure Studies, 2016, 66: 127-138. DOI: 10. 51979/KSSLS. 2016. 11. 66. 127.

[8] Lee H C. Determinants of recreational boater expenditures on trips[J]. Tourism Management, 2001, 22(6): 659-667.

[9] Lipton D W. Boating 2000: A Survey of boater spending in Maryland[R]. Maryland Sea Grant UM-SG-SGEP-2001-03.

[10] Logunova N. Segmentation of Market of Yacht Tourism in Crimea[J]. Economics of Development, 2010, 56(4): 137. DOI: 10. 1186/1471-2148-10-137.

[11] Mikulić J, Krešić D, Kožić I. Critical factors of the maritime yachting tourism experience: An impact-asymmetry analysis of principal components[J]. Journal of Travel & Tourism Market-ing, 2015, 32(Supplement1): S30-S41.

[12] Paker N, Vural C A, Customer segmentation for marinas: Eval-uating marinas

as destinations[J]. Tourism Management, 2016, 56: 156-171.

[13] Pranita D. How Digital Capabilities Can Influence the Co-Creation of the Yacht-Tourism Experience: A Case Study of Indonesia's Marine Tourism Destinations[C]//International Conference on Vocational Higher Education. 2020. DOI: 10. 2991/assehr. k. 200331. 172.

[14] Sariisik M, Turkay O, Akova O. How to manage yacht tourism in Turkey: A swot analysis and related strategies[J]. Procedia-Social and Behavioral Sciences, 2011, 24(1): 1014-1025.

[15] 曹雪, 廖民生. 三亚海洋旅游产品开发现状与发展对策研究 [J]. 现代商业, 2021, No. 622(33): 54-56.

[16] 陈方园, 黄学彬. 数字赋能, 助力浙江舟山海岛智慧旅游建设提速增效——以浙江省舟山市为例 [J]. 中国建设信息化, 2022, 165(14): 76-78.

[17] 陈霄, 石强, 陈婉欣. 中国游客对游艇旅游的感知与吸引力研究 [J]. 经济地理, 2021, 41(11): 218-224.

[18] 陈云飞, 丁敏, 闫哲彬. 我国游艇消费需求分析及游艇码头建设展望 [J]. 水运工程, 2011, 457(09): 42-46.

[19] 程爵浩, 史俊仙, 杜海燕. 国际游艇消费模式与我国游艇消费市场 [J]. 上海海事大学学报, 2013, 34(01): 73-76, 83.

[20] 程永胜, 徐骁琪, 陈国强. 基于品牌意象的游艇造型设计方法 [J]. 中国舰船研究, 2020, 15(05): 63-68, 89.

[21] 董志文, 李龙芹. 中国滨海城市海洋旅游竞争力测度与评价研究 [J]. 海南大学学报(人文社会科学版), 2022, 40(04): 94-104.

[22] 董志文, 孙静, 李钰菲. 我国沿海城市海洋旅游发展水平测度 [J]. 统计与决策, 2018, 34(19): 130-134. DOI: 10. 13546/j. cnki. tjyjc. 2018. 19. 030.

[23] 龚海燕, 刘建明. 游艇经营管理 [M]. 哈尔滨: 哈尔滨工程大学出版社, 2017.

[24] 顾一中. 游艇邮轮学 [M]. 武汉: 华中科技大学出版社, 2012.

[25] 关于加快邮轮游艇装备及产业发展的实施意见 [N]. 中国船舶报, 2022-08-24(004).

[26] 郭旭, 马丽卿, 张莹莹. 邮轮游艇服务与管理 [M]. 北京: 海洋出版社, 2020.

[27] 韩琳琳, 黄学彬. 三亚游艇产业发展现状研究 [J]. 特区经济, 2021, 386

（03）：112-114.

[28] 黄德春,徐敏,华坚,等. 游艇投资与产业 [M]. 北京:科学出版社,2014.

[29] 李铭,黄学彬,杨亚雯. 海南自贸港建设背景下游艇驾照培训质量提升 [J]. 经济研究导刊,2022,526(32)：91-97.

[30] 李淑娟,梁晓丽,隋玉正,等. 生态旅游视角下海洋保护地生态产品价值 实现机理与路径 [J]. 生态学报,2023,43(12)：5224-5233.

[31] 廖民生,刘洋. 新时代我国海洋观的演化——走向"海洋强国"和构建 "海洋命运共同体"的路径探索 [J]. 太平洋学报,2022,30(10)：91-102.

[32] 廖民生,徐竹嫣. 时空演变视角下海南游艇旅游发展影响因素研究 [J]. 海洋通报,2023,42(02)：182-194.

[33] 廖民生,张丽. RCEP 的签署实施对海南旅游产业的影响及应对策略 [J]. 南海学刊,2021,7(03)：39-47.

[34] 刘澈. 文化创意视角的海洋文化旅游可持续发展 [J]. 社会科学家, 2021,No.295(11)：67-71.

[35] 刘传海. 我国海洋体育旅游发展研究 [J]. 体育文化导刊,2019,No.208 （10）：92-98.

[36] 刘欢,杨德进,王红玉. 国内外海洋旅游研究比较与未来展望 [J]. 资源 开发与市场,2016,32(11)：1398-1403.

[37] 刘璐,王晓天. 游艇概论 [M]. 哈尔滨:哈尔滨工程大学出版社,2019.

[38] 刘亚丽. 我国游艇产业制度研究 [M]. 北京:法律出版社,2019.

[39] 刘志维. 中国游艇产业发展现状及珠三角地区游艇产业发展战略的研究 [D]. 复旦大学,2009.

[40] 马立强. 海洋文化旅游休闲产业竞争优势构建:产业集聚的视角 [J]. 东 南大学学报(哲学社会科学版),2015,17(06)：84-91,147.

[41] 秦丽涵. 山东沿海游艇码头选址问题研究 [D]. 青岛:中国海洋大学, 2012.

[42] 丘萍,张鹏. "海丝"对我国海洋旅游经济的影响研究 [J]. 技术经济与管 理研究,2019,278(09)：109-115.

[43] 申思丛,黄学彬,张鲲. 探索热带滨海旅游城市的海洋经济发展道路—— 以三亚为例 [J]. 现代商业,2017,469(24)：28-29.

[44] 石向荣,王艳. 海南省游艇产业的优势、定位与发展建议[J]. 人民论坛, 2012,365(14)：176-177. DOI:10.16619/j.cnki.rmlt.2012.14.002.

[45] 孙静,杨俊,席建超. 中国海洋旅游基地适宜性综合评价研究 [J]. 资源

科学，2016，38（12）：2244-2255.

[46] 唐震，许娟娟．游艇商业模式［M］．北京：科学出版社，2021.

[47] 王利，尚晓昆，蒋宁．滨海新区游艇产业环境分析与发展动力机制研究［J］．特区经济，2011，275（12）：52-55.

[48] 王璐，皮常玲，郑向敏．中国海洋旅游安全事故时空特征分析［J］．热带地理，2022，42（07）：1148-1157.

[49] 王涛．基于钻石理论模型的深圳市滨海体育旅游产业竞争力分析［C］//国家体育总局体育文化发展中心，中国体育科学学会体育史分会．2022年粤港澳大湾区滨海体育休闲产业发展论坛论文摘要集．2022年粤港澳大湾区滨海体育休闲产业发展论坛论文摘要集，2022：197-199.

[50] 杨东伟，叶秉城，黄学彬等．海南自由贸易港建设背景下三亚邮轮港综合竞争力研究［J］．科技和产业，2022，22（04）：43-46.

[51] 杨新发，世界游艇产业发展报告［M］．上海；上海交通大学出版社，2011.

[52] 姚云浩，刘语贤．基于内容分析法的中国游艇产业政策工具评价研究［J］．中国海洋大学学报（社会科学版），2023，192（01）：12-21.

[53] 姚云浩，栾维新．中国游艇俱乐部区位特征研究［J］．地理科学，2018.

[54] 姚云浩，栾维新．沿海城市经济－海洋生态环境－游艇旅游业耦合协调发展分析［J］．海洋通报，2018，37（04）：361-369.

[55] 姚云浩，栾维新．游艇旅游研究进展及其启示［J］．海洋通报，2019，38（04）：379-386.

[56] 姚云浩，栾维新．中国游艇俱乐部区位特征研究［J］．地理科学，2018，38（02）：249-257.

[57] 姚云浩，郑若荃，马祖菲．世界游艇旅游业发展现状和趋势及其对中国的启示［J］．海洋开发与管理，2022.

[58] 姚云浩．中国游艇旅游发展的关键障碍及对策研究［M］．北京：经济管理出版社，2019.

[59] 姚云浩．中国游艇旅游业发展及其培育策略研究［M］．哈尔滨：哈尔滨工程大学出版社，2022.

[60] 袁炎清．游艇营销［M］．哈尔滨：哈尔滨工程大学出版社，2015.

[61] 张丽，曹雪，廖民生．三亚西岛海洋旅游资源开发分析及文旅融合发展策略研究［J］．现代商业，2021，624（35）：111-114.

[62] 张丽，盛红．我国游艇俱乐部发展研究［J］．现代商业．2011.

[63] 张阳，周海炜，史虹．世界游艇发展［M］．北京：科学出版社，2021.

［64］ 张佑印,马耀峰,李创新 . 国内海洋旅游市场规模特征及繁荣度研究［J］.
地域研究与开发, 2015, 34（06）: 98-103.

［65］ 张泽承,韩政 . 体验经济视域下海洋体育旅游发展策略——以海南省为
例［J］. 社会科学家, 2015, No. 223（11）: 87-91.

［66］ 赵述强,刘传海,刘衍勇,等 . 山东半岛蓝色经济区海洋休闲体育旅游发
展研究［J］. 体育文化导刊, 2018, No. 198（12）: 92-96, 102.

［67］ 郑玉香,胡晶晶 . 海洋旅游高质量发展模糊综合评价研究［J］. 生态经济,
2022, 38（06）: 145-152.

［68］ 中国交通运输协会游轮游艇分会,深圳市海之蓝游艇服务有限公司,全国
游艇发展专家指导委员会 . 2019-2020 中国游艇产业发展报告［R］. 深
圳市海之蓝游艇服务有限公司, 2020.

［69］ 周海炜,臧德霞 . 游艇俱乐部经营［M］. 北京:科学出版社, 2014.